KB117264

행복의
경제학

경쟁과 양극화를 넘어
더불어 사는 사회를 위한

# 행복의
# 경제학

헬레나 노르베리 호지 지음

김영욱·홍승아 옮김

중앙books

# 우리의 행복한 삶과 지구를 위하여

30년도 더 지난 오래전, 내가 '작은 티베트'라 불리던 라다크에서 살던 시절에 나는 처음으로 경제와 인간이 느끼는 행복 사이의 관계를 알게 되었다. 그 이후로 나는 경제의 흥망과 재도약이 국제적인 공통의 관심사가 되는 것을 보아왔다. 그리고 오늘날 세계의 수많은 사람들이 '지금의 경제'에 변화를 요구하고 더 큰 평등과 더 많은 고용, 더 안정된 세계 금융을 바란다는 사실은 내게 아주 큰 희망이 되고 있다.

하지만 경제의 변화가 가져오는 순효과는 이보다 훨씬 깊고 넓다. 환경, 사회, 금융 등 여러 측면에서 발생한 위기들은 바로 잘못된 경제 체제에서 비롯되었다. 공산주의, 사회주의, 그리고 현재의 기업 자본주의는 모두 똑같이 근본적이고 치명적인 결함을 안고 있다. 정도의 차이만 있을 뿐 모두 하향식(상부하달식)이고, 중앙 집중적이며, '모두에게 두루 적용되는' 시스템이다. 이 같은 방식은 인간의 개성과 자연의 다양성을 부정하는 것이다. 기존 체제를 살짝 수정하는 정도로는 지금의 문제를 해결할 수 없다. 바로 시스템 자체가 문제이기 때문이다.

경제의 세계화의 길을 고수하는 대신 다시 지역화함으로써 우리는 기후 변화, 생물 멸종, 국제 분쟁, 실업, 빈곤 등의 문제가 더 확대되는 것을 효과적으로 막을 수 있다. 지역화는 매우 다른 세계관에서 태어난다. 다양성을 존중하고, 서로 다른 생태계와 기후 및 문화를 보호하며, 공동체의 중요성을 재발견하는 데서 시작된다. 우리에게 행복을 위한 필수적인 기반을 제공해주는 것은 바로 공동체.

지역화로 향하기 위해서는 먼저 무역과 금융에 대한 규제 완화가 우리의 경제와 환경, 사회 조직에 어떤 영향을 미쳤는지 이해할 필요가 있다. 이러한 규제 완화는 사업의 규모를 급격하게 팽창시켰고, 사업자가 정부의 정책 결정에 독점적인 영향력을 행사할 수 있게 했다. 또한 생산자와 소비자 간의 거리를 크게 넓혔는데, 이는 사회적 불안정과 불평등, 환경오염을 비롯한 여러 문제를 발생시켰다.

지역화는 생산자와 소비자 사이의 거리를 좁히고, 규모가 작고 다양하며 지역을 기반으로 하는 사업을 지원한다. 이러한 사업은 지역민의 욕구를 반영하고 지역경제를 활성화시킨다. 그리고 지역경제의 활성화는 공동체가 건강하게 성장하는 토대를 다진다. 이런 변화가 일어나려면 이와 같은 메시지를 꾸준히 반복해서 전달해 전 세계사람들이 들을 수 있도록 해야 한다. 충분히 많은 사람이 우리의 삶의 질, 환경, 경제 사이의 연관성을 깨닫게 되는 순간 우리는 한데 모여 강력한 움직임을 만들어낼 수 있을 것이다.

나는 한국에서 지역화를 향한 노력이 점점 더 힘을 얻는 것을 보고 감명받았다. 다가오는 미래에는 우리가 얻은 교훈과 계획들을 공유하는 것이 매우 중요해질 것이다. 우리는 '작은 것에서 큰 것'으로 가는 움직임을 지원해야 하며, 이를 위해서는 국제 교류가 필수적이다. 나는 이 책이 그러한 교류에 기여할 수 있기를 바란다. 또한 독자들이 한국 및 그 밖의 나라에서 지역화를 위해 노력하는 이들과 함께

하기를 희망한다.

　이제는 지금까지 서로 단절되어 있던 환경적 · 사회적 변혁 운동이 손을 맞잡아야 할 때이다. 지역화는 우리가 하나의 공통된 목표를 중심으로 모일 수 있게 한다. 지구를 치유하기 위해 필요한 것이 또한 우리 자신을 치유하고 고용을 늘리며 빈부격차를 줄이는 데 필요한 것들이기 때문이다. 더 나은 세상을 만들기 위해 노력하고 있는 많은 사람이 경제를 변화시키는 것에 그들의 노력과 주의를 기울인다면 우리는 놀랄 만한 변화를 보게 될 것이다. 그것이 우리를 착취와 환경오염, 분열의 경제학에서 행복의 경제학으로 데려갈 것이다.

헬레나 노르베리 호지

c
o
n
t
e
n
t
s

＊일러두기

이 책은 헬레나 노르베리 호지가 제작한 다큐멘터리 영화 〈행복의 경제학(The Economics of Happiness)〉과
헬레나 노르베리 호지가 쓴 원고를 한데 모아 만들었습니다. 1부 「행복의 경제학」은 세계화와 지역화의 핵심을
비교적 쉽게 전달하고 있으며, 2부 「회복의 경제학」에서는 세계화로 인해 야기된 부작용들, 즉 에너지 자원의
부족, 1인당 생태발자국의 증가, 빈부 격차의 심화 등을 역사적 사건과 자료를 통해 보다 심도 있게 풀어내고 있
습니다.

# I

## 행복의 경제학

The Economics of
Happiness

# 1부를 시작하면서

*

히말라야 서부의 라다크. '작은 티베트'로 불리는 이곳은 지구상 사람이 살고 있는 지역 가운데 가장 높은 곳 중 하나로, 외졌으며 수세기 동안 외부 세계와 단절되어 있었다. 나는 이곳에서 35년간 지내면서 이들과 함께 현대 세계와 대립하는 그들의 문화를 더 강화할 방법을 찾으려고 노력해왔다.

내게 라다크는 제2의 고향으로 제1의 고향과도 같은 곳이다. 라다크에서 나는 정말 많은 영감을 얻었다. 이곳에서 나는 사회, 생태계, 개인의 행복과 행복의 근원에 대해서 배웠다. 덕분에 나는 그동안 당연하다고 생각해왔던 기본 가정들을 다시 생각해보았고, 그럼으로써 내가 속한 서구 문화를 다른 시각에서 바라볼 수 있었다.

라다크의 물질적 생활수준은 높았다. 크고 넓은 집에 여가시간도 많았으며, 실업이란 것은 아예 존재하지도 않았다. 굶주리는 사람도 없었다. 물론 서구 사회와 같은 편의시설이나 사치품은 없었다. 하지만 이들에게는 훨씬 더 지속 가능하고 훨씬 더 즐겁고 훨씬 더 풍족한 삶의 방식이 있었다.

1970년대 중반, 라다크는 갑자기 외부 세계에 개방되었다. 보조금을 받아 건설된 도로로 보조금을 받은 식료품이 역시나 보조금을 받은 연료를 사용하는 차량에 실려 들어오면서 라다크의 지역경제를 약화시켰다. 동시에 서구의 소비주의를 미화한 광고와 미디어 이미지가 라다크를 덮치면서 그들은 자신들의 문화를 한심하게 생각하기 시작했다. 예를 들어 내가 라다크에 왔던 초창기만 해도 마을의 한 청년에게 여기서 가장 가난한 집을 보여달라고 했을 때 그는 "여기에는 그런 집이 없어요"라고 말했다. 그로부터 10년 뒤 나는 그 청년이 변해 여행객들에게 "우리를 도와주셨으면 해요. 우리는 너무 가난해요"라고 말하는 것을 듣게 되었다.

　　라다크에서 일어난 변화들은 매우 확연했고, 나는 그 원인과 영향을 직접 보았다. 처음에 내가 본 것은 생명력 있는 사람들과 참으로 지속 가능한 문화였다. 하지만 순식간에 대기와 수질이 오염되고, 실업이 발생하고 빈부 격차가 심화되었다. 가장 눈에 띄는 변화는 정신적 가치를 중시해온 사람들에게 불화와 우울함이 생겨났다는 점

13

일 것이다.

　이러한 변화들은 인간 본연의 탐욕에서 비롯되거나 진화로 인해 빚어진 결과가 아니었다. 지극히 갑작스레 일어난 변화로 외부의 경제적 압력에 노출되면서 일어난 결과였다. 이러한 압력들이 격렬한 경쟁과 공동체의 붕괴를 초래하며 수세기 동안 라다크 문화의 주춧돌이었던 자연과의 관계를 무너뜨렸다. 이게 바로 라다크가 '세계화에 진입'하면서 벌어진 일들이다. 현재 우리가 살고 있는 세상에서는 라다크에서 벌어졌던 것들과 똑같은 일들이 과거 수없이 일어났으며, 지금도 일어나고 있다.

# 1장

## 세계화

1. 기업과 은행이 글로벌 영업을 할 수 있도록 실물과 금융 거래의 규제를 푸는 것.

2. 초국적 기업들이 지배하는 단일 세계시장의 출현.

(종종 국제 협력이나 상호의존, 세계 공동체와 혼동되기도 한다.)

세계화란 오늘날의 세상에서 가장 강력한 변화 동력이다. 지구상 거의 모든 사회에 영향을 미치기 때문이다. 변화의 핵심은 경제적 과정인데, 대체로 규제 완화에 관한 것이다. 다시 말해 거대 은행과 거대 기업들이 전 세계 지역시장에 자유롭게 진출할 수 있도록 해주는 것이다. 이들의 목적은 사람이 아니라 이윤이다. 이 때문에 세계화는 오늘날 우리가 직면하는 많은 문제의 근본적 원인이자 현재 진행 중인 위협이다.

오늘날의 글로벌 경제는 식민주의와 노예제에 뿌리를 두고 있다. 크게 보면 세계화는 세 단계로 진행됐다.

초기 단계는 제국주의적 식민지화 시기로 유럽 국가들이 대부분 전 세계에 영향력을 행사했다. 이들은 다른 나라의 땅을 빼앗고 노동력을 착취했다. 유럽의 지배계급은 산지 사람들의 욕구가 아닌 자신들의 욕구에 맞춰 생산할 것을 강요했다. 이 때문에 모든 나라가 바나나와 커피, 구리 생산국으로 전환되었다. 식민지 사람들은 그들의 국가와 지역의 요구를 충족하는 다양한 농경에 종사하기보다 수출을 위한 대규모 경작과 농산물을 기를 수밖에 없었다. 이런 과정을 거쳐 무역회사들이 급속히 성장했고 갈수록 힘을 얻게 되었다.

두 번째 단계는 식민지의 독립과 개발의 시기다. 하지만 식민지들은 정치적으론 독립했지만 경제적 예속 관계는 여전했다. 이들 국가의 서구화된 신흥 엘리트 계층 역시 자국민의 욕구를 위하기보다 수출시장을 위한 경제 구조를 만드는 데 주력했다. 이 같은 경제적 종속 관계는 외채 증가로 더욱 심화되었다.

세 번째 단계는 바로 지금으로 앞선 시기의 기세가 조금도 누그러들지 않고 계속 진행되고 있다. 더욱이 최근에는 글로벌 무역과 금융에 대한 규제 완화로 초국적 기업과 은행의 활동을 제약했던 규약들이 제거되고 있다. 즉 무역 '자유화'는 거대 독점기업들이 세계은행과 국제통화기금(IMF), 세계무역기구(WTO)의 보호 하에 하고 싶은 걸 하도록 풀어주는 것을 의미한다.

'자유무역' 협정과 세금 감면, 대기업 보조금 등으로 중소기업은 피해를 보거나 문을 닫는다. 느슨하거나 아예 존재하지도 않는 환경 보호법이나 노동법은 대기업들이 더 값싼 상품을 만들어낼 수 있도록 한다. 반면 의료와 안전에 대한 규제가 생기면서 중소기업으로서는 감당 못할 만큼 생산비용이 커져버렸다. 결국 생산 규모에 걸맞지 않은 기준에 순응하거나 파산하는 수밖에 없게 되었다.

우리의 세금도 거대 기업 시스템 확립 및 유지에 필요한 인프라 구축을 지원한다. 고속도로, 선박 화물 터미널, 공항 등과 같은 장거리 수송망은 인근의 농부에게 필요한 것이 아니라 카길과 몬산토와 같은 거대 곡물기업에게 필요한 것들이다. 그런데도 건설비용은 전 국민이 부담한다. 발전 시설이나 정유 설비, 가스 및 석탄 슬러리 파이프라인과 같은 집중화된 에너지 설비도 마찬가지다. 글로벌 경제의 대량 수요를 충당하기 위해 필요한 것들인데, 비용은 국민이 부담한다. 통신망과 연구 시설에도 세금이 들어가는데, 이것 역시 무역 촉진을 위한 것이다.

오늘날 초국적 기업들은 이처럼 거대하고 강력한 힘을 가지고 정부를 효과적으로 통제하고, 경제 정책을 지시하며, 사람들의 의견과 세계관을 형성시킨다. 그런데도 더 많은 규제 완화를 요구하고, 그럼으로써 세계화를 더욱 진전시키고 있다. 세계화는 생태계와 인류에게 똑같이 중요한 아젠다다.

# 세계화에 관한 8가지 불편한 진실

## 1. 세계화는 우리를 불행하게 한다

제2차 세계대전이 끝난 이후 한 여론조사 업체가 매년 미국인에게 "자신의 삶에 만족하십니까?"라고 물어왔다. "네, 그렇습니다"라고 답한 비율이 가장 높았던 때는 1956년이었다. 그 후로는 줄곧 완만하게 하락하고 있다. 물론 이후 50년 동안 미국인은 측정할 수 없을 정도로 물질적으로 부유해졌다. 그때보다 세 배나 많은 물질을 소유하고 있다. 그럼에도 이 부유함이 공동체를 훼손시키는 바람에 행복에는 별다른 영향을 주지 못했다.

– 빌 맥키번(미국의 환경운동가)

세계화는 이해하기 어렵다. 그래서 무시하기 쉽고, 전문가에게 맡기는 경향이 크다. 하지만 실제로는 우리 생활이나 자아의식 등 모든 영역에 심대한 영향을 미친다.

지금 미국과 영국, 호주, 프랑스, 일본 등 모든 산업화 국가에서 불황이 확산되고 있으며, 더불어 개발도상국들이 이들 산업화 국가를 급속히 따라잡을 것으로 여겨지고 있다. 나는 지난 30년간 수많은 문화권에서 세계화 과정을 연구한 결과, 우리 모두 이러한 심리적 압박의 희생자라는 것을 알게 됐다. 특히 청년층이 심각한데, 불안과 자기 거부의 유혹에 급속히 빠져들고 있다.

일본의 경우는 수십 년 동안 자신의 방에서 나오지 않는 은둔형 외톨이(히키코모리)가 백만 명 이상 달하는 것으로 추정됐다. 미국에서도 외모에 대단히 자신 없어 하거나, 거식증이나 과식증으로 고생하거나, 값비싼 성형수술을 받는 소녀들이 늘고 있다. 개발도상국에서도 '예쁘고 사랑스러운(Fair and Lovely)'이라는 이름이 붙여진 인체에 해로운 미백크림을 사용하는 사람이 크게 늘고 있다. 자기 나라와 아주 멀리 떨어져 있는 서구의 도시적이고 금발을 가진 역할 모델을 닮고 싶은 새로운 욕구 때문이다.

이러한 현상은 특히 미디어에 의해 촉발됐다. 동아시아 여성들은 좀 더 유럽 여성을 닮기 위해 눈 성형을 하고, 검은머리의 남유럽 여성들은 금발로 염색하며, 아프리카 여성들은 검은색 눈동자를 '교정'하기 위해 파란색이나 초록색의 콘택트렌즈를 착용한다.

글로벌 미디어가 지구의 가장 외딴 지역에까지 침투해 들어가면서 전달한 기본 메시지는 이렇다.

"네가 남들 눈에 띄고 싶고, 남들에게 회자되고 싶고, 남들로부터 존경과 사랑을 받고 싶다면 유행하는 러닝화, 최고로 패셔너블한 청바지, 최신 장난감과 기기들을 갖고 있어야 해. 제대로 된 스타일을 갖추어야 한다고."

하지만 소비가 더 심한 경쟁과 질투를 낳는 것이 실제 상황이다. 따라서 아이들은 더 고립되고 더 불안하고 더 불행해진다. 이는 다시 광적인 소비를 낳는 악순환으로 빠져들게 한다.

영국 정부는 최근 행복을 국내총생산(GDP)과 같은 전통적인 성장지표의 부속 자료로 삼겠다는 계획에 착수했다. 그렇게 된다면 글로벌 경제의 성장과 인간의 복리 사이에 역(逆)관계가 있음을 알게 될 것이다. 영국 신경제재단(NEF)에서는 3년마다 국가별 행복지수를 발표하는데, 2012년 151개국을 대상으로 조사한 결과 "난 행복하다"라고 응답한 사람의 비율이 가장 높은 나라는 코스타리카였다. 영국은 코스타리카보다 GDP가 50배가량 많은데도 행복을 느끼는 순위는 겨우 40위권에 그쳤다. 세계화가 공동체를 망가뜨리고 인간의 자긍심을 손상시키고 있기에 나타나는 결과다.


## 2. 세계화는 우리를 불안하게 한다

우리 아이들은 학교에서 자신이 속한 문화를 거부하도록 교육받는다. 어째서 그럴까? 선생이 아이들에게 "너희가 구구단을 익히지 못하면 돼지를 키우게 되거나 너희 아빠처럼 농장에서 일하게 될 거야"라고 가르치기 때문이다. 농장에서 일하는 것을 마치 반칙을 하거나 죄를 저지르거나 뭔가 나쁜 행위를 하는 것인 양 가르친다.

— 엘리아나 에스필리코(연대 코디네이터, 시민운동가)


글로벌 미디어는 남들의 이목을 끌고 사랑을 받고 싶다면 최신 유행품을 갖추라고 설파한다. 청소년들은 이러한 메시지로 인해 상처를 많이 받고 있다. 그들은 사람들에게 받아들여지길 바라고, 어딘가에 소속되기를 원한다.

하지만 불행히도 오늘날 미디어가 전 세계에 내보내는 역할 모델은 아프리카, 남아메리카, 아시아 사람들과는 매우 다른 모습이다. 이들은 세계 인구의 대부분을 주류에서 소외되게 만든다. 설령 당신이 금발에 푸른색 눈동자를 가진 미인이라고 해도 결코 충분히 아름다울 수는 없다는 것이다. 전 세계적으로 푸른색 콘택트렌즈의 매출은 급격히 늘고 있고, 더욱더 많은 사람들이 그들의 피부와 머릿결을 밝게 하는 화학물질을 사용하고 있다.

더욱이 경제 압박이 심해지면서 부모들은 자녀와 함께 어울릴 시간조차 빼앗겼다. 서구에서는 오래전부터 유아들이 낯선 사람의 보호를 받으며 보육원 등에서 양육되고 있고, 어린이들은 폭력적인 비디오 게임 회사나 TV 쇼의 후원사에 맡겨졌다. 인간의 심리적 만족에 근본적으로 아주 중요한, 자연에서 보내는 시간은 점차 줄어들어 지금은 거의 없다.

세계화와 이를 통해 확산되는 소비문화로 인해 어린이들은 자신들이 한때 존경했던 부모와 조부모, 삼촌과 숙모, 친구와 이웃 같은 주변의 친근한 역할 모델을 더 이상 받아들이지 않는다. 대신 미디어와 상업광고 이미지가 그 자리를 꿰찼다. 즉 멋진 영화배우와 록스타, 스테로이드제로 근육을 부풀린 운동선수와 에어브러시로 보정된(보정 툴로 수정된) 슈퍼모델들이다. 이렇게 인위적으로 만들어진 '완벽한' 아이돌들과 경쟁해야 하는 아이들은 불안해하며 자신들이 열등하다고 느낀다.

## 3. 세계화는 천연자원을 낭비한다

우리의 공급망은 한계에 이르렀고, 더 이상 남은 것이 없다. 우리가
공정함이라는 명목 하에 전 세계를 산업화하겠다고 결정한다면 그
결과는 세계적인 기아와 기근이 될 것이다. 생태계는 무너지고 결
국 인류는 종말을 맞이하게 될 것이다.

－리처드 하인버그(미국 캘리포니아 뉴칼리지 교수, 에너지 및 생태학자)


소비주의를 끝없이 자극하면 지구의 생태계가 위협받는다. 천연
자원은 이미 한계점에 와 있는데도 사람들로 하여금 더 많이 소비하
도록 부추기는 경제 시스템 속에서 우리는 살고 있다.

이런 문제는 부분적으로는 소비자 '욕구'의 표준화에서 기인한다.
예를 들면 지역의 전통적인 건물은 '현대적' 방식에 자리를 내줬다.
흙과 식물, 동물성 섬유 같은 풍부한 천연자원은 사용되지 않는다.
대신 콘크리트와 철강, 플라스틱 같은 현대적 소재가 사용된다. 사
람들이 똑같은 음식을 먹고, 똑같은 옷을 입고, 똑같은 에너지원에
의존하면서 이런 일이 발생한 것이다. 이렇게 되면 초국적 기업의 효
율성은 높아지는 반면 소비자는 결핍되고, 경쟁 압력은 대단히 높아
진다.

세계화가 촉진하고 있는 소비문화는 점차 도시적으로 변한다. 경
제성장은 농촌 경제를 붕괴시켰고, 이 때문에 인구의 단지 2퍼센트
만이 고도로 산업화된 국가에 살게 되었다. 세계화는 엄청난 수의 인

구를 농촌에서 도시로 이동시켰다. 특히 개발도상국에서 이런 일이 일어나고 있다. 경제성장은 자급자족 시스템을 붕괴시키고, 별다른 대안도 마련해주지 않고 사람들을 끝없이 도시로 이주시켰다. 고도로 산업화된 국가에서도 도시화 과정은 계속적으로 일어난다. 일자리는 제멋대로 퍼져나가는 대도시와 교외에 집중되는 반면, 농촌은 경제적 활력이 사라지는 게 구조화됐다.

이 같은 불건전한 도시화는 수많은 문제를 야기한다. 엄청나게 많은 사람으로 붐비는 빈민가(특히 개발도상국)의 생성은 물론 고독감, 소외감, 가족 해체, 빈곤, 범죄, 폭력 등이 양산됐다. 도시화는 또한 자원의 이용과 공해를 대폭 증가시킨다. 순전히 분산된 생활양식과 비교해보면 도시화는 대단히 자원 집약적이다. 이는 개발도상국에서 더욱 명확하다.

수억 명의 농촌 사람이 도시로 밀려들면서, 과거에는 그들이 스스로를 위해 재배했던 식품이 이제는 화학물질이 집약된 거대한 농장에서 대량 경작된다. 식량은 대형 트럭에 실려 잘 건설된 도로를 따라 도시로 운송된다. 물은 거대한 댐과 인공 저수지를 통해 공급된다. 에너지 대량 생산은 대규모의 집중화된 발전소와 석탄 및 우라늄 광산, 수천 마일에 달하는 송유관을 불러왔다. 반면 이 과정에서 생겨난 많은 쓰레기—이 중에는 엄청난 양의 가치 있는 퇴비도 있다—는 트럭에 실려 도시 외곽으로 운송된 후 화학 처리가 되거나 매장되거나 소각되거나 바다에 버려진다. 그 결과 도시 주민들은 땅을 토대로 살아가는 사람들보다 재생 불가능한 자원들을 더 많이 소비하게 된다.


## 4. 세계화는 기후변화를 가속화한다


우리는 종종 규모의 경제라는 말을 듣는다. 하지만 그 이면에 놓인
진실은 우리가 엄청난 낭비 시스템을 개발했다는 것이다. 미국 동
해안에서 잡힌 참치는 일본에 항공편으로 수송된 후 가공된다. 그
런 다음 다시 미국으로 운송되어 소비자에게 판매된다. 영국에서
재배된 사과도 남아프리카로 운송되어 광택 처리를 거친 후 영국으
로 다시 넘어와 판매된다. 이러한 일련의 과정에는 믿을 수 없을 정
도로 엄청난 양의 쓰레기가 뒤따른다.

– 잭 골드스미스(영국의 환경운동가)


경제의 세계화가 기후에 미치는 영향은 계속적으로 증가하고 있
다. 소비문화에 내재하는 쓰레기와 과잉 생산, 도시화로 귀결되는
자원의 사용이 증가한 때문이다. 더불어 재화는 생산자에서 소비자
에 이르기까지 대단히 긴 여행을 한다는, 세계화의 기본적인 논리도
영향을 준다. 이는 특히 식품과 농업 분야에서 극명하게 드러난다.
식품 생산뿐 아니라 식품을 전 세계로 운송하는 데도 엄청난 양
의 에너지가 낭비된다. 식품이 수송물자의 20퍼센트를 차지하는 미
국의 경우는 1파운드(약 0.45킬로그램)의 음식이 식탁에 오르기까지

1500마일(약 2400킬로미터)을 여행해야 한다. 그 결과로 매년 2억 4000만 톤의 이산화탄소가 배출된다.

이러한 식품 수송으로 사람들은 인근 지역에서는 구할 수 없는 과일과 채소, 다른 음식까지 소비할 수 있다. 물론 인근 지역에서 키울 수 없는 식품을 소비하는 권리가 문제라는 의미는 아니다. 단지 오늘날 행해지고 있는 식품 무역의 대부분이 불필요하다는 뜻이다. 막대한 양의 식품을 수입하는 나라들이 실은 그 식품을 자국에서도 풍족하게 생산하고 있기 때문이다. 미국과 영국 등 많은 나라들이 우유, 쇠고기, 감자, 빵, 달걀 등 주요 식품들을 매년 수십만 톤씩 수입한다. 그러면서 이들 국가는 거의 동일한 식품과 수량을 수출한다. 예를 들어 영국은 매년 1만 5000톤의 와플을 수입하면서 수출한다. 또한 호주와는 매년 20톤의 생수를 교환한다.

지역에서 생산된 것으로 보이는 식품들조차 먼 거리를 거쳐서 온다. 예를 들면 스코틀랜드 산(産) 새우는 중국으로 선적돼 거기서 껍질을 벗긴 후 다시 스코틀랜드로 되돌아온 후 빵가루를 입혀서 판매된다. 대서양에서 영국 어선에 잡힌 해덕(대구와 비슷한 작은 고기_옮긴이 주)은 폴란드로 가서 가공된 후 영국으로 되돌아와 판매된다. 웨일스 산 새조개는 네덜란드로 가서 소금에 절여진 후 캔으로 만들어지고, 그런 후에 영국의 슈퍼마켓 판매대에 오른다.

이와 같은 사례는 글로벌 경제의 '게임의 법칙'에서 비롯된 결과다. 즉 기업들이 자신들이 활동하기에 가장 유리한 곳이라면 어디든지 진출해 임금의 차이, 통화 가치의 변동, 보조금, 투기적 거품 등을 활용해 이윤을 얻기 때문이다.

이러한 비논리적이고 낭비적인 시스템은 물론 식품에만 해당되지 않는다. 모든 종류의 천연자원과 소비재에도 그대로 적용된다. 탄소 배출이 늘어나면서 인류의 생존이 위협받고 있는 지금, 이 같은 황당한 일이 벌어지고 있는 것이다.

### 5. 세계화는 생계를 파괴한다

사람들을 토지에서 몰아낸 것이 모든 실업의 원인이다. 빈민가가 생기거나 농촌에서 도시로 이주하는 것도 토지로부터 몰아냈기 때문이다. 땅에서 일해온 사람들을 일회용 취급을 한 것이 인간성 위기를 불러온 가장 큰 원인일 것이다. 그럼에도 어떠한 인권단체도 이 점에 주목하지 않는다. 10만 명이 넘는 인도 농민들이 자살한 근본 원인이 이것인데도 말이다.

— 반다나 시바(인도의 환경운동가, 지구 민주주의 설립자)

일반적인 믿음과 반대되지만 글로벌 경제의 성장은 사실 고용 안정성을 악화시키고 실업을 늘린다. 최근의 글로벌 금융위기만 해도 3000만 명이 넘는 일자리를 앗아갔지 않은가. 이는 경제 기능의 일시적인 마비 때문이 아니다. 호황과 불황 같은 경기순환은 글로벌 경제 시스템에 내재되어 있다. 다시 말해 한정된 자원을 가진 지구상에서는 경제성장이 끝없이 지속될 수 없다는 의미다.

불황이 아닐 때에도 사람들은 기업 합병과 인수, 저임금 국가로의 공장 이전 등으로 끝없이 일자리를 잃어버릴 위협에 시달리고 있다. 기업들이 더 많은 보조금을 주고 비용이 덜 드는 곳을 찾아 세계를 헤매고 다니면, 그에 따라 일자리와 가족 역시 옮겨 다닌다. 이는 특히 미국에서 확연하게 드러나는데, 보통의 미국인들은 일생 동안 11번 이사를 다닌다. 그러면서 친척과 이웃, 친구들과 연락을 끊는 게 태반이다. 또한 대부분의 가정은 경제적 압박이 심해질수록 부모가 아이들과 함께 지내는 시간도 빼앗긴다. 은퇴한다고 해도 나아질 게 별로 없다. 연금부터가 통제할 수 없는 투기의 손아귀에 놓여 있기 때문이다.

생계가 위협받는 것은 서구만이 아니다. 개발도상국에서도 일자리를 찾고 유지하는 게 점차 어려워지고 있다. 그 첫 번째 희생자들은 소농이다. 라다크처럼 여전히 지역경제 시스템이 부분적으로나마 작동하고 있는 개발도상국에서조차 농민들은 글로벌 식량 시스템에 편입하라는 압력을 받고 있다. 외국의 원조와 정부의 자금 지원으로 농업은 지역의 요구를 위한 생산에서 수출용 생산으로 바뀌고 있다. 이렇게 가면 끝내는 단일작물 재배 시스템으로 변하게 되고, 농업 및 경제의 불안정성이 초래된다. 이는 농산물을 세계시장에서 판매하는 것을 뜻한다. 지역 농민과 그들이 지지하는 농업 공동체는 이제 생존하기 위해 식량을 수입해야 하는 상황에 처한다. 개발도상국의 모든 공동체는 그들이 통제할 수 없는 사건―유럽의 불황이나 아시아의 예상치 못한 풍작—에 의해서도 쉽게 파멸할 수 있다.

이런 상황에서 제3세계의 농민들이 가난에서 벗어나려면 자신의 수출품을 서구인들이 사게끔 해야 한다. 이를 진보라고 일컫지만 실상 잘못된 주장이다. 농민은 결국 생산 요소를 판매하고 자신들의 생산물을 사가는 거대 기업에게 착취당하기 때문에 자신과 가족들을 먹여 살리는 게 더욱 어려워졌다는 것을 깨닫게 된다. 다른 소득원이 없기에 농민들은 결국 대대로 살아온 집과 지역을 떠나 개발도상국의 빈민가로 이주할 수밖에 없다. 거기서 그들은 공동체도 없이, 토지와의 연결점도 없이, 안전하고 질 좋은 식량도 없이 쓰레기 더미 속에서 지내게 된다. 그들이 쓰레기를 뒤져 팔아서 하루에 50센트(약 600원)를 벌어도 GDP는 늘어난다. 그게 통계적으로 경제적 진보로 기록되는 것이다. 그나마 '운 좋은' 사람들도 거대한 저임금 노동력 집단의 일원이 되어 다국적 기업의 하청 지역이나 노동 착취현장에서 힘든 노동을 해야 한다.

## 6. 세계화는 갈등을 고조시킨다

세계화는 빈부 격차를 가져온다. 그럼으로써 어떤 사람들—많은 사람—의 생존에 직접적인 영향을 미친다. 그리고 그 사람들에게 선택의 기회를 거의 주지 않는다. 단지 삶과 죽음만 택할 수 있게 할 뿐이다. 이것이 테러리즘을 촉발시키고 있다. 이것이 수많은 불화를 야기하고 있다.

－키엔트 노르부 린포체(부탄의 영화 감독 겸 제작자)

전 세계적으로 분열과 폭력, 테러리즘이 증가하고 있다. 이는 다양한 문화와 인종을 하나의 글로벌 단일문화로 편입하도록 강요하는 시도가 미친 영향으로 충분히 예견된 일이다. 극도로 고조된 경쟁과 더불어 개인적 및 문화적 자긍심의 상실은 깊은 분열을 가져옴으로써 근본주의자들의 반항과 종족 분쟁을 불러일으켰다.

특히 서로 다른 문화적 배경을 가진 민족들이 한꺼번에 도시로 밀려들고, 기존의 공동체와 문화적 터전에서 이탈한 사람들이 일자리와 생활필수품을 둘러싸고 치열한 경쟁을 벌이고 있는 개발도상국에서는 실제로 벌어지고 있는 일들이다. 자신들을 의기소침하게 만드는, 대단히 경쟁적인 상황에 직면한 사람들은 어떤 종류의 차이일지라도 중요하게 생각한다. 따라서 서로 다른 민족이나 종교적 집단간에 벌어지는 긴장은 쉽게 폭력으로 이어진다.

라다크 사람들은 예전에는 불교도와 이슬람교도들이 아무런 갈등없이 사이좋게 지냈다고 회상한다. 하지만 새로운 경제가 도입되면서 실업이 급격히 늘어났고, 한정된 석유 및 석탄, 시멘트와 플라스틱과 같은 신제품을 둘러싼 경쟁은 치열해졌다. 그 결과 알력과 갈등이 생겨났고 결국 폭력이 발생했다. 불과 10년 만에 라다크에서는 불교도와 이슬람교도들이 길거리에서 서로를 죽이는 사태가 벌어졌다.

글로벌 단일문화의 확산과 민족 간 갈등 사이에는 이처럼 명확한 관련성이 존재한다. 그런데도 대부분의 서구인들은 근대성이 아닌, 전통에 문제가 있다고 비난한다. 그러면서 수백 년 동안 땅 밑에서 서서히 타올랐던 '고대의 증오'에 책임을 돌린다. 물론 민족 간 갈등은 식민주의와 근대화보다 앞서서 생긴 현상임에는 틀림없다. 그러나 나는 인도 대륙에서 직접 35년을 지내본 결과, 세계화와 그 파트너인 '발전'이 기존의 긴장을 고조시킬 뿐 아니라 많은 경우 새로운 긴장을 창출한다고 확신하게 되었다.

## 7. 세계화는 대기업에 주는 지원금에 의거한다

좌파 정당이든 우파 정당이든, 오늘날 서로 의견이 일치하는 점이 있다면 아마도 자유시장의 힘과 가치일 것이다. 하지만 아이러니한 건 오늘날 생겨나고 있는 수많은 오염물질들이 사실은 순수한 자유시장에서는 존재할 수 없다는 점이다. 예를 들면 정부의 막대한 지원이 없다면 원자력 발전은 존재할 수 없다. 전 세계 정부들의 엄청난 지원이 없다면 현재의 글로벌 경제 역시 유지될 수 없다. 우리는 존재할 수 있는 자유시장에서 멀어질 대로 멀어진 것이다.

- 잭 골드스미스(영국의 환경운동가)

사회적·환경적 비용이 얼마가 들더라도 세계화는 멈출 수 없다는 신념이 널리 퍼져 있다. 세계화는 '자유시장'에 의해 추진되는 자연

발생적 과정이며, 대기업이 창조하는 '규모의 효율성'이기에 피할 수 없다는 것이다. 세계화 옹호론자들은 경제의 효율성이 작동되고 있다는 증거로 많은 교역재의 가격이 낮다는 점을 들고 있다. 하지만 글로벌 경제가 세계 각국의 정부로부터 지원을 받고 있다는 점을 감안한다면 이런 주장은 그다지 설득력이 없다. 정부는 국제조약 체결을 통해 교역을 촉진시키는 데 그치지 않고, 국가 경제의 무역 부분을 직접 지원하고 있기 때문이다.

보다 중요한 것은, 정부가 무역 기반 경제가 요청하는 인프라 투자를 통해 글로벌 경제를 간접적으로 지원하고 있다는 사실이다. 장거리 교통망이나 대규모 에너지 설비, 고속 통신망 및 정보망, 연구개발 시설 등의 사회기반시설이 국민의 세금으로 건설되고 있다.

각국 정부가 이토록 열심히 기업을 지원하는 것은 '자신들의' 기업이라고 생각하기 때문이다. 정작 다국적 기업들은 국가에 대한 충성심이 별로 없는데도 말이다. 정부는 조세 감면과 자본조달 혜택, 토지 무상 이용, 느슨한 환경 및 근로자 안전 규제 등을 제공함으로써 다른 나라나 다른 지역에 있는 다국적 기업들이 자국에 오도록 유인한다. 이들에게 건물 임대료 및 기계 사용료를 보조하고, 저금리 융자를 제공하며, 신규 노동력의 훈련을 지원하고, 조세도 감면해준다. 그럼으로써 수백 개의 일자리를 창출해주기를 기대한다. 문제는 이런 지원을 받지 못하는 토착 중소기업들이다. 불공정 경쟁의 틀 속에서 이들 중소기업이 살아남기란 참 어렵다.

다국적 기업에게는 이런 직·간접적인 지원뿐 아니라 규제 완화 혜택도 주어진다. 사실 규제 완화는 중소기업 및 토착기업들에게 해주는 것이 맞다. 대기업들이 소리 높여 정부의 '관료적 행태'에 불만을 늘어놓는다고 해도 말이다. 게다가 오늘날처럼 고삐 풀린 '자유무역' 환경에서는 필요한 규제도 존재하며, 국민은 자신의 이익을 보호해 달라고 정부에 요구해야 한다. 또 국제조약의 개정을 통해 실현할 규제도 있다. 정부가 '게임의 규칙'을 바꿔 진실로 다양성과 분권화를 기업 세계에서 회복하는 데 동의할 경우다.

'자유무역'에서 뺄 것이 있다면 기업에게 부여되는 자유다. 세금과 인건비가 저렴하고, 환경 규제가 느슨하고, 세금 보조 혜택이 큰 곳으로 기업 활동을 이전할 수 있는 자유는 박탈해야 한다. 이러한 자유는 공동체 전체의 활력을 상실시키는 데 크게 기여하며, '바닥으로의 경쟁'을 촉발하는 데도 공헌했기 때문이다. 그런데도 모든 나라는 사회적 수준, 환경적 수준, 건강 수준 측면에서 가장 저렴한 국가가 되기 위해 경쟁하고 있다.


## 8. 세계화는 잘못된 계산에 근거하고 있다

경제뿐 아니라 사회·정치·문화 시스템이 모두 GDP가 최대한 빨리 성장할 수 있도록 보장하는 데 초점이 맞춰져 있다. 마치 우리가 안고 있는 모든 문제가 GDP를 증가시키면 다 해결되는 것처럼.

— 클리브 해밀턴(호주연구소 소장)

정책 결정자들은 종종 GDP 증가가 정책의 성공 증거라고 생각한다. 하지만 그들은 GDP가 사회적 행복의 척도로서 대단히 부적절하다는 점을 놓치고 있다. GDP는 단지 시장 활동이나 화폐 유동성을 나타내는 거시적 측정치일 뿐이다. 바람직하거나 바람직하지 않음을 가늠하거나, 비용과 편익을 가르는 척도가 아니다. 암이나 교통사고, 석유 유출 등으로 인한 지출 증가도 GDP를 증가시킨다. 하지만 합리적인 사람이라면 이를 행복(well-being)이라고 하기보다는 사회가 건강하지 못한 것으로 판단할 것이다.

더욱이 GDP는 가족과 공동체, 환경의 기능은 배제하고 화폐적 거래를 포함하는 경제적 활동만 고려한다. 아이들을 보육원에 보내는 건 GDP 증가에 보탬이 되지만, 가정에서 양육하는 건 그렇지 못하다. 나무를 벌목해 펄프를 만들면 GDP가 증가하지만, 그냥 그대로 숲인 채로 놓아두면 건강한 생태계 유지에 아주 유효함에도 GDP는 증가하지 않는다. 석유 유출과 수질 오염으로 사람들이 생수를 사먹으면 GDP는 증가한다. 전쟁과 암, 유행병 등은 화폐의 교환 형태를 띠기 때문에 대차대조표에서 자산 항목을 차지한다. GDP 수치에 의존하는 정책 담당자들이 돌이킬 수 없는 해를 끼치는 이유다.

특히 개발도상국에서는 GDP 증대 정책을 펼치기 때문에 돈을 적게 쓰고도 자신들의 욕구를 충족시킬 수 있는 자급자족 경제가 무너지는 것이다. 건전한 자급자족 사회가 글로벌 경제의 '발전' 과정에서 빈곤해지는 것은 이 때문이다. 경제적 건강을 보다 정확하고 완벽하게 측정한다면 현재 진행되고 있는 세계화 과정에 숨어 있는 비용이 얼마인지 드러날 것이다. 그러면 우리는 더 나은 방향으로 전환해 나아갈 수 있다.


## 의식이 자라나고 있다


결국 기업들의 제국(帝國)이거나 금권정치 국가이거나 그들이 갖고 있는 권력은 단지 시민인 우리가 내어준 것이다. 그들은 우리가 합법성을 부여했기 때문에 권력을 유지하고 있는 것이다. 만약 우리가 합법성을 철회한다면 그들은 권력을 잃게 될 것이다.

– 데이비드 코튼(미국 경제학자, 하버드 대학교 교수 역임)


기후 변화에 대한 우려는 금융 시스템의 붕괴와 더불어 결국에는 경고등이 울리기 시작할 것이라는 점을 분명하게 해줬다. 하지만 각국 정부의 반응은 기본적으로 똑같다. 거대 은행에 대한 구제 금융, 소비 지출을 높이기 위한 일련의 경기 부양책, 탄소 배출권 거래 제도 등이다. 이런 해법들은 문제를 본질적으로 초래한 기존 시스템을 더욱 공고하게 할 뿐이다. 정부는 개인이 행동을 달리 해야만 문제를 해결할 수 있다고 선전한다. 즉 운전을 덜 하고, 보다 효율적인 백열전구를 쓰고, 친환경적인 제품을 소비하는 식으로 말이다. 그리고 거대 기업은 녹색 경제를 실현한다는 미명 하에 수억 달러를 투자하고 있다.

석유 의존적인 세계경제의 성장은 기후 변화라든가 환경위기는 물론, 스트레스의 증가 및 정서 불안, 사회 붕괴 등에도 책임이 있다. 이를 우리가 직시해야만 비로소 지구를 치료하기 위해 필요한 단계들이 우리 스스로를 치료하는 데 필요한 단계와 동일하다는 사실이 명확해진다. 두 가지 모두 규모의 경제를 줄이기 위해 필요한 것들이다. 달리 말해 세계화를 계속적으로 하지 말고 지역화로 되돌아가자는 것이다.

이러한 단계를 밟을수록 세계화 모델은 지역화 모델로 바뀌는 동력을 얻는다. 경제와 환경은 건강을 되찾을 것이고, 도시화의 불건전한 조류를 막을 수 있으며, 문화적 다양성이 회복될 것이다. 종족 갈등이나 폭력도 줄일 수 있다. 무엇보다 지역화를 향해 나아가는 게 현재의 세계화를 지속하는 것보다 비용이 덜 들고 사회·환경적 손실도 적다. 발라지 샹카(Balaji Shankar)라는 한 인도 농부의 말이다.

"의미 있는 경제는 단 하나다. 바로 지역의 경제학이다. 이건 어디서나 마찬가지다."

# 2장

# 지역화

1. 현재 각국 정부가 거대 다국적 기업과 은행에 하고 있는 각종 지원을 제거하는 것.

2. 수출시장에 대한 의존도를 줄이고 지역의 요구를 위한 생산을 장려하는 것.

(종종 고립주의, 보호주의, 무역 폐지 등과 혼동된다.)

지역화는 세계화된 기업자본주의에 대한 체계적이고 폭넓은 대안이다. 경제활동의 규모를 근본적으로 줄이자는 것이다. 그렇다고 국제무역의 철폐를 의미하거나, 자급자족을 위해 노력하자는 건 아니다. 단지 보다 책임 있고 보다 지속 가능한 경제를 발전시키고, 우리가 정말 필요로 하는 것들을 집 가까이에서 생산하자는 것이다.

  그런 경제를 만들려면 정부는 어떻게 해야 할까. 세 가지 해결 메커니즘에 주력해야 한다. 먼저 국가적·국제적 차원에서 무역 협정을 통해 무엇을 규제하느냐의 문제다. 두 번째로는 어떻게 과세를 하느냐의 문제고, 세 번째는 무엇을 보조해야 하느냐의 문제다. 동떨어지고 산발적인 관점에서 접근할 것이 아니라, 소규모에서 대규모로 나아가는 정부 정책을 장려해야 할 필요가 있다.

정책과 규제의 변화 말고도 필요한 게 또 있다. 다양하고 지역적인 이니셔티브(initiative, 주민 발의)다. 전 세계에서 일어나고 있는, 그리고 우리가 만든 다큐멘터리 영화 〈행복의 경제학〉에서 보여주고 있는 그런 이니셔티브 말이다. 이는 글로벌 경제의 동력을 주춤거리게 하는 행동들과는 다르다. 느린 보폭으로 지역 사정에 대한 깊이 있고 친밀한 이해들을 요구하는, 그럼으로써 지역민 스스로가 가장 잘 계획하고 이행할 수 있는 그런 소규모 움직임들이다. 이러한 이니셔티브들이 정책 지원을 받는다면, 문화적·생물학적 다양성과 장기적인 지속 가능성으로 되돌아가는 게 쉬워질 것이다.

글로벌 기업을 거부한다고 해서 국제 협력과 문화 교류를 거부하자는 얘기는 아니다. 세계적 문제들로 인해 국제 협력은 지금보다 더 많이 필요하다. 다만 경제의 세계화와는 매우 다를 뿐이다.

경제의 지역화는 문화적·생물학적 다양성에 대한 적응을 의미한다. 따라서 모든 곳에 적절한 단 하나의 '청사진'만 존재하는 것이 아니다. 지역민들의 풀뿌리 노력으로 일어나는 무대의 수만큼 다양한 청사진이 나올 수 있다. 다음에 나오는 조사는 결코 완전한 것은 아니지만, 오늘날 일어나고 있는 여러 단계들을 보여주는 예시라 할 수 있다.

## 지역 기업과 은행

지역 기업의 효과에 대한 우리의 연구 중 가장 중요한 연구의 하나
는 지역 서점에서 사용한 100달러와 대규모의 체인 서점에서 사용
한 100달러의 영향을 비교하는 것이었다. 지역 서점에서 사용한
100달러는 지역경제에 45달러를 남겨주었다. 반면 체인 서점에서
사용한 100달러는 지역경제에 겨우 13달러를 남겨주었다. 지역 서
점이 체인 서점에 비해 소득과 일자리 창출, 지방 정부로 유입되는
세금 등 모든 면에서 세 배의 효과를 나타냈다. 지역 서점은 지역에
기반을 둔 관리팀이 있고, 지역의 변호사 및 회계사를 활용하며, 지
역 라디오와 TV에 광고를 하기 때문이다. 체인 서점은 전혀 그렇지
않았다.

– 마이클 슈만(경제 저널리스트)


글로벌 기업은 소수를 위해서만 막대한 부를 창출한다. 그렇기에
대부분의 사람을 더 빈곤하게 만든다. 중소기업과 지역경제는 더 공
평하고 지속 가능한 방식으로 부를 창출한다. 기업뿐 아니라 금융도
지역화하려는 수많은 움직임이 일어나고 있는 것은 이 때문이다.
　많은 곳에서 '지역 은행과 지역 대부업체'들이 설립되어 지역민
과 지역 기업들에게 돈을 빌려주고 있다. 먼 지역이 아닌 바로 그들
의 이웃과 지역사회에 투자한다는 조건에서다. 이렇게 해서 중소기
업들은 지금까지 은행들이 대기업에게만 제공했던 값싼 창업자금을

빌릴 수 있게 되었다.

'지역 제품을 사세요'라는 캠페인은 지역 기업들이 생존할 수 있도록 도와준다. 그럼으로써 엄청난 보조금을 받은 경쟁 기업과 겨룰 수 있게 된다. 지역경제에서 돈이 빠져나가는 것을 막을 뿐 아니라, 멀리 떨어진 곳에서 생산된 제품을 구입할 때 숨은 비용—환경 및 공동체에 부과되는—을 사람들이 인식하게끔 한다. 거대 기업의 판매망이 농촌과 소도시 경제에 침투하는 데 대한 반작용으로 이 같은 풀뿌리 조직들이 전 세계에 출현했다.

글로벌 경제는 마치 우리 팔이 너무 길어져서 손이 무엇을 하는지 볼 수 없는 것과 같다. 경제가 보다 인간적인 규모로 작동된다면 우리의 선택이 어떤 영향을 미치는지 보다 잘 볼 수 있게 된다. 화학제품이 우리 환경을 오염시키지는 않았는지, 근로자들이 착취당하고 있지는 않은지를 알 수 있다. 그러면 기업들도 훨씬 책임감을 갖게 된다.


## 지역 식량

농업과 식품 생산은 지역화가 바람직한 분야일 뿐 아니라, 그 자체로 필요한 영역이다.

－반다나 시바

식량은 누구나 어디서나 매일 필요로 한다. 이 때문에 식량 생산 방식은 경제적·환경적·사회적으로 엄청난 영향력을 가진다. 따라서 식량경제를 지역화하게 되면 엄청난 편익이 발생한다. 지역 식량이란 간단히 말하면 지역과 지방의 소비를 위해 생산되는 식량이다. 따라서 '식량 이동 거리'가 상대적으로 짧고, 이 때문에 화석연료의 사용이 덜 하고 환경오염이 많이 줄어든다.

세계시장을 대상으로 하면 단일작물 생산—돈이 되는 작물만 그 땅에 남고 나머지는 모두 배제되는 시스템—만 가능하다. 하지만 지역시장을 대상으로 하면 농민들은 수많은 틈새 농업—작물이든 가축이든—으로 다양화할 수 있는 유인을 갖는다. 게다가 다양화된 농업은 단일작물 생산 시 사용되는 육중한 기계가 불필요하고, 이 때문에 토양이 침식되는 주요 원인이 제거된다. 또 생물 다양화는 병충해에도 강해 유기농법에 더욱 적합하다.

지역 식량은 대부분 세계시장을 대상으로 생산되는 식량보다 훨씬 더 신선하고, 그래서 영양가가 훨씬 더 높다. 방부제와 첨가제도 덜 들어간다. 농민들은 지역의 환경과 토양에 가장 적합한 농산물을 키울 수 있다. 또한 식량의 운송 거리가 짧아서 맛과 영양분이 훨씬 좋다. 축산업은 곡물 생산과 밀접하게 연관되어 동물에게는 더 건강하고 인도적인 사육 환경을 제공하고, 이로 인해 땅에 화학물질이 유입되지 않아 토지의 비옥도가 더 좋아지게 될 것이다.

지역화된 시스템에서는 식량 구입비의 대부분이 기업형 중간 상인이 아닌 농민에게 돌아간다. 단일작물을 기를 때보다 1에이커(약

1200평)당 훨씬 더 많은 사람을 고용하게 되는데, 이렇게 작고 다양화된 농장은 농촌 경제를 회복시키는 데 기여한다. 농업 종사자들에게 지급되는 임금은 중장비와 연료비로 나가는 돈보다 더 많이 지역 경제와 지역사회에 보탬이 된다. 중장비 등에 지급된 비용은 그 제조업자와 석유회사 등에게 바로 넘겨지는 반면, 임금은 지역에서 소비되기 때문이다.

지역 식량 생산을 늘리는 정책은 2차 산업과 기업으로도 이어진다. 소도시조차 고유의 낙농장과 도축장, 식품가공 산업을 가질 수 있게 된다. 또한 이들은 지역에서 생산되는 풍력, 수력, 태양광 발전소에서 전력을 공급받는다. 지역 에너지를 생산하고 생물학적 폐수 처리 및 재활용이 늘면 더 많은 일자리가 창출될 것이다. 이러한 일자리는 다시 지역의 부(富)에 기여하고, 지역 공동체가 만족하고 번영하는 토대가 될 것이다.

지역 식량에 더 많이 의존할수록 식량의 안전도도 더욱 높아진다. 식량 통제권이 소수의 기업에 집중되어 있는 대신 분산되고 분권화되기 때문이다. 개발도상국들이 그들의 노동력과 농토를 수출시장을 위한 현금성 있는 작물을 재배하는 대신 지역의 요구에 부합하는 작물을 생산하는 데 쓴다면 고질적인 기아는 급속도로 감소되거나 아예 사라질 것이다. 지역의 요구에 부합하는 중소 규모의 다양화된 먹을거리 생산은 식량 안전을 전 세계적으로 보증하는 유일한 방법이다.

에너지를 대량으로 소비함에도 불구하고 글로벌 식량 시스템이

'효율적'이라는 가설도 완벽하게 거짓이라는 점이 입증될 것이다. 수많은 연구들이 소규모의 다양화된 농가가 대규모 단일작물 재배 시스템보다도 토지 면적당 산출량이 높다는 결론을 내리고 있다.

오늘날 국제적인 지역 식량 운동이 출현하면서 지역 식량 경제로 이행하고 있다는 증거들을 많이 볼 수 있다. 새로운 농민시장, 소비자와 생산자 간의 협동, 슬로푸드, 영속농업, 도시 정원, '먹을 수 있는 학교 운동장'(edible schoolyard, 자연주의 교육 프로그램의 일환으로 학교 텃밭에 식물을 길러 자급자족하는 것을 뜻함_편집자 주) 및 또 다른 교육 프로젝트, 지역 식량을 판매하는 점포, 급속히 팽창하고 있는 '공동체 지원 농업'(Community Supported Agriculture, 신선한 유기농 채소를 지역에서 길러서 지역민들에게 공급하는 형태_편집자 주)' 운동 등. 이러한 운동들은 환경과 지역경제뿐 아니라 지역사회와 우리 자신에게도 유익하다. 빌 맥키번도 다음과 같이 지적했다.

"농민시장은 에너지를 덜 쓰기 때문에 좋다. 공동체 건설에 도움이 되기 때문에 정말 좋다. 농민시장에서 장을 보는 사람은 슈퍼마켓에서 장을 보는 사람보다 평균 10배나 많은 대화를 한다."

서구 사회가 지역화되면 제3세계는 주요 수출시장을 잃게 되는 것 아니냐는 논쟁도 널리 진행되고 있다. 하지만 실상은 매우 다르다.

반다나 시바는 다음과 같이 설명했다.

"개발도상국의 빈곤 감소가 서구 시장 진입에 달려 있다는 생각은 세계화의 산물이다. 우리가 가진 자원은 유한하다. 토지도 물도 에너지도 유한하다. 영국 가정이 요구하는 상추 한 포기를 생산하기 위해 그 토지와 물, 에너지를 써야 한다면, 우리는 인도 농민들에게서 그들이 먹는 쌀과 밀을 강탈하는 셈이다. 인도인의 물까지도. 우리가 제3세계와 개발도상국에 기아와 가뭄을 수출하는 상황을 만들어 냈다고 해도 과언이 아니다."

## 지역 에너지

재생 가능한 에너지 기술의 광범위한 영역은, 그것이 소규모든 중규모든 대규모든 상관없이, 파운드든 달러든 엔이든 상관없이 현재 우리가 사용하고 있는 집중화되고 구닥다리인 에너지 기술보다 일자리를 2~4배 더 창출할 것이다. 그것이 윈-윈-윈(win-win-win) 하는 길이다.

- 앤드류 심스(영국 신경제재단의 정책 담당자)

지구 온난화와 값싼 석유 자원의 고갈은 에너지 생산과 사용에 극적인 변화를 초래할 것이다. 지역화된 시스템에서는 설비들이 분산되어 있고, 필요한 만큼만 에너지를 생산한다. 이런 에너지 생산 방식은 환경의 격변이 덜할 뿐 아니라—예를 들어 급류에서 소규모 터빈(높은 압력의 유체를 날개바퀴의 날개에 부딪치게 함으로써 회전하는 힘을 얻는 원동기_편집자 주)을 돌리는 것과 세계에서 가장 큰 수력 발전 프로젝트인 중국의 '싼샤 댐'(三峽大坝, Three Gorges Dam, 중국 창강의 세 협곡을 잇는 댐_편집자 주)을 비교해보라—훨씬 더 효율적이다. 생산설비로부터 사용 지점까지 운송되는 전기는 오는 도중에 전력 손실이 생기므로 더 많은 전력 생산이 필요하다. 게다가 그 과정에서 생산된 열은 유출되거나 공기 중에 흡수된다. 하지만 지역화된 열병합 발전은 그 열을 가정과 기업의 난방용으로 사용할 수 있다.

원자력 발전소나 거대 댐같이 대규모의 집중화된 에너지 프로젝트는 오늘날 엄청난 보조금을 받는 반면에 환경에 미치는 비용은 대부분 무시되고 있다. 이 같은 수십억 달러짜리 프로젝트를 단계적으로 폐쇄하고 지역의 재생 가능한 에너지 공급 시설을 지원하면, 오염 수준은 더 낮아지고 온실가스(이산화탄소)는 덜 방출되며 줄어드는 석유와 위험한 원자력 기술에 대한 의존도도 보다 줄어들 것이다. 이렇게 분산된 에너지원이야말로 지역경제에서 돈이 유출되는 것을 막아준다.

분산된 에너지 생산은 그 자체로 에너지를 더 많이 재생산하게끔 한다. 태양광 에너지를 보자. 지금 우리가 익히 알고 있는 것처럼 집중화된 설비에서 태양광 에너지를 생산하는 것은 비경제적이다. 광전지를 생산하는 건 규모의 경제에 효과가 있지만 전력 생산 그 자체는 별 효과가 없다. 오히려 지역적으로 생산하는 게 훨씬 더 효율적이다. 기존의 태양광 에너지 발전소에서 사용되고 있는 것은 물론이거니와 (이미 여러 나라에서 사용 중인) 기존의 태양광 전지로 특수하게 만들어진 옥상 전지, 액체가 흐르는 창문 판유리, 얇은 필름 띠 전지, 개발 중인 신기술 등.

라다크에서는 태양판을 사용해 지역민들이 필요로 하는 만큼만 에너지를 생산해내고 있다. 만일 그렇지 않고 연료로 가동되는 발전기를 썼다면 공기가 오염되었을 것이고, 댐·발전소·철탑을 건설했다면 자연 경관이 훼손되었을 것이다. 태양광 시스템을 고안해 설치하고 유지함으로써 지역에서 교육도 받을 수 있게 하고 중요한 고용 창출도 이루어낸 것이다.

개발도상국의 경우 대규모 에너지 설비는 대체로 도시 지역과 수출 지향적 생산단지의 수요에 맞춰서 생성된다. 도시화와 세계화를 촉진하기 위한 목적에서다. 반면 분산된 재생 가능한 에너지 설비를 지원하는 것은 마을과 소도시, 농촌 경제를 강하게 만든다. 그렇게 과도한 도시화를 막을 수 있다. 개발도상국의 에너지 하부 구조는 대체로 개발되지 않았기에 이런 전략이 실현될 가능성이 높다. 그러려면 정부와 은행, 자금조달 기관에 충분한 압력이 가해져야 한다.

## 지역 정체성과 지식

지역화를 통해 우리는 아이들에게 역할 모델을 제공할 수 있다. 지역화할 때 우리는 자녀들에게 역할 모델을 제공할 수 있다. 그리고 아이들이 자신의 문화 밖을 쳐다보지 않고서도 자신에 대해서, 그리고 사회 속에서 자신이 누구인지 단언할 수 있도록 삶의 기준을 제시할 수 있다. 상징과 사람, 규범, 가치들이 바로 여기 아이들 사이에 있다.

— 모하우 페코(남아프리카의 경제학자)

　안정적인 지역경제는 협동과 친밀, 상호의존적 공동체의 근원이
된다. 이는 다시 문화적·개인적 자부심을 강화시킨다. 사람들은 이
제 더 이상 세계화된 단일 소비문화라는 불가능한 이상에 순응하지
않게 되고, 민족적 갈등과 폭력을 초래하는 심리적 압박도 줄일 수
있다. 강력한 지역 공동체는 사람들이 그 자신이 될 수 있는 공간을
제공해주고, 그럼으로써 목적의식과 소속감을 가질 수 있도록 격려
해준다.

　이러한 친밀한 공동체는 또 아이들에게 다양한 역할 모델을 제공
한다. 글로벌 미디어나 광고를 통해 제공되는 완벽한 이미지는 아이
들에게 열등감을 안겨주고, 그럼으로써 미래 생활에 대해 공포와 옹
졸함, 편견을 불어넣는다. 하지만 공동체의 아이들은 장단점을 모두
가진 현실의 살아 있는 사람들과 교감하면서 자신들이 누구이며 어
떠한 사람이 될 수 있는지에 대한 현실적인 감각을 일깨우게 된다.

　지역 지식의 회복 역시 지역화에 매우 중요하다. 우리는 문화적 혹
은 경제적 고립감을 갖지 않으면서도 자신의 지역적 전통을 살찌울
수 있다. 문화적 다양성에 대한 정확한 인식은 우리가 속한 문화를
다른 사람에게 강요하거나 우리 자신의 소비를 위해 이국적 문화를
포장화, 착취화, 상업화하는 걸 막는다.

　발전이 지역 자원에 근거한다면 이들 자원에 대한 지식은 분명히

양성하고 지원될 필요가 있다. 아이들은 표준화된 보편적 지식을 암기하는 대신 자신의 주변 환경을 이해할 도구를 받아들일 필요가 있다. 이 과정에서 서구식 교육의 한정된 전문화와 도시 지향성은 사라지고, 보다 넓고 상호 연관적이며 생태적인 관점을 취하게 될 것이다. 이러한 종류의 지역 특정적 지식은 종합적인 동시에 특화된 지식이므로 전통 지식을 영속시키거나 재발견하게 할 것이다. 수세기 동안 인간의 상호작용과 경험에 덧붙여져 특정 지역의 생활상과 결부될 것이다.

역설적이게도 소규모의 정치·경제 단위로의 이행이 더 광범위한 세계관—상호연관성에 기인한—을 키운다. 공동체와 지역과의 친밀한 관계가 우리의 비전을 제한하는 게 아니라 상호의존에 대한 이해를 넓혀줄 것이다. 당신이 생존하기 위해 당신 발밑에 있는 지구와 당신 주변의 공동체에 의존한다면 당신은 일상생활에서 상호의존을 경험하게 된다. 그러한 깊은 이해—연속되는 생활의 한 부분으로서 당신 자신을 느끼는 것—는 분석적이고 분산적이며 이론적인 근대 사회에 대한 이해와 완전히 대비된다.

## 글로벌하게 지역화하는 것

우리는 간혹 매우 불행하고 우울하며 아무 일도 일어나지 않으리라는 느낌을 받는다. 이는 안이하고 잘못된 생각이다. 당신의 눈길이

닿는 곳이 어디든지 간에 지역 수준에서는 뭔가 일어나고 있다. 이러한 일들이 만일 정부에 의해서 확인되고 지원된다면 변화는 급격히 가속화되면서 더욱 지속 가능해진다.

– 앤드류 심스

모든 대륙에서 새로운 행동 양식이 일어나고 있다. 세계적인 '지역화 운동'이 시작되고 있는 것이다. '생태마을', '전환마을'(Transition Town, 탈석유 도시), '탈 탄소 도시' 등에서는 주민들이 지역적 요구에 의한 지역적 생산을 장거리 무역보다 더 선호함으로써 자신들의 경제를 바닥부터 바꾸려고 노력하고 있다.

지역 공동체는 세계를 가로질러 서로 연대함으로써 힘을 얻고 있다. 아이디어와 정보를 공유하거나 공동으로 창출하고 있다. 서구 사람들은 개발이 덜 된 세계와의 교류를 통해 중요한 역할을 할 수 있는데, 소비자 문화라는 환상적인 이미지 뒤에 숨어 있는 현실을 폭로하는 것이다.

서구인들은 개발도상국에 영향을 미치는 정책 수립을 돕는 형태로 강력한 역할을 할 수도 있다. 서구의 상황에 대한 보다 사실적인 정보를 제공할 수도 있다. 사회 및 환경 문제에 관한 정보라든가, 보다 생태학적이고 지속 가능한 해법에 대한 탐색 같은 정보들 말이다. 내가 속해 있는 '국제생태문화협회(International Society for Ecology and Culture)'는 라다크에서 오랫동안 이런 일을 해왔다. 또한 실무 경험이 있는 공동체 지도자를 유럽에 파견하고 있는데, 그들은 거기서 삶을 향상시키는 안락함과 기술들이 있는 반면 거대한 문제도 같이 안고 있다는 사실을 직접 볼 수 있다.

우리는 라다크 사람들이 당연하게 생각하는 것들을 많이 잃었다. 공동체와의 유대, 자연과의 관계들. 우리에겐 시간도 없다. 모두 라다크 사람들에게는 많이 있는 것들이다. 우리는 세계화의 그릇된 '지구촌'이 아니라 참으로 진실한 문화 교류에 참여할 기회를 가져야 한다.


## 지역화의 미래

지역화란 근본적으로 관계에 관한 것이다. 사람과 자연계와의 상호의존적 관계를 재구축하는 것이다. 이런 관계는 인간의 본질적 욕구이므로 경제활동의 규모를 줄여야만 행복을 증대시킬 수 있다.

수많은 사례가 보여주듯이 지역화는 우리가 직면하고 있는 수많은 위기에 대한 현실적이면서도 아마도 유일한 해법이다. 다행히도 우리가 같이 노력하기 시작하면 지역화로의 이행은 비교적 간단한 일일 것이다. 잭 골드스미스는 말한다.

"경제를 집으로 가져오고 지역 수준으로 되돌리는 것은 희생하라는 것도 중세 암흑기로 되돌아가라는 것도 아니다. 사람들에게 하기 싫은 일을 하라고 요구하는 것도 아니다. 오히려 그 반대로 우리의 삶을 살찌우는 것이다."

경제의 지역화는 장·단기적으로 지구와 우리 자신을 위해 좋은 일이다. 데이비드 코튼이 설명대로 "공동체와 상호부조의 가치를 재발견하는 것, 그 속에 진짜 행복과 진짜 복리가 있다"라는 것을 의미한다. 이것이 진짜 '행복의 경제학'이다.

# II

회복의 경제학

The Economics of
Recovery

# 2부를 시작하면서

*

1부에서는 세계적 위기의 원인과 대안을 간략하게 살펴보았다. 2부에서는 이에 대한 보다 심도 깊은 이야기가 전개될 것이다.

먼저 2부에서는 신자유주의 경제학을 강력하게 비판할 것이다. 신자유주의는 국제 무역과 자금 이동 규제 완화를 통해 경제의 세계화가 지금 단계에 이르게 했다. 하지만 바로 이 때문에 지금 우리가 직면하고 있는 글로벌 위기가 생겨났으며 해결책도 마련하지 못하고 있는 것이다. 지금의 글로벌 경제는 극소수의 부자한테만 유리한 시스템이다. 세계의 환경과 사회 구조, 문화를 파괴하는 것이 바로 신자유주의다. 우리는 그 이면에 있는 철학적 배경 및 주요한 수단들인 세계무역기구(WTO)와 국제통화기금(IMF)을 살펴볼 것이다. WTO와 IMF가 경제 식민지화를 실행하고, 환경과 사회적 결속을 파괴하며, 지속 가능한 해법을 저해하는 기구임을 입증할 것이다.

2부의 후반부에서는 어떻게 하면 이처럼 재앙으로 가는 급류의 흐름을 뒤바꾸는 경제 정책의 변화를 촉발할 수 있을지를 다룰 것이다. 물론 엄청난 용기와 비전이 필요하다. 신자유주의 사고를 과감히 무너뜨릴 수 있는, 위기의 시대에 '탈출 전략'을 시작할 수 있는 참된 용기를 보여주는 국가들의 연합이 필요하다. 파괴적인 경제 시스템이 주는 구속에서 탈출하려는 나라, 새로운 형태의 무역 및 거버넌스(Governance, 공공 경영)의 지도 원리들—사람과 환경에 유용한 법칙, 새롭게 떠오르는 세계관에 근거한 원리와 법칙—을 발표하는 나라, 다른 나라들도 지속 가능하고 사람 중심의 새로운 세계 질서로 이끌 수 있는 나라들의 연합이다. 물론 이는 환경보호와 사회정의에 바탕을 둔 새로운 국제법 속에서 민주적 협동을 통해 가능할 것이다.

내가 2부에서 제안하는 '탈출 전략'을 뒷받침하는 일들이 최근 동시다발적으로 일어나고 있다. 많은 사람이 자연계와의 통합과 사회구조 및 지역경제의 재구축 필요성을 절실히 느끼고 있다. 이러한 회복의 방향은 지역화, 즉 세계화의 반대다. 수많은 밑바닥 프로젝트가 움직이고 있고 국제적인 네트워크를 형성해가고 있다. 사람들도 점차 몰리고 있다. 생명에 기반을 둔 경제만이 사람을 물질적·정신적으로 풍요롭게 한다는 걸 깨닫기 시작했다. 이러한 국제적 협동이

53

다양하고 지역화된 생활양식들을 하나로 묶는다. 그러면서 작고 분권화된 지역 이니셔티브를 지원한다.

　세계의 복잡한 동학(動學, 시간 개념을 도입해 경제 현상을 분석_편집자 주)적 모습을 설명하고, 변화 전략을 개발하는 것은 사실 쉬운 일이 아니다. 하지만 이 책에서 제시하는 탈출 전략이 우리를 지금의 사회적·생태적 위기에서 벗어나게 해주고 진정한 지속 가능성과 정의로 인도하는 현실적인 방안이라고 생각한다. 그렇게 되었으면 하는 바람에 근거해 전략을 짠 게 아니라 실제 그대로의 현실 세계에 근거해 만들었다. 채택하기 쉽지 않지만 일단 시작되면 도중에 멈출 수 없는 전략이다. 무엇보다 새로운 삶의 양식이 출현하기 시작했다는 데에서 용기를 얻는다.

# 1장

# 세계적 위기 간의 관련성

오늘날 위기는 늘 우리 곁에 있다. 우리는 위기에 직면해 있으며, 우리의 삶은 기후 변화, 자원 고갈, 환경오염, 사회 부패, 테러와 공포 등에 위협받고 있다. 주류를 이루는 사고에 따르면 이러한 문제는 독립적으로 일어나고 있다. 즉 각각의 문제는 별개다. 그 문제들은 단지 정책 실패(좌파의 관점에서는 우파의 실패, 우파의 관점에서는 좌파의 실패)의 징후이거나 단순한 진보의 부작용쯤으로 취급되고 있다. 그러나 한 발 뒤로 물러나 좀 더 넓은 관점에서 바라보면 매우 다른 그림이 나타난다. 오늘날 우리가 직면하고 있는 각 문제들은 개별적인 질환이 아니라 공통의 근본적인 질환으로 인해 나타나는 증상이다.

이러한 문제들은 매일 저녁 뉴스에서 접할 정도로 우리에게 친숙하다. 하지만 이런 문제들을 연결하는 공통의 끈이 있다고는 생각하지 않는다. 우리의 삶에 직접적인 영향을 끼치거나 지난밤에 뉴스에서 주요 사안으로 다뤘어도 개인 시민이나 정치 지도자 모두 각각의 이슈에 따로따로 초점을 맞추는 경향이 있다.

하지만 이러한 현상들을 모두 연결하는 공통의 끈이 있다. 우리의 문명이 존속하려면 비판적이어야 한다. 우리는 이러한 연결을 이해하고 적절한 행동을 취해야 하며, 그것은 상호관계와 그 원인을 알면 더욱 명확해질 것이다. 행동은 모든 수준에서 요구되는데, 매일 매일의 개인 시민의 행동 양식으로부터 최종적으로는 국가 간 관계를 체계화한다.

무슨 일이 벌어지고 있는지를 이해하려면 한 발짝 물러서서 문명이 전개되는 방식을 살펴보는 게 필요하다. 발전의 어느 지점에서 보면, 모든 문명은 더 이상 새로운 지역을 구할 수 없을 때까지 팽창한다. 그때서야 문명은 유한한 자원을 가진 한정된 행성에서 살아간다는 것의 실제적인 의미를 경험하기 시작한다. 이는 대단히 독특하고 아픈, 하나의 행성에서 딱 한 번 일어나는 경험이다. 그게 지금 우리에게 일어나고 있다.

이러한 문명 발전의 특징을 다른 모든 것들과 대조했을 때 무엇이 그렇게 특별한가? 게임의 규칙이 갑자기 급진적으로 바뀐다는 것이다. 이전 것은 더 이상 통하지 않는다. 그럼에도 우리는 과거에 성공했던 전략을 고수한다. 새로운 환경에서 이는 재앙이다. 이전에는 성공으로 귀결되었던 것이 지금은 실패를 불러온다. 어쨌거나 우리는 고집스럽다. 급진적인 변화를 깨닫지 못하고 있다. 이것이 지금 우리가 지구와 관련된 많은 문제들을 경험하고 있는 이유다.

서구 사회가 뉴턴 시대 이후로 현재까지 세상을 바라보는 관점은 데카르트·뉴턴 식의 세계관이었다. 환원주의, 즉 인류와 자연을 분리해 문제를 해결하는 기계적 접근은 산업혁명과 현대 과학 발전에 엄청나게 기여했다. 선진국들의 생활수준이 향상되고 민주주의가 확산된 핵심 요인 중 하나였다.

하지만 성공의 이면에는 반드시 치러야 할 비용이 있다. 이 비용은 지구상의 다른 지역에서 지불했다. 산업화된 서구에서 멀리 떨어져 있는 환경과 인간 정착지가 훼손됨으로써. 중국과 인도, 아프리카, 중동, 남미와 같은 비서구권 세계의 수많은 사람들은 최근까지 이러한 패러다임의 영향을 거의 받지 않았다. 대신 이쪽 세계 사람들은 식민지화와 환경 파괴, 경제적 착취와 같은 나쁜 영향만을 주로 받았다. 이러한 정황을 볼 때 데카르트·뉴턴 식 패러다임은 인간 중심적이라기보다는 유럽 중심적이다. 아주 최근까지 비서구권 지역은 대부분 삶에 기반을 둔 세계관이 지배해왔다.

우리의 문명은 너무 오랫동안 데카르트·뉴턴 식 패러다임을 유지해왔다. 이러한 패러다임은 '새로운 개척지'가 많은 사회에서는 매우 잘 작동하지만, 유한한 지구가 인류의 새로운 환경으로 부과되고 있는 지금은 더 이상 작동할 수 없다. 인간과 자연이 분리되어 있고, 인간과 인간이 분리되어 있다고 여기는 세상에서 자연과 인간 사회의 약자를 착취하는 사회가 진화해왔다. 여기에 경제학이 큰 역할을 했다.


## 경제적 세계화

오늘날의 글로벌 경제는 식민주의와 노예제에 뿌리를 두고 있으며, 세 단계를 거쳐왔다.

초기 단계는 유럽 각국이 다른 지역의 땅과 노동력을 강탈하던 시기다. 유럽의 지배계급은 산지 사람들의 욕구가 아닌 자신들의 욕구에 맞춰 생산할 것을 강요했다. 수출용 대규모 농업이 지역의 요구를 위한 농업보다 선호되면서 무역 회사들이 급속도로 세를 불렸다.

두 번째 단계는 식민지의 '독립'과 '개발'의 시기다. 식민지들은 정치적으론 독립했지만 경제적 예속 관계는 여전했다. 게다가 이들 나라의 지도자들은 여전히 국민들의 욕구를 위한 생산보다는 수출을 위한 생산을 선호했다. 이러한 경제적 종속 관계는 외채 증가로 더욱 심화되었다.

세 번째 단계는 바로 앞선 시기의 기세가 계속되고 있는 지금이다. 더욱이 최근에는 글로벌 무역과 금융에 대한 규제 완화로 초국적 기업과 은행의 활동을 제약했던 규약들이 제거되고 있다. 즉 무역 '자유화'는 거대한 독점기업들이 세계은행과 IMF, WTO의 보호 하에 그들이 하고 싶은 대로 하게끔 해주는 것을 말한다.

'자유무역' 협정과 세금 감면, 대기업 보조금 등으로 중소기업은 피해를 보거나 문을 닫는다. 우리의 세금은 대기업 지배 경제에 필요한 인프라, 집중화된 에너지 설비, 통신망과 연구 시설 구축에 쓰인다. 모두 무역을 촉진하기 위해서다.

세계화 지지자들은 무한한 글로벌 무역이 '효율성'을 증가시킨다고 주장한다. 또한 농업과 자급자족이 사라지는 게 보다 효과적이라고 생각한다. 표준화된 농작물, 즉 모든 사람들이 똑같은 종류의 유전자 변형 옥수수와 똑같은 종류의 쌀, 똑같은 음료, 똑같은 사탕을 먹는 것이 보다 효율적이라는 것이다. 모든 사람이 똑같은 옷을 입고, 똑같은 음악을 듣고, 똑같은 생각을 하는 게 보다 효율적이라는 것이다. 사과를 비행기로 영국에서 남아프리카로 수송해 세척하고 왁스 칠을 한 뒤 다시 비행기로 영국으로 실어와 슈퍼마켓에서 파는 게 보다 효율적이라는 것이다. 스페인에서는 덴마크 버터를 팔고, 덴마크에서는 프랑스산 버터를 파는 게 더 효율적이라는 것이다.

의사결정자들은 그 결정의 영향으로부터 멀리 떨어져 있기 때문에 지배자들은 세상에서 실제로 어떤 일이 벌어지고 있는지 알지 못한다. 선도적인 기업가와 정치인들은 중심을 잃었다. 사람들은 시스템은 변하지 않을 거라고 우리는 계속 나아갈 거라고 한다. 이러한 정보의 교묘함은 사람들로 하여금 세계화가 자연적이며 진화적이라고까지 생각하게 한다. 심지어 현실적으로 맞지 않는 경제 정책, 즉 신자유주의 경제학이 만든 법칙이 자연적인 진화 과정이며 불가피한 현상이라는 조작에 지배되고 있다.

경제학자의 컴퓨터 화면에서는 모든 나라가 수출 특화적 생산을 하는 게 매력적으로 보인다. 실제 세상에서는 빈곤과 공해, 사회적 불안정을 조장하는데 말이다. 정치가와 미디어가 글로벌 무역의 장점을 줄기차게 토해내는 한 우리는 현실의 이야기, 즉 경제성장은 지구에서의 삶을 지속할 수 없게 만든다는 이야기를 들을 수 없다.

## 세계화에 따른 도시화

최근의 경제 모델은 중소기업의 몰락을 초래할 뿐 아니라 정치력 및 경제력을 도시로 집중시킨다. 신자유주의적 경제 모델은 가족과 지역을 위해 자급자족을 해오던 농촌 경제의 구조를 무너뜨려 더 이상 그곳에서 살 수 없게 만든다. 그렇게 도시화가 진행된다. 사람들은 도시로 밀려들며 상호의존의 지역적 연대에서 비롯된 인간관계를 상실한다. 게다가 일자리를 둘러싼 경쟁으로 긴장과 갈등, 폭력이 유발된다.

도시 중심의 세계화는 대단히 자원 집약적이다. 이러한 대규모 집중 시스템은 소규모의 다각화된 지역 생산보다 환경을 더욱 해친다. 식량과 물, 건자재와 에너지는 거대한 에너지 운송 시설을 통해 엄청나게 먼 거리를 이동해야만 한다. 쓰레기도 트럭과 배에 실려 먼 곳으로 옮겨진 뒤 소각된다. 똑같이 생긴 고층 건물들의 창문은 절대 열리는 법이 없다. 숨 쉬는 공기는 환풍기에 의해 공급되고, 한번 퍼

올린 에너지는 절대 재생이 불가능하다. 프랑스 파리의 부촌에서부터 인도 콜카타의 빈민가에 이르기까지 도시인들은 식품 포장과 수송에 더 많이 의존한다. 따라서 식품 1파운드를 소비할 때마다 석유 소비가 급격히 늘어나며, 그만큼 공해와 쓰레기가 증가한다.

도시 거주자는 자신이 환경에 미치는 영향을 인식하기 어렵다. 자원을 제공하고 쓰레기를 처리하는 생태계가 멀리 떨어져 보이지 않기 때문이다. 도시 인구가 급격하게 팽창함에 따라 1인당 소비량도 증가한다. 마찬가지로 물과 공기의 오염이 심해지면 토양 침식과 개체 멸종도 심해진다. 도시 지역은 지구 면적의 약 2퍼센트에 불과하지만 나무 소비는 무려 전체의 75퍼센트를 차지한다. 물 사용은 60퍼센트를 차지한다. 이 물 사용량의 절반가량은 도시에 공급하기 위한 식량 재배용이다. 나머지 3분의 1은 산업용이며, 그 외는 식수용과 하수용이다.[1]

서구에서는 사람들이 대부분 도시 및 교외 지역에 살고 있으며, 우리는 이런 삶에 익숙해져 있다. 그러나 '생태발자국'(ecological footprint, 생활에 필요한 자원을 얻기 위해서 필요한 토지_편집자 주) 자료를 보면 이런 삶을 지속하기란 전적으로 불가능하다. 예를 들면 런던의 생태발자국은 일반 도시 면적의 120배에 이르거나 2000만 헥타르에 이른다. 이러한 지역은 거의 대영제국 전체 산출량과 비슷하다. 서구의 도시 거주민은 개발도상국의 도시 거주자보다 1인당 자원 소모 및 쓰레기 배출량이 월등히 많다. 도시화의 물결이 계속됨에 따라 소모량은 더 증가할 것이다. 브라질의 리우데자네이루의 경우 인구는

거의 늘지 않았는데 1일 쓰레기 배출량이 1994년 6200톤이었던 것
이 1997년에는 8042톤으로 증가했다.[2]

결국 우리 모두는 도시화가 환경에 미치는 영향으로 고통 받는다.
천식과 각종 공해 관련 질병이 증가하고 수질은 악화되고 있다. 도시
의 끝없는 탐욕을 채우기 위해 화석연료를 태우는 바람에 기후가 급
변하고 있다. 개발도상국에서는 도시화에 따른 환경의 변화를 절실
히 느끼고 있다. 농촌을 떠나 도시로 이주한 사람들은 가건물이 즐
비한 빈민가에서 일생을 마친다. 2007년 7월 필리핀의 마닐라에서
는 폭우로 쓰레기더미가 무너지는 바람에 그 밑의 판잣집에서 살던
218명이 죽기도 했다.[3]

아직도 세계 인구의 거의 절반은 농촌에서 토지와 밀접한 관련을
맺으며 살고 있다. 기업 주도의 세계화에 따른 도시화의 경향에 맞서
농촌 경제를 보호하자는 지역화 운동도 일어나고 있다. 그 첫 단계로
지역경제의 중추인 소농 및 생산자들이 식량 시스템의 지역화를 다
시 추진하고 있다.


## 식량과 농업

최근의 글로벌 식량 시스템은 대규모이면서 고도로 기계화된 단일
작물 생산 및 화학비료 집약적인 생산 방식이며, 멀리 떨어져 있는
세계시장에서의 판매를 목표로 한다. 생산 요소의 대량 사용과 대형

기계, 장거리 수송 등에서 보듯이 글로벌 식량 시스템은 대단히 자본 및 에너지 집약적이다.

또한 소수의 서구식 기관이 개발해낸 지식과 기술에 의존하는 특성이 있다. 농업의 '효율성'을 증가시키는 것이 목적으로, 세계적으로 거래되는 곡물의 생산량은 최대화하고 반면에 인간의 노동력은 최소화한다. 이렇게 개발된 기술은 농민들에게 지역의 서로 다른 생태적·사회적 조건과 관계없이 생산을 촉진하도록 한다. 이는 농촌의 생산 방식과 풍경, 다양한 문화적 전통을 기술의 틀에 맞추며, 글로벌 경제에 더 좋은 서비스를 제공하기 위해 자연과 문화를 통일화해 버린다. 글로벌 식량 시스템 안에서 지역마다 다양한 모습이 나타나 긴 하지만, 기술과 국제 시장의 힘에 의해 결정된다는 근본적 특징은 어디에서나 똑같다.

글로벌 식량 시스템을 지지하는 사람들은 땅, 기계, 화학비료를 통합시킨 산업 농업이 생산성을 대단히 높였다고 한다. 하지만 이는 세계화의 주창자 및 수혜자들이 퍼뜨린 미신이다. 오히려 소규모의 다각화된 농업 시스템의 생산성이 더 높다.[4][5][6] 소농의 생산성이 더 높다는 것은 매우 주목할 만한 사실이다. 대농장주는 최적의 땅을 가지고 있는 데 비해 소농은 척박한 땅을 가지고 있다는 점을 감안하면 더욱 그렇다. 미시간대학교에서 행해진 연구에 의하면, 유기 농사만으로도 전 세계가 먹고 살 수 있으며 환경 훼손도 훨씬 덜하다고 한다.[7] 전 세계의 굶주림을 덜기 위한 음식 공급이 최우선 과제라면 우리는 당장 지역 식량 시스템으로 전환해야 한다.

산업 농업이 유기 농업보다 우수하다는 연구들은 심각한 방법적 오류를 범하고 있다. 산업 농업은 산출물을 계산할 때 토양과 미생물, 수자원의 영구적인 손실을 무시한다. 하지만 이것들은 땅에서 작물이 나오게 하는 '자본'이다. 따라서 유기 농업과 비교하려면 이러한 자본의 손실을 정확히 계산해야 한다. 따라서 유기 농업이 화학 비료 사용 농업보다 훨씬 우월하다.

　여전히 지역 경제 시스템을 유지하고 있는 개발도상국의 농민들은 글로벌 식량 시스템으로 편입하라는 압력을 받고 있다. 외국의 원조는 물론 정부의 자금 지원 역시 내수용이 아닌 수출용 생산에 집중되고 있다. 이 때문에 세계시장에서의 판매를 목적으로 하는 단일작물 생산에 들어서게 되며, 그 지역의 농업과 경제는 불안정해진다. 지역 공동체를 지원하던 농민들은 이제 살기 위해 식량을 수입해야 한다.

　남미와 남아프리카의 지역 공동체들은 자신들이 통제할 수 없는 사건들, 즉 유럽의 불황이나 아시아의 예기치 않은 풍년 등으로 쉽게 붕괴될 수도 있다. 글로벌 무역이 증가함에 따라 무역 중개 회사들은 더욱더 많은 양을 요구하며 상대적으로 약한 생산자를 쥐어짜고 있다. 수많은 농가구가 어떤 수입원도 없이 조상 대대로 살아온 집과 땅에서 내몰려 그 어떤 지원도 없는 도시 빈민가로 밀려난다. 아이러니하게도 이들이 쓰레기를 뒤져 하루에 50센트를 벌어도 국가 및 국제 수준에서는 통계상으로 경제적 진보로 기록된다. '운 좋은' 사람들도 값싼 노동력을 제공하는 일원이 되어 다국적 기업들에게 열악한 작업환경에서 노동력을 착취당한다.

글로벌 식량 시스템은 에너지 소비 또한 엄청나다. 그리고 그 시스템을 유지하기 위해 대규모의 집중화된 에너지 인프라에 의존한다. 수송뿐 아니라 식품 가공 공정에도 에너지가 소비된다. 식품을 장시간 수송하려면 냉장은 필수적이고, 판매를 위해서는 가공된 식품을 포장해야 하는데, 여기에 소비되는 에너지가 대단히 많다. 가령 신선한 완두콩을 만드는 데 소비되는 에너지양은 냉동 완두콩을 만드는 것의 40퍼센트, 완두콩 캔을 만드는 것의 25퍼센트밖에 되지 않는다.[8)9)]

영국에서는 가구당 배출하는 쓰레기의 4분의 1이 포장과 관련되어 있는데, 그중 3분의 2가 식품 포장에 사용된 것들이다.[10)] 이처럼 엄청난 양의 쓰레기를 매립하려면 더욱더 많은 땅이 필요한데 자연적으로 흡수되기에는 쓰레기가 너무 많기 때문이다. 대부분의 포장이 분해되지 않는 플라스틱이며, 밀집되고 공기마저 잘 통하지 않는 매립지에서는 종이조차도 분해되지 않는다. 그렇다고 태울 수도 없다. 소각로가 수많은 오염물질, 예를 들어 다이옥신과 같은 발암성 물질로 공기를 오염시키는데다 남는 잿더미 역시 중금속과 독극물로 오염되어 있기 때문이다.[11)]

물론 모든 사람이 필요한 식량을 마을에서 직접 키워야 한다는 뜻은 아니다. 그렇게 되면 추운 지역에 사는 사람들은 오렌지나 바나나를 먹을 수 없다. 생산자와 소비자 사이의 거리를 '가능한' 좁히자. 이것이 핵심이다. 단순한 개념처럼 보이겠지만 그 영향은 대단히 광범위하고도 다각적이다. 식량 시스템의 재지역화는 경제적·환경적 편익을 넘어서서 공동체 재건에도 기여한다. 참된 인간의 문화를 되살리고, 다양하고 풍족한 삶을 추구하는 과정으로 들어서게 한다.


## 라다크가 주는 교훈

오늘날의 소비문화는 기후와 지형에 따라, 인간과 자연계 간의 대화에 따라 형성되어온 과거 수천 년의 문화와는 근본적으로 다르다. 현재의 문화는 '인공적인' 문화, 즉 광고와 미디어를 통해 사람들을 속이는 문화다. 전에는 볼 수 없었던 새로운 현상으로, 인간과 생태계의 요구가 아닌 기술과 경제의 힘에 의해 결정되는 문화다.

세계화는 어떻게 사람들을 끌어당기는 데 성공했을까? 어떻게 다양하고 전통적인 문화들을 하나의 현대적 도시 소비문화로 통합하는 데 성공했을까? 본능적으로 선호하기 때문이라는 것이 지금까지의 믿음이다. 즉 청바지가 집에서 만든 옷보다 좋고, 핵가족이 대가족보다 낫다는 식의. 하지만 전통문화가 붕괴된 가장 결정적 이유는 근대화를 해야 한다는 심리적 압박 때문이다. 나는 지난 30년간 라다크, 즉 '작은 티베트' 사람들과의 교류를 통해 이러한 결론을 얻게 되었다.

라다크는 인도 북쪽 끝에 있는 티베트 고원에 위치한 고지대 사막 지역이다. 외부인이 보기에는 황량하고 살기에 부적합하다. 여름에는 비가 오지 않고 땅이 바싹 마르며, 겨울에는 엄청난 혹한으로 땅이 꽁꽁 얼어붙는다. 지구상에서 가장 높은 지역 중 하나로 건조하고 춥지만, 라다크 사람들은 이곳에서 지금까지 수천 년 동안 살아왔고 또 번영했다. 척박한 사막에서 그들은 오아시스를 파서 텃밭에 보리와 밀, 사과, 살구, 채소를 심었다. 이 작물들을 키울 물은 돌로 수로를 만들어 옮겨왔다. 석기시대에 지나지 않는 기술을 사용했고 손에 닿는 자원도 빈약했지만, 라다크 사람들은 놀랄 만큼 풍족한 문화를 일구었다. 물질적 욕구를 충족시켰을 뿐 아니라 심리적·정신적으로도 만족했다.

1962년까지 라다크는 근대화로부터 완전 동떨어져 있었다. 그러나 그해 일어난 티베트 분쟁으로 인도 군인들이 그 지역과 다른 지역을 연결하는 도로를 건설했다. 그렇게 새로운 소비 물품과 정부의 관료체계가 들어섰을 뿐 아니라 외부 세계에 첫인상을 남겼다. 그리고 1975년 라다크 지역이 외국 여행객들에게 개방되면서 본격적인 '개발'에 들어서게 되었다.

라다크에 머물면서 나는 이러한 변화가 라다크 사람들에게 어떤 영향을 미치는지 관찰했다. 10년 정도 지나자 자부심은 사라지고 '문화적 열등감'이 자리를 잡았다. 미디어, 관광, 교육, 경제 집중 등 세계화로 인해 들어온 조류들이 전통문화를 위협했다.

라다크의 경제는 자급자족과 협동, 교환에 기반을 두고 있었다. 그들은 서구인들이 식량과 의류, 주거지 등 생존에 필요한 것들을 얻기 위해 아주 많은 돈을 지불한다는 사실을 몰랐다. 라다크를 찾는 낯선 관광객들을 보면서 라다크 사람들은 갑자기 자신들이 가난하다고 느꼈다. 오늘날의 글로벌 문화를 그 속에 살고 있던 사람들이 자각하는 것보다 훨씬 더 성공적인 문화라고 여기게 된 것이다.

이러한 태도는 라다크 사람들의 전통적인 자부심과 극명하게 대조되었다. 1975년, 나는 당시 체왕(Tsewang)이라는 라다크 청년의 안내로 헤미스 슈크파찬(Hemis Shukpachan)이라는 외진 마을을 구경했다. 모든 집이 넓고 예쁘기에 나는 가난한 사람들이 사는 집을 보여달라고 청했다. 그는 잠시 당황하더니 "이곳에는 가난한 사람이 없어요"라고 답했다. 그로부터 8년 뒤 나는 체왕이 다른 여행객들에게 하는 말들을 간접적으로 전해 들었다. "우리 라다크 사람을 도와주셨으면 해요. 우리는 너무 가난해요."

관광사업과 서구의 미디어들은 서구인들이 모두 엄청난 부자라는 환상과 일하지 않는 것이 현대적 생활이라는 미신도 심어줬다. 그것은 마치 기술이 우리를 위해 일하고 있다고 여기게 한다. 오늘날의 산업사회에서 살고 있는 사람들은 농촌과 농업 경제에 종사하는 사람들보다 더 많은 시간을 일한다. 그러나 라다크 사람들에게는 그렇게 비치지 않는다. 그들에게 일이란 논밭에 물 대기, 걷기, 운반 등 육체적인 것이기에 차에 올라타 있거나 컴퓨터의 자판을 치는 것은 일이라고 생각하지 않는 것이다.

미디어는 부자와 미인, 용맹한 사람에게 초점을 맞추는데 이들은 아주 활동적이고 매력적인 사람들이다. 요술 같은 도구나 장치도 많다. 그리고 사진 찍는 기계, 시간을 말해주는 기계, 불 피우는 기계,

여기에서 저기로 여행하는 기계, 멀리 떨어진 사람과 대화하는 기계 등도 있다. 이 기계들은 당신을 위해 무엇이든 할 수 있다. 그러니 여행객들이 깔끔하게 보이고 부드럽고 하얀 손을 가지고 있어도 그리 놀랍지 않다. 라다크 젊은이들에게 있어 이런 광경은 매우 유혹적이다. 그야말로 속도, 젊음, 청결, 미(美), 패션, 경쟁에 주안점을 둔 압도적으로 흥분되는 도시의 '아메리칸 드림'이다. '진보' 또한 강세를 보인다. 인간은 자연을 지배하고, 기술적 변화는 어떠한 희생을 치르더라도 받아들인다.

이렇게 다른 문화로부터 온 유토피아적 이미지들로 인해 라다크의 삶은 원시적이고 추하고 비효율적인 것으로 여겨졌다. 현대적 삶이 모욕감을 안겨준 것이다. 라다크 젊은이들은 그들의 문화를 부끄럽게 여겼다. 부모들이 자신들에게 농장에서 일하면서 손에 먼지만 묻히고 돈은 거의 받지 못하는 삶을 강요한다고 생각했다. 여행객들과 영웅에 관한 영화들로 인해 전통적인 라다크 문화가 우스꽝스럽게 여겨지는 것이다.

어디 라다크뿐이겠는가. 개발도상국 역시 서구의 영향력이 갑자기 밀려들면서 특히 젊은이들이 열등감을 느끼게 됐다. 자신들의 문화를 거부하고 새로운 문화를 열정적으로 받아들였다. 선글라스와 워크맨, 청바지 등 근대적 표상을 좇았다. 청바지가 보다 매력적이고 편안해서가 아니다. 근대적 삶의 표상이기에 그런 것이다.

라다크에서는 근대성에 대한 압박이 공격성의 증가를 초래했다. 어린 소년들은 영화 화면에서 폭력을 본다. 서구의 영화를 보며 현대적이고 싶다면서 차례로 흡연을 시작하고, 빠른 차를 손에 넣고, 교외를 질주하면서 사람들을 향해 총을 쏜다. 라다크 청년들의 이런 변화를 지켜보는 일은 내게 고통이었다. 물론 그들은 완전히 폭력적이지는 않았지만, 화난 상태였고 불안정했다.

　개발도상국의 농촌 지역에서도 비슷한 현상이 벌어지고 있다. 수많은 청년들이 현대적 소비문화가 그들 원래의 문화보다 우월하다고 믿는다. 외부 세계를 통해 세상을 바라보고 근대 세계의 물질적인 면만을 보는 것은 더 이상 놀랍지도 않다. 그들은 이면의 사회적·심리적 차원의 문제, 즉 압박감과 고독·고령화·환경 파괴·인플레이션·실업 등은 보지 못하고 있다.


### 소비문화의 어두운 측면

소비문화는 그것이 유래된 국가들의 욕구조차도 채울 수 없다. 각국의 지도자들이 세계화에 대해 뿜어대는 각종 미사여구에 내포된 목적은 결국 서구, 특히 미국의 생활수준까지 끌어올리겠다는 의도다. 이것이 세계화가 우리를 이끄는 방향이라면, 미국이 어디로 향하는지 아는 것이 무엇보다 중요하다. 가장 좋은 방법은 미국의 아이들을 아는 것이다. 글로벌 소비문화의 많은 특징이 아이들 생활에서 보이기 때문이다. 이 아이들은 광산 속의 카나리아(호흡에 민감한 카나리아를 이용해 광산 속 상황을 살핀 데서 유래한 말_편집자 주) 같다.

일단 미국에서는 500만 명의 어린이가 정신질환 약을 복용하고 있는 것으로 추정되며, 그 수치는 급격히 증가하고 있다. 흥분제와 항우울제를 처방받는 2~4세 아동의 수가 1991년 이후 5년 동안 50퍼센트나 증가했다. 이후 4년 동안 아동을 대상으로 한 항우울제 처방전은 7~12세의 경우에는 151퍼센트, 6세 이하 아동의 경우에는 580퍼센트나 증가했다.[12]

거식증 같은 식이장애를 겪고 있는 사춘기 전 소녀들이 늘고 있으며, 불안 증세와 형편없는 자아상으로 인한 의료 치료 또한 늘고 있다. 소년들에게 있어 분노의 증상인 폭력은 보다 일상적인 것이 되었다. 최근 10년간 미국에서는 30개 이상의 학교에서 총격 사건이 있었는데, 가장 어린 살인자는 겨우 여섯 살이었다.[13]

이에 대한 원인은 여러 가지가 있겠지만, 그 밑바탕에는 언제나 글로벌 경제가 있다. 기업들이 더 많은 보조금과 더 저렴한 비용을 찾아 세상을 돌아다닐 때마다 일자리 역시 따라 움직이고 가족 역시 따라 움직인다. 보통의 미국인은 일생 동안 11번 이사하는데 이 때문에 친척이나 이웃, 친구와의 관계가 단절된다. 경제적 압력이 강해지면서 부모가 아이들과 함께 보내는 시간이 줄어든다. 미국인들은 다른 어떤 나라의 사람들보다 일터에서 보내는 시간이 많으며, 이러한 경향은 점차 증가하고 있다. 당연히 유아들은 보육원이나 생판 알지도 못하는 낯선 보호자에게 맡겨진다. 좀 더 나이 먹은 아이들은 격렬한 비디오 게임이나 TV 쇼를 후원하는 회사의 손에 맡겨지고, 심리적 만족에 대단히 중요한 자연에서 보내는 시간은 거의 없다.

세계화와 소비문화의 확산은 부모와 조부모 및 일가친척, 친구와 이웃 같은 주변의 친근한 역할 모델을 사라지게 만들었다. 대신 멋진 영화배우나 록스타, 근육을 키운 운동선수, 몸매가 보정된 슈퍼모델 등 미디어와 상업광고가 만들어낸 이미지가 그 자리를 꿰찼다. 이렇게 인위적으로 만들어진 '완벽한' 아이돌들과 경쟁해야 하는 아이들은 불안해하며 열등감을 느낀다.

선진국이라면 어디에서나 비슷한 현상이 벌어지고 있다. 영국에서는 2004년 5~16세 아이들의 약 10퍼센트가 정신 건강에 이상이 있는 것으로 나타났으며 그 비율은 점차 증가하고 있다.[14) 15)] 약물 남용과 폭력 역시 늘고 있으며, 일본·독일·러시아·핀란드에서도 학내에서 총격 사건이 발생했다. 프랑스에서는 600개 학교를 조사한 결과 12퍼센트에 달하는 학생이 정신질환 약을 처방받은 것으로 나타났다. 이 중 36퍼센트의 학생은 처음 처방전을 받은 것이 한 살 미만이었다고 한다.[16)]

현대 교육 또한 문제의 일부다. 진정한 교육의 가치는 지식을 확대하고 풍요롭게 하는 것에 있음을 누구나 알 것이다. 하지만 오늘날의 교육은 전혀 그렇지 못하다. 최고가 되기 위한, 가장 성공한 사람이 되기 위한 경쟁에 아이들을 빠뜨렸다. 아이들을 문화와 자연으로부터 떨어뜨리고, 경쟁적인 글로벌 시장 경제에 필요한 좁은 의미의 전문가로 육성하고 있다.

라다크에서도 그랬다. 현대적 학교 교육은 아이들로 하여금 자신이 몸담고 있는 사회를 제대로 보지 못하게끔 가로막았다. 아이들은 연령별로 구분되어 한 반이 되었으며 공동체로부터 떨어지게 되었다. 네모난 콘크리트 건물에 갇혀 창문 밖 세상과는 아무런 관련이 없는 개념을 배운다. 경제 시스템은 우리가 살아가는 데는 기술과 돈이 필요하고, 농부와 토지는 필요하지 않다고 가르친다. 아이들은 과학기술의 사회에서 살아남기 위한 기술을 배우는데 이는 붕괴로 가는 길이다. 라다크를 비롯해 어느 나라에서든 현대 교육은 지역적 원천을 무시할 뿐 아니라 아이들의 자긍심을 훔친다. 도시의 소비문화 사례를 조장하고, 개발도상국의 아이들로 하여금 자신들의 문화가 열등한 것으로 여기게 만든다.

경쟁은 법이고 유일한 생존 수단이다. 사람들이 좋다고 생각해서가 아니라 기업의 이해관계가 그렇기 때문이다. 연령별로 구분해 반을 편성하면 경쟁이 생긴다. 다섯 살 아동의 그룹에선 꼭 그만큼 남들과 같아지거나 더 좋아져야 한다는 압력이 생긴다. 한 아이가 다른 아이들보다 빨리 달리면 나머지 아이들은 열등하다고 생각한다. 예전의 라다크 학교는 그렇지 않았다. 한 살과 다섯 살, 여섯 살 아이가 함께 교육받았다. 경쟁보다는 협동을 교육받았다. 교육은 이제 라다크 사회를 경쟁 부대에 들어가도록 하고 있다.

라다크뿐 아니라 오늘날 세계의 모든 지역에서 행해지고 있는 교육이 그렇다. 이 '교육'이란 이름의 과정은 동일한 가정과 동일한 유럽 모델에 근거하고 있다. 그 초점은 '보편적' 지식으로 불리는, 그러나 피교육자에게는 멀리 떨어져 있는 인물과 사실에 놓여 있다. 특정한 생태계나 문화와 거리가 아주 먼 지식이라 생활 영역과는 괴리가

있는 것들이다. 가령 고등교육으로 올라가면서 집 짓는 법을 배운다
고 치면, 보편적 소재인 콘크리트와 철재로 짓는 방식을 배운다. 농
업 교육 역시 마찬가지다. 화학비료와 농약, 대규모 농기계와 개량
종자와 같은 산업 농업을 배우게 된다. 현대적 교육 시스템은 이처럼
사람들에게 동일한 산업자원을 사용하는 법만을 가르칠 뿐 자신이
사는 환경을 이용해 필요한 것을 얻는 법은 무시하고 가르치지 않는
다. 이러한 면은 기업에겐 이익이지만 인간이나 자연에게는 도움이
되지 않는다.


## 공포, 분노, 폭력의 탄생

사람들은 불안과 박탈감, 무력감을 느낄수록 분노가 커진다. 이러한
분노는 현재 있는 곳이나 눈앞의 적을 향한다. 자신과 다르게 보이는
길거리의 사람들이나 정부 같은. 사람들이 고통의 원인이 글로벌 경
제 시스템—금융시장과 연금 및 기금, 이를 막후에서 움직이는 체
계—에 있다는 것을 파악하기란 어렵다.

우리는 늘 더 많은 돈과 재물을 얻으라는 압력에 시달리고 있다.
자아와 삶의 방식이 위협받고 있음을 느끼고 겁을 먹는다. 공포는 편
협함을 키우고, 자연스레 인종과 전통이 다른 사람을 용납하지 못하
게 만든다. 인종차별 행위가 동서양에서 동시에 확산되고 있는 것은
사실 놀랍지 않다. 이는 좋게 말하면 정치적 경쟁, 나쁘게 말하면 폭

력과 유혈 사태의 원인이다.

알고 있는 대로 세계에 완벽하게 평화적인 시기는 없었다. 언제나 갈등과 투쟁과 폭력의 순간이 있었다. 하지만 오늘날의 문제는 이러한 갈등이 급격히 증가하고 있다는 점이다. 글로벌 경제로부터 뿜어져 나오는 심리적·구조적 압력에 주목해야 하는 건 이 때문이다. 오늘날의 경제 시스템은 사람들이 자신들에게 필요하지 않음에도 계속 찾도록 자극해야만 유지된다. 사실 글로벌 경제는 기득권의 이익에 의해 움직이는데, 이들은 최고의 기술을 갖춘 심리학자와 광고 및 PR팀을 통해 대중들에게 영향을 미친다. 소비주의는 본래부터 타고난 인간의 자연적 반응이 아니다. 아이들이 태어났을 때부터 바비인형이나 총을 든 군인을 원했을까? 그렇지 않다. 미디어와 광고가 보여주는 인위적인 이미지에 반응하는 것이다.

소비문화의 설계자들은 아이가 세 살이 되면 브랜드에 대한 충성심이 개발되기 시작한다는 걸 발견했다. 상처받기 쉽고 영향받기 쉬운 아이들이 자신의 가치를 물건에서 찾으려고 하면 인간 중심의 사회 구조—사랑을 느끼고 자신이 전체의 한 부분이라는 소속감을 갖는—는 붕괴된다. 아이들이 새로 나온 유명 브랜드의 신발을 가져야 한다고 느끼는 것과 자라나서 신기술이나 비싼 차 등을 가지려고 하는 것은 비슷한 감정의 발로다. 사랑과 칭찬에 매력을 느끼는 대신에 이러한 연속된 물질 획득을 추구함으로써 질투와 고독이 생겨난다. 소비주의는 이렇게 인간 소외와 같은 현상을 증가시키는 악순환을 낳는다.

세계의 수많은 여성들이 다른 사람이 되는 데서 자긍심을 찾으려 하는 것도 심리적 불안 때문이다. 중국 여성들은 쌍꺼풀 수술로 '서구화'되려고 한다. 아프리카와 아시아 여성들은 피부를 희게 하고 머리를 펴기 위해 위험한 화학약품을 사용한다.

라다크에서도 여성들의 미의 기준이 최근 10년간 급속도로 변했다. 지금은 키가 크고 코가 높고 서양인의 푸른 눈과 흰 피부를 원한다. 이는 결국 자기혐오로 이어진다. 더 큰 키에 더 높은 코에 푸른 눈에 금발인 북유럽 여자들조차도 자긍심이 낮다. 서구권 여성들은 굶어 죽을 만큼 다이어트를 한다. 선진국의 소녀들은 겨우 여섯 살임에도 날씬하지 않다는 이유로 자신의 몸을 싫어한다.

소비문화는 자기혐오를 먹고 산다. 젊은 사람들에게는 이것이 종종 분노의 형태로 표출된다. 런던이나 뉴욕, 방콕 등 세계 어디서나 길거리의 청년들은 이런 경향을 보이고 있다. 그들은 지역사회와 자연환경으로부터 단절되어 있다. 관계를 맺고, 사랑을 받고, 유능함을 인정받는 인간관계로부터 단절되어 있다. 따라서 외롭고 불안하다. 차와 최신 유행 물품을 사고 진짜 자신으로부터 멀어지는 것으로 이를 해소하려고 한다. 심지어는 다른 사람을 공격하기도 한다. 라다크에서도 분노한 청년들이 기독교인과 이슬람교 신자들을 두들겨 패곤 했으며, 이는 서구인에 대한 분노로 점차 나타나고 있다.

통상적으로 '발전'하면 할수록 정신적·생태적·사회적 빈곤화가 급속히 뒤따라온다. 지금의 라다크 사람들은 예전에는 경험하지 못했던 정실질환을 겪고 있다. 가족은 해체됐다. 10대들은 학교에 적응하기 힘들다는 이유로, 잡지나 TV에서 보는 모델과 다르게 생겼다는 이유로 자살한다. 세계 어느 곳에서나 비슷한 현상이 벌어지고 있다. 극심한 빈부격차로 인해 힘을 잃은 사람들은 부족함과 무력감을 느낀다. 부자에 대한 테러가 증가하는 것, 소비주의에 대한 대안으로 이슬람 원리주의 운동이 확산되는 것은 우연의 일치가 아니다.


### 역사는 미래의 거울

불행하게도 문화에 대한 역사적 기억은 매우 짧다. 오늘날과 비교 가능한 시기는 기껏해야 초기 산업혁명기의 디킨스 시대(Dickensian period, 찰스 디킨스의 소설에 빗대어 열악한 사회 환경이나 사회적 문제를 묘사할 때 쓰이는 용어_편집자 주)일 것이다. 이 시기와 비교하면 아동노동법과 주 40시간 근무제는 확실한 진전이다. 제3세계를 기준점으로 삼는다면 이들 국가가 식민지 지배를 벗어난 때로, 문화 단절·빈곤·인구 과잉·정치 불안으로 혼란스러운 시기였다.

　포르투갈과 스페인 사람들이 처음 남미에 도착했을 때 작성한 보고서에 따르면 토착문화는 평화롭고 풍족했다. 민주적 시스템이 존재했으며 농업 생산량도 많았다. 물론 이런 사회를 이상화하거나 완벽했다고 주장하려는 것은 아니다. 당시에도 폭력과 전쟁은 분명 있었다. 다만 그들이 그 뒤 겪은 세상보다는 훨씬 더 지속 가능하고 평화로운 사회였다는 점을 지적하고 싶을 따름이다.

산업화된 문명은 도둑질과 약탈에 기반하고 있다. 선진국의 경제는 개발도상국의 자원을 바탕으로 더욱 살쪘다. 가난한 나라들도 선진국과 똑같은 경로를 밟으면 된다는 주장은 완벽한 날조다. 여기 사람 10명과 오렌지 10개가 있는데, 한 사람이 오렌지를 9개 가져가면서 나머지 사람들을 향해 '나처럼 하면 돼'라고 말하는 것과 똑같다. 우리 모두가 미국인처럼 살 수 있을 만큼 지구의 자원과 환경은 풍족하지 않다. 그런데도 지금의 글로벌 경제 시스템은 모든 사회가 끝없이 성장할 수 있다는 미신에 근거하고 있다.

하지만 이 우월한 시스템은 현재 제대로 작동하지 않고 있다. 그러기는커녕 삶과 문화를 파괴하고 있다. 점점 더 많은 사람들이 이 사실을 깨닫고 있다. 같은 방향으로 계속 가는 건 불가능하다. 방향을 전환하지 않는다면 이 시스템이 붕괴한다는 건 의심의 여지가 없다. 언제 붕괴하느냐가 문제일 뿐.

사람들이 살아가려면 공동체가 필요하다. 인간적 유대가 필요한 우리는 공동체에서 살아 숨 쉬는 역할 모델을 만나고, 동정심과 지혜를 배우며, 사랑이 가장 중요한 가치라는 것을 터득하면서 자아를 형성한다. 경제활동을 지역화·분권화하면 공동체를 재건설할 수 있으며, 자연환경도 보호할 수 있다. 문화가 풍성해지고 사람들은 소속감과 목적의식을 갖게 된다. 세계의 붕괴를 막으려면 지역적 상호의존으로 방향을 틀어야 한다. 즉 대규모에서 인간적인 규모로, 인위적 소비문화에서 사람과 자연이 빚어내는 문화로.

신자유주의적 글로벌 경제가 초래한 사회적·경제적·생태적 위기는 아주 심각하며, 즉각적이고 체계적으로 대응해야 한다. 이러한 중요한 변화는 희생이 아니다. 우리가 생존하기 위한 유일한 방법이다. 우리의 삶을 회복시키고, 우리의 아이들과 다른 창조물들에게 행복하고 건강한 미래를 보장해주는 최고의 방법이다.

# 2장

# 진보라고 불리는 환경적 비용

## 경제성장의 측정

전통적 경제학자는 GDP를 경제성장의 척도로 사용한다. 그리고 이것은 대중들에게 자동적으로 이 국가가 작년에 비해 올 한 해 동안 얼마나 일을 훌륭하게 해냈는지를 가늠하는 척도로 인식된다.

하지만 GDP는 얼마나 '잘' 했는지를 측정하지 못하고, 또 그런 의도로 만들어진 지표도 아니다. 그럼에도 정치가나 사업가, 그리고 언론인들이 '진보'에 대해 이야기할 때면 역사적 분석이나 미래 예측은 모두 GDP 성장을 기준으로 한다. 모두가 이야기하는 이 숫자가 사실은 '진보'가 아니라 다른 것을 측정한다는 사실을 사람들이 어떻게 알 수 있겠는가. 평범한 시민이 관심을 갖는 것은 본인과 사회의 웰빙이다. 그가 알고 싶은 것은 다음 해에 그가 더 나은 삶을 살 수 있을지 여부이다.

문제는 GDP가 질적인 면을 배제하고 오로지 경제활동의 양을 계량한다는 것이다. GDP에 포함되는 상당 부분은 의심의 여지없이 부정적인 가치이고, 그 부정적인 부분은 지난 30년간 계속 커져 왔다. GDP에 속하는 몇 가지는 틀림없는 사회적 비용이며 논리적으로 수치에 더하기보다는 빼야만 하는 것들이다. 예를 들어보면 기름 유출·체르노빌 원전 사고·미국의 러브 캐널 사건(유해 폐기물 매립 사건)·인도 보팔의 유독 가스 누출 사건 등으로 인한 환경 정화 비용, 고속도로 사건 처리 비용, 교도소 운영 비용, 사회문제 처리 비용, 지구 온난화 효과 해소 비용, 실업 보조금, 여러 의료 비용 등이 여기에 포함된다. 반면에 주부의 가사노동과 같은 시장 외 경제활동은 포함되지 않는데, 개발도상국에서 이러한 경제활동은 매우 큰 의미를 갖는다.

GDP는 경제 정책의 효율성을 판단하기에 적합한 지표가 아니다. 우리에게 진정 필요한 것은 삶의 질, 즉 모든 경제활동의 인간적 결과를 측정하는 지표이다. 최근에는 이러한 GDP의 결함을 바로잡으면서 삶의 질을 측정하고자 하는 '대안적 경제학자'에 의해 의미 있는 조사법이 등장하고 있다. 가장 유용한 척도 중 하나가 참진보지수(GPI, Genuine Progress Indicator)다. 다음은 미국의 1950~2002년

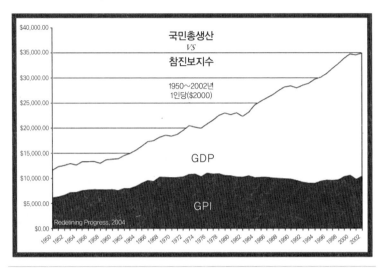

〈미국의 GDP 대 GPI(1950~2002년)〉

1인당 GPI를 전통적 GDP와 대조한 그래프이다.

GPI는 GDP에서 범죄, 가족 해체, 가사 노동 및 자원봉사 활동, 소
득 분배, 자원 고갈, 환경 오염, 장기적인 환경 훼손, 여가시간의 변
화, 자동차 사고로 인한 의료 및 정비 비용, 통신비, 내구성 소비재
및 사회기반시설의 수명, 외국 자산에 대한 의존 등과 같은 부정적
요소들을 조정한 지표이다.

### 붕괴의 징후일까?

앞선 도표를 다시 보자. 두 지표가 1970년대까지는 평행선을 그

리며 달려왔음을 볼 수 있다. 하지만 이후 GPI는 감소하기 시작했고, 30년 동안 비용과 편익 사이의 간격은 더 벌어졌다. 조사자들은 2002년에는 GDP가 GPI보다 7조 달러 정도 더 많으며, 1인당 기준으로는 2만 5000달러 정도 과대평가된 것으로 추정한다.[1]

1970년대 이전에는 GDP가 미국의 바람직한 성장을 측정하는 기준이라고 할 수 있었다. 하지만 더 이상은 아니다. 그럼에도 GDP는 여전히 경제학자 및 정치인들에게 기준점으로 작용하고 있다. 지난 30년간 경제적으로 성장해왔음에도 불구하고 삶의 질이 꾸준히 떨어져왔다는 사실은 이 시기를 지배해온 신자유주의적 경제 시스템을 총체적으로 점검할 필요가 있다는 걸 뜻한다. 이 시스템에 대한 집착이 우리 사회를 파국으로 몰아가고 있다.

이제 성장을 신성시 여기는 지금의 행태는 어리석으며, 진짜 사람과 환경의 요구를 반영하는 대안적 세계 전략을 개발해야 한다는 것을 깨달아야 할 때가 왔다.

이러한 인위적인 성장 모델은 지금 우리가 직면한 위협을 만들어내고 더 악화시켰다. 이러한 위협들은 예측이 아니다. 발달된 기술과 결합한 우리의 세계관이 매우 취약한 세계를 만들어낸 지금 실제로 일어나고 있는 문제들이다.

## 지구 온난화

2006년과 2007년 초에 보통의 시민과 미디어, 그리고 몇몇 정치인들의 인식에 중요한 변화가 일어났다. 인간이 지구 온난화를 초래했으며, 이것이 우리 문명사회에 미치는 위협이 점차 확산되고 정치적으로 바로 잡을 필요가 있음을 처음으로 인식하게 된 것이다. 지구 온난화는 더 이상 기후학자나 환경론자들만의 관심사가 아니다. 미국의 전 부통령 앨 고어는 오스카 수상작인 〈불편한 진실〉에서 수백만 사람들에게 지구 온난화를 확인시켜줄 증거를 제시했다. 지구 온난화 문제에 대해 강경한 입장을 고수해왔던 회의론자들도 2007년 북유럽에서 발생한, 기상 역사상 가장 따뜻한 1월을 경험한 후에는 온난화 문제를 다시 고민하게 되었다. 따뜻한 기후로 인해 5월에 피는 꽃들이 1월에 피었던 것이다. 자연이 심하게 교란되었단 뜻이다.

지구 온난화가 중요한 관심사로 떠오르자 시민운동에 떠밀려 마지못해 시작하긴 했어도 점점 더 많은 정치인들이 이산화탄소 배출량 감소 문제를 주요 정치 의제의 하나로 제안하기에 이르렀다. 예를 들어 유럽연합(EU)은 2020년까지 EU 내 재생 에너지를 20퍼센트 향상시키고, 같은 기간에 이산화탄소 배출량은 1990년 배출량을 기준으로 20퍼센트 의무적으로 감소시키는 방안을 제안했다. EU의 세계 경쟁력이 약해질 수 있는 위험이 있음에도 말이다.

덴마크에서도 변화가 일어났다. 2001년 덴마크 총리는 재생 에너지에 대한 공적 지원을 전혀 하지 않겠다고(덴마크가 세계적으로 선두에서 있는 풍력 에너지까지 포함해서) 선언했는데, 2007년 초에 이를 완전히 뒤집었다. 덴마크가 EU 내에서 재생 에너지 부문의 선두가 되어야 한다면서. EU를 포함해 선진국과 개발도상국 할 것 없이 여전히 화석연료에 정부가 보조금을 지원하는 상황에서 정치 지도자들이 '아예 하지 않는 것보다는 늦게라도 시작하는 것이 낫다'라는 통찰력을 발휘해주길 바란다.

앞으로 수십 년 내에 닥칠 큰 재앙을 피하기 위해서라도 재생 에너지 사용 비율이 늘고 있는 건 바람직할 뿐 아니라 절대적으로 필요하다. 하지만 현재의 목표 수치로는 충분하지 않다. 재생 에너지 사용과 함께 이산화탄소 배출량을 더 줄여야 한다. 그렇지 않으면 지구의 온도는 계속 상승할 것이다. 지구 온난화는 우리가 현재 당면해 있는 그 어떤 문제보다 큰 위협이다. 지구 온도가 되돌릴 수 없을 만큼 상승한다면 지구상 인류의 생명이 끝날 수도 있다. 그런데도 아무도 지구 온난화가 단기간에 지구 멸망을 촉발시키리라고 생각지 않고 있다.


## 과소비와 생태발자국

지구 온난화 다음으로 우리 생태계에 주요한 위협이 되고 있는 것이 과소비다. 과소비는 지구 온도가 2퍼센트 상승하기 전부터 이미 진행되고 있었다.

지역의 지속 가능성 정도를 측정하는 데 유용한 것이 바로 '생태발자국'이다. 생태발자국은 한 지역에 사는 인구가 삶을 영위하는 데 필요한 땅, 즉 에너지와 식량을 얻고 주택과 도로를 만들기 위해 사용하는 자원과 쓰레기를 처리하는 데 필요한 땅의 양을 측정하는 것으로 이 수치가 높을수록 생태계가 많이 훼손되었음을 뜻한다. 생태발자국은 오늘날 널리 사용되고 있는 개념으로, 세계 150개국을 대상으로 하는 '살아 있는 지구 보고서(Living Planet Report)'에서 연 2회 발표되고 있다.[2] 2012년 조사 결과 현재 세계 평균 생태발자국은 1인당 2.7헥타르로 1966년 이래 약 두 배 정도 증가했다고 한다. 경제가 성장하고 도시화가 진행될수록, 인구가 증가할수록 이 수치는 계속적으로 올라가게 될 것이다. 현재 인류가 사용하는 자원 소비 규모는 지구 1.5개가 있어야 지속될 수 있으며, 2030년경에는 지구 두 개, 2050년경에는 지구 세 개가 필요하다고 한다.

그런데도 모든 국가의 목표는 여전히 경제성장이다. 인간의 생존 때문에 자연은 그 수용 능력을 넘어서서 훼손당하고 있는데도 말이다. 불행히도 전통 경제학자들에게는 이러한 개념이 정립되어 있지 않다. 따라서 어떠한 해결책도 제시해줄 수 없다. 앞으로 어떻게 될지도 불확실하다. 분명한 건 수용 능력이 한계에 이르게 되면 모든 생명이 의존하고 있는 생태계가 아주 심각한 결과를 맞이하게 되리라는 점이다.

## 피크오일 문제

'피크오일(peak oil)'은 석유 생산량이 최대치로 치솟은 이후 생산 속도가 지속적으로 줄어드는 시점을 일컫는 말이다. 점점 더 많은 석유 지질학자와 공학자, 생태학자들이 그 시기가 매우 가까워졌다고 믿는다.

원인이 무엇이든 중대 위기 이후의 가장 두드러진 특징은 석유 생산이 지속적으로 감소하고, 자원이 고갈되며, 성장이 하락하게 된다는 점이다. 이러한 일은 지금껏 지구상에서 한 번도 일어나지 않았다. 피크오일이 일어나리라는 예측은 거의 확실시 되고 있으며, 이는 석유지질학자들의 일치된 의견에 기반하고 있다. 언제 일어나느냐가 문제일 뿐. 몇몇 경제학자나 정치학자들의 생각처럼 단순히 석유 탐사에 더 많이 투자한다고 해서 해결될 문제도 아니다. 지질학자들은 앞으로 얼마나 더 많은 석유를 찾아낼 수 있을지에 대한 확실한 예측치를 가지고 있으며, 그 양이 과거에 비해 그리 많지 않다는 사실도 잘 알고 있다. 캐나다의 타르샌드(오일샌드) 같은 현재 이용 가능한 석유는 값도 비쌀뿐더러 추출하는 데 에너지가 대량으로 소모되고 환경 파괴적이다. 석유 지질학자들은 석유 발견량과 생산량을 수학적으로 계산하는 법을 잘 알고 있다. 실제로 지난 30년이 넘는 동안 이들이 예측한 생산량과 새로이 발견해낸 양은 매우 정확하게 일치했다.[3]

## 화석연료의 고갈과 대체 에너지의 부재

정치 지도자를 포함해 대다수의 사람들이 석유 생산이 지속적으로 감소할 경우 어떤 일이 일어날지 정확하게 감을 잡지 못하고 있다. 우리의 문명이 인류 역사상 가장 위험한 시기로 들어섰다는 것을 깨닫지 못하고 있다. 정치 지도자들은 테러리즘, 종교 갈등, 복지국가의 위험, 새로운 기술과 경제성장 전략과 같은 현안들만 계속 이야기하고 있을 따름이다. 마치 모든 상황이 영원히 '정상적인' 상태로 지속될 것처럼. 물론 지구 온난화에 대해서는 주목하고 이야기하기 시작했지만 초보적인 논의 수준에서 벗어나지 못하고 있다.

지금처럼 석유 생산을 최대 수준으로 유지한다고 해도 앞으로 약 50년 이내에 석유는 고갈될 것이다. 지구 온난화 효과는 대부분 화석연료를 연소함으로써 초래되는 현상이기 때문에 지구 온난화를 심각한 문제로 받아들인다면 남은 석유 절반을 50년 동안 마저 다 사용하는 것 역시 불가능하다. 석유 배급량을 조절하거나 조세제도를 활용하거나 이산화탄소 분해 형태를 개발하는 등의 조치로 이산화탄소 배출량을 줄이지 못한다면 지구 온난화는 곧 우리가 통제하기 어려워질 것이다.

우리가 직면하고 있는 두 번째 근본적인 문제는 석유는 고도로 응집되어 있으며, 다른 것으로 대체하기 힘든 에너지원이라는 점이다. 아울러 지금의 산업사회는 값싸고 풍부하고 운반이 자유로운 석유 자원을 늘 공급받을 수 있다는 가정 위에 세워져 있다. 이게 여의치 않다고 하더라도 과학 연구와 기술 혁신을 통해서 석유의 대체물을 개발해 현재와 같은 생활방식 및 시설들을 그대로 유지하면서 살아갈 수 있으리라고 생각하고 있다. 하지만 이런 일은 결코 일어나지 않을 것이다.

우리 후손들에게는 약 200년간(1850~2050년)의 석유 시대가 굉장히 풍요로운 시기로 보일 것이다. 20세기에 일어난 인구 증가는 어떤 면에서는 석유를 '먹은' 결과로 설명할 수 있다. 산업 농업에 필요한 비료 생산이나 농기계, 운송, 관개, 축산업(특히 사료), 살충제 생산 등을 위해 미국에서 사용한 석유를 계산해보면 한 명의 미국인을 먹이기 위해 연간 400갤런(약 1520리터)의 석유가 사용되고 있다. 여기에 포장비용과 냉장비용, 소매점으로의 운송비용 등은 포함되지 않는다.[4] 그렇다면 석유 생산이 영구적으로 줄어든다면 세계 인구를 어떻게 먹여 살려야 할까? 석유 값이 네 배로 뛴다면 오늘날의 메가시티 사회와 석유가 지탱하고 있는 자동차 및 항공기 문화는 어떻게 유지될까? 짧게 답하자면 어느 것도 할 수 없다. 조만간 이 문제들은 제일 중요한 정치적 아젠다가 될 것이다.

그러면 석탄, 원자력, 태양열, 풍력, 수력, 지열, 바이오가스, 파동 에너지 등은 어떨까. 이것들을 대체 에너지로 사용할 수 있으면 우리의 고도 소비생활은 계속될 수 있지 않을까? 물론 이들 모두가 대체 에너지임은 분명하지만, 우리로 하여금 고도 기술을 이루고 자동차에 기반을 둔 중앙집권화된 사회를 가능하게 해준 석유만큼이나 가격이 싸거나 농축되어 있지는 않다. 유용한 에너지 생산과 관련해서는 '얼마만큼의 에너지를 투입해 얼마만큼의 에너지를 산출할 것인가'를 핵심 사항으로 고려해야 한다. 즉 사용 가능한 에너지 생산에 드는 에너지 비용을 염두에 두어야 한다. 원유의 채굴과 정제, 운송 비용을 모두 고려해야 한다.

다음의 표는 에너지 생산 한 단위당 사용 가능한 에너지의 양을 대략적으로 산출한 것으로 EROEI(Energy Return On Energy Invested) 비율이라고 한다. 다시 말해 투입 에너지 대비 회수 에너지의 비율이다. 이 표를 보면 우리가 산출 쪽보다는 투입 쪽에 많은 에너지를 사용하고 있음을 알 수 있다. 미국의 생태학자이자 플로리다 대학교의 교수인 하워드 T 오덤이 분석한 수치다.[5]

| 자원 유형 | 에너지 회수율 |
|---|---|
| 석유 | 8.4~11.1 |
| 천연가스 | 6.8~10.3 |
| 석탄 | 0.5~2.5 |
| 원자력 | 4.5 |
| 풍력 | 2+ |
| 태양열 | 0.4 |
| 수소 | < 1 |

이 수치는 투입된 자원의 질에 따라 달라질 수 있다. 표를 보면 석유와 천연가스의 에너지 회수율이 월등히 높게 나타난다. 하지만 이 자원들은 21세기 중에 고갈될 것이다. 현재의 사용률을 기준으로 하

면 석탄 자원은 최소 200년 동안 사용 가능한 매장량이라고 이론적으로는 설명되고 있지만, 채굴 비용이 상승하고 석탄의 질이 떨어지면서 몇십 년 내에 EROEI는 2.5에서 0.5로 떨어질 것이다.[6] 석유나 천연가스, 우라늄과 같은 자원은 기간을 100년 단위가 아닌 10년 단위로 해서 측정해야 한다. 어떤 자원도 우리에게 장기적인 해법을 제공해주지 못한다.

최근의 논의는 석유 생산이 감소하는 상황에서 어떻게 우리의 자동차 문화를 유지할 것인가와 연관되어 있다. 이에 따라 에탄올, 바이오디젤(식물성 기름을 원료로 하는 연료_편집자 주), 수소 등 3대 대안 에너지가 논의 및 연구되고 있다. 이러한 주제들과 관련해 엄청난 양의 광고와 허위정보도 떠돌고 있다. 이들 중 낙관적인 입장은 대개 정부 보조금을 기대하는 기업과 이익집단에서 나왔다. 하지만 과학적인 연구의 결과는 명약관화하다. 코넬대학교 생태학자 데이비드 피멘틀과 버클리대학교 시민환경공학과 교수 태드 파첵은 최근 옥수수와 억센 잡초인 스위치 그래스, 목재 바이오매스 등에서 에탄올을 생산할 때의 에너지 비율과 콩이나 해바라기로부터 바이오디젤을 생산할 때의 에너지 비율을 분석한 결과를 발표했다. 결론은 다음과 같았다.

"식물의 바이오매스를 액체 연료 대신 사용하는 것은 에너지 편익이 하나도 없다. 이러한 전략은 지속 가능하지 않다."

이들이 분석한 에너지 투입 대비 산출 비율은 다음과 같다.[7]

| 자원 유형 | 에너지 회수율 |
| --- | --- |
| 옥수수 | 0.78 |
| 스위치 그래스 | 0.69 |
| 목재 바이오매스 | 0.64 |
| 콩 | 0.79 |
| 해바라기 | 0.46 |

　정부의 재정 보조금으로 납세자들이 부담해야 할 엄청난 비용 및 환경 훼손 비용을 참작하지 않는다면 이 수치는 사실 상당히 낙관적이긴 하다. 또 다른 연구에서 파첵은 에너지 투입 대비 산출 비율이 0.17에 불과한 상태에서 에탄올을 생성하는 데에는 여섯 배 많은 에너지가 필요하다고 주장한다.[8]

　과장 광고를 하고 있는 '수소 경제' 역시 대안이 될 수 없다. 바이오디젤이나 에탄올과 마찬가지로 수소를 생산하려면 수소 자체가 함유하고 있는 것보다 훨씬 많은 에너지를 투입해야 한다. 다만 수소는 연료전지(수소를 공기 중 산소와 반응시켜 전기를 생성하는 장치_편집자 주)로 저장할 수 있는 이점이 있어 전기 자동차를 움직이는 데 이용할 수 있다. 문제는 수소를 생산할 에너지를 어디서 구할 것인가 하는 점이다. 천연가스나 석탄, 원자력과 같이 재생할 수 없고 감소 중인 자원을 이용해야 할까? 이 방법은 지속 가능한 정책이 될 수 없다. 그렇다면 풍력과 태양열 에너지와 같이 재생 가능한 아주 많지는 않은 에너지원을 이용해야 할까? 하지만 그러면 그 자원들을 더 중요한 용도에 이용하지 못하게 된다. 또 사용 가능한 양이 풍부하지 않은데다 비용도 너무 많이 든다. 우리는 가능한 오래토록 자동차 문화를 유지하고 싶어 한다. 그렇지만 머지않은 미래에 선택에 문제에 마주하게 될 것이다. 세계 일부에서 겪고 있는 대량의 굶주림이냐, 거대한 규모의 자동차 사용 문화냐. 에너지 사용이 한정적일 수밖에 없는 피크오일 시기 이후에도 수소 생산이 최선의 대안일지는 매우 의문스럽다.

핵분열에 기반을 둔 원자력 에너지는 기껏해야 수십 년 내 우라늄이 다 떨어지기 전까지 임시방편적인 기술로, 위험한 폐기물로 인해 후손들이 향후 10만 년을 고통 받게 될 것이다. 미래에 일어날 사고와 폐기물 처리에 필요한 비용을 납세자가 내는 거대한 정부 지원금을 포함해서 계산해보면, 원자력 에너지는 경제적으로도 경쟁력이 없다.

다가오는 22세기에는 석유, 천연가스, 우라늄, 석탄 등이 고갈되며 풍력과 수력, 태양열에 의존하게 될 것이다. 물론 태양열 에너지의 EROEI 비율이 1보다 높아지도록 태양열 기술이 더욱 발전해야 한다. 아이슬란드 같은 지역에서는 지열 에너지도 적절한 해결책이 될 수 있다. 하지만 기술 수준이 아직 미덥지 못하다. 파동 에너지는 기술적 문제를 해결할 수 있다면 이론상으로는 가능하다. 대규모 수력 발전은 명백히 한정적인데다 이미 대부분 개발이 되었다. 마이크로 수력 발전(micro hydro, 100킬로와트 미만인 소수력 발전_편집자 주)은 바이오가스처럼 지역적으로 유용한 보충 에너지가 될 수 있다. 핵융합 에너지는 50년간 궁극의 꿈의 에너지로 존재해왔다. 하지만 연구에 막대한 예산을 쏟아 부었음에도 실질적인 응용은 아직 요원하다. 캐나다 앨버타 주에 많은 양의 석유를 뽑아낼 수 있는 타르샌드가 있다는 건 희망적이지만, 산출을 위해서는 막대한 에너지가 필요하며 환경이 훼손된다는 문제점이 있다. 어디에도 간단한 해결책은 없다. 핵융합 에너지나 파동 에너지를 제외하면 전통적인 화석연료가 제공한 양만큼의 에너지를 공급해주는 것은 없다. 결국 우리는 가격이 상승된 에너지를 보다 덜 사용하는 세상을 기대해야 한다.

산업사회에서 석유 수요는 자동차처럼 일상생활의 필수품으로 간주되는 것들이 주로 석유를 사용하기에 매우 비탄력적이다. 예를 들어 덴마크는 자동차 세금이 세계에서 가장 높지만, 높은 자동차세가 자동차 수요에 영향을 미치지 않는다. 덴마크의 1인당 자동차 보유 수는 다른 유럽 국가들보다 아주 약간 적을 뿐이다. 따라서 수요와 공급의 차이가 적을지라도 석유의 가격은 배로 뛰며, 피크오일 이후에는 더욱 심각해질 것이다. 이러한 사실은 정부가 높은 경제성장률을 위해 석유 가격을 낮게 책정해서는 안 된다는 것을 의미한다. 보조금을 통한 인위적인 가격 인하는 시장의 보이지 않는 손이 수요를 줄이는 것을 방해하고 더 빠른 석유 고갈을 초래할 것이다.

우리 사회는 늘 변할 것이며, 특히 식량 생산과 수송 부분이 급격하게 변화할 것이다. 산업 농업은 기본적으로 석유를 식량으로 전환하는 것이며, 1칼로리의 식품을 생산하기 위해서 10칼로리의 석유 에너지를 사용해야 한다. 당신이 산업사회에 살고 있다면, 당신의 저녁 식사에 포함된 재료들은 아마도 약 1200마일(약 1391킬로미터)을 달려온 것들이리라. 따라서 석유 가격이 크게 오르기 시작하면 식품 가격도 덩달아 폭등하며 농업도 빠른 속도로 붕괴될 것이다. 이렇게 되면 우리는 생존을 위해 석유 시대 이전에 우리가 살아온 방식대로 도시로부터 떠나서 다른 곳으로 이주해 우리가 먹을 식량은 스스로 재배해야 할 것이다. 도시에 남은 사람들도 그들이 먹을 식량의 일부는 직접 재배하게 될 것이다. 옥상 정원이 가장 흔한 형태다.

산업적으로 재배된 식량의 가격은 매우 비싸지고 금융위기나 산업위기로 직장에서 쫓겨나거나 집에서 밀려나온 사람이 수십억 명이 되면 중대 위기가 올 것이다. 그러면 우리는 살아남기 위한 사고를 하게 될 것이다. 좋은 소식은 유기농으로 재배된 지역 식량은 가격이 늘 저렴하며 건강에도 더 좋다는 사실이다.


## 가능한 시나리오

위기의 영향은 국가에 따라 다양하게 나타날 것이다. 가장 큰 타격을 입는 사회는 미국, 서유럽, 일본 등 값싼 석유와 자동차에 가장 많이 의존하고 있는 공업 선진국들일 것이다. 전통적인 소농 경영에 기반을 두고 식량 생산을 하고 있는 나라들은 영향을 덜 받을 것이다. 석유를 수출하면서 농업을 아직 산업화하지 않은 국가들은 오히려 혜택을 받을 것이다. 즉 당신이 어디서 살고 있는지에 따라 당신이 겪을 곤란의 정도는 크게 달라진다.

정부의 반응도 천차만별일 것이다. 국제적 조직, 즉 권한이 있는 전 세계적인 이익단체가 있다면 석유 생산 통제 및 할당 정책으로 적절하게 대응할 수 있을 것이다. 석유지질학자인 콜린 캠벨은 2000년 초반 향후 15년 안에 피크오일 위기가 올 것이며, 이에 대비해서 리미니 의정서(Rimini Protocol, 에너지 고갈에 대비해 국제 협력을 체계화하려는 구상에 관한 의정서_편집자 주)를 제안했다. 2003년도에는 웁살라 의정서(Uppsala Protocol)로 알려진 리미니 의정서의 두 번째 버전을 제안했다.[9] 하지만 불행히도 우리는 아직 그러한 국제적 조직을 가지고 있지 않다. 사회적으로 수용할 수 있는 변화를 위한 협조적인 계획보다는 자신들의 경제적 이해관계에 더 관심을 두는 주권 국가들만 있을 뿐. 이러한 주권 국가들이 자신의 이해관계에만 관심을 두고 행동한다면 재앙을 불러오게 될 것이며, 누구도 원하지 않는 경제적 중대 위기를 맞이하게 될 것이다.

재정위기, 심각하게 많은 기업 파산, 대량 해고 등이 발생하고 이로 인해 국가의 조세 수입이 줄어들고 경제가 위축됨으로써 국가들은 막대한 부채를 짊어지게 된다. 어떤 국가들은 화폐를 더 많이 찍어내기도 할 텐데 이는 건잡을 수 없는 인플레이션을 초래한다. 붕괴 시나리오에서 고전적인 대응책은 통화 가치 절하라는 점을 기억하라. 어떤 국가들은 인플레이션을 방지하기 위해 긴축 통화 정책을 펼칠 것이다(유럽중앙은행?). 하지만 이 방법은 불황이었던 1930년대에 미국의 연방준비은행이 그랬던 것처럼 상황만 악화시킨다. 정부가 가장 먼저 해결해야 할 문제는 신자유주의 정책으로 제재를 받지 않는 외국 자본 유입이 악화시키는 외환시장의 혼란이다. 이 경우 대부분의 국가들이 외국 자본 규제를 재도입할 것이다. 1998년 말레이시아가 경제위기 때 사용해 성공한 방법이다. 어떤 국가들은 자국 경제를 투기로부터 보호하기 위해 일시적으로 외환시장 거래를 중지시킬 수도 있다. 심지어 보호주위로 선회하는 국가도 나올 것이다. 이는 국제 무역을 갑자기 무너지게 해 WTO를 해체시키는 효과를 낳을 수도 있다. 보호주의는 토착 자원, 환경, 직업, 문화, 전통을 지키는 긍정적 효과가 있다. 불황의 어두운 구름이 다가와도 한 줄기 희망이 있을 것이다.

　중대 위기 이후 집단적으로 적절하게 정치적으로 대응하는 시기가 필요하다. 예를 들어 마이너스 성장 사회에 대한 계획을 세우는 일이다. 마이너스 성장 사회에 대한 대비는 지역 식량 생산으로 사람들을 먹여 살리고, 농촌 지역으로의 이주를 권장하며, 단순한 생활양식을 가진 지속 가능한 새로운 공동체를 설립하는 것으로 시작할 수 있다. 기본적인 필수품도 지역에서 생산하며, 지방으로 분산된 에너지 자원의 성장을 지원하는 것이다. 반면 필수품이 아닌 재화에는 높은 소비세를 부과한다. 비용 절감을 위해 공공 서비스도 줄인다. 그럼으로써 이제까지 공적으로 수행된 많은 기능, 즉 보건·노인 돌보기·학교 교육 등도 지역 공동체와 가족으로 이전시킨다. 좋은 절연재와 효율적인 건물 디자인으로 에너지를 절약하는 문제도 중요해진다. 장기적으로는 인구 조절도 필요하다. 이 정책이 성공적으로 시행되려면 자신이 필요한 것을 남으로부터 빼앗아 오는 전투적인 방식이 아닌 폭넓게 공유하려는 공감대가 필요하다. 무엇보다 이 모든 것들은 정치 지도자가 현명하고 장기적인 위기의 본질을 잘 파악해야 한다는 가정에 의거한다. 그러나 이 시나리오는 실현되기 어렵다.

대부분의 정부 지도자들은 지나간 전투의 싸움을 계속해서 치르고 있는 악명 높은 장군과 같이 행동할 것이다. 이들은 석유와 다른 자원을 더 많이 얻는 것에 중요성을 둔다. 그래서 비용이 얼마가 들든, 남아 있는 자원이 얼마나 오래 가든 이전과 동일한 정책을 시행하려고 할 것이다. 이들은 기술적인 해결책으로 위기를 극복할 수 있다고 본다. 미국이 그런 경우일 텐데, 다른 것들을 희생해서라도 어떻게든 석유 자원을 확보하기 위해 무력을 이용하고 있다. 이는 다른 국가들로 하여금 어떤 희생을 치러서라도 자국을 보호하도록 만든다. 자원 전쟁과 테러리즘, 고의적인 방해 행위(사보타주)가 오랜 기간 계속되고 있는 건 이 때문이다. 어떤 국가들은 압박감에 무너지기도 한다. 많은 국가 내 시골지역에 군대가 돌아다니며 어떤 사회는 전체적인 혼란에 빠지기도 한다. 현재는 이라크가 이러한 모습인데 앞으로는 더 많은 국가가 그럴 것이다.

그렇다면 현 시대에서 석유 없이 생활이 가능한 경우가 있을까? 그러한 경험을 한 국가의 사례를 찾을 수 있을까? 있다. 두 가지 사례가 존재한다.

## 쿠바의 경험

1960년대 이후 미국과의 무역이 금지되고, 1989년 지원을 해주던 소비에트 연방이 해체되면서 쿠바는 매우 힘들어졌다. 소련이 해체되기 전까지 쿠바는 다른 서구 국가들만큼이나 화학 집약 농업 부문이 매우 산업화되어 있었다. 하지만 1989년부터 더 이상 소련으로부터 화학비료와 살충제, 농기계 등을 수입할 수 없게 되었다. 석유 수입은 53퍼센트나 감소했으며, 전체적으로 수입이 75퍼센트 감소했다. 이전까지만 해도 쿠바는 필요한 단백질과 지방의 80퍼센트를 외국 자원에 의존했는데, 이제는 식량을 자급자족해야 했다. 그래서 간작(間作, 사이짓기), 거름주기, 윤작(輪作, 돌려짓기), 토양 보존, 트랙터 대신 소를 이용하는 등의 전통적인 농업으로 돌아갔다.

더불어 과학자들도 기생성 곤충으로 해충을 없애는 방법을 개발했는데 효과가 매우 높았다. 도시에 식량을 공급할 운송 수단과 연료가 부족해 도시 농업도 필요해졌다. 너무 힘이 들고 100퍼센트 유기농 생산으로 전환하기까지 10년이 걸렸지만, 그 결과는 매우 훌륭했다. 1997년에는 열 가지 기본 식량을 역대 최고 수준으로 생산해냈다. 생물학적 해충 퇴치 방식이 살충제보다 훨씬 효율적인 것으로 밝혀졌다. 이러한 성공에 결정적 역할을 한 것은 정부의 지원이었다. 공동체 연대 의식을 이해하고, 공동체가 요구하는 것들을 공유했다. 초기 몇 년은 배고픔이 매우 심했다. 국민들의 칼로리 섭취량이 1980년대보다 30퍼센트나 떨어지기도 했다. 하지만 점차 대규모 국영 농장의 생산이 줄고, 소농들이 유기농법으로 생산량을 증가시켰으며 수입도 생겼다. 현재 쿠바의 식량 생산은 이전 수준의 90퍼센트를 회복했으며, 유기농업을 법으로 의무화했다. 이러한 쿠바의 경험은 향후 몇 년 안에 다른 많은 국가에서도 재현될 수 있을 것이다. [10) 11)]

## 짐바브웨의 경험

2005년 짐바브웨는 석유가 완전히 동난 최초의 국가가 되었다. 더이상 석유를 살 돈이 없었기 때문이다. 외환 보유액도 바닥났고 외국에서 돈을 빌릴 형편도 못됐다. 정부도 무능해서 경제는 파산 상태였고, 인플레이션이 심각했다. 돈 많은 시민들은 암시장에서 가솔린을 갤런당 36달러에 사서 자동차를 몰고 다녔으나 일반 시민들은 대중교통 운행이 중단되는 바람에 걸어 다녀야 했다. 쓰레기 수거차, 앰뷸런스, 공공 서비스 차들마저도 운행되지 않았다. 겨우 소방차 한 대만이 움직였을 뿐. 병원도 저장품이 다 떨어졌고 직원들은 도망갔다. 경찰은 도로에서 달리는 차를 발견하면 그 즉시 연료를 강제 징수했다. 철도 또한 끊기는 바람에 짐바브웨의 유일한 제당 공장이 문을 닫았다. 담배 재배도 30퍼센트로 줄어들었다. 일반 식량은 95퍼센트 감소했다. [12)]

## 그 밖의 위협들

현재 세계사회에는 사람들이 만들어낸 수많은 위협이 있으며, 어떤 위협이든 참혹한 결과를 야기할 수 있다. 대부분의 위험은 환원주의적 사고방식이 초래했다. 과거 400년간 진행되었던 과학혁명의 어두운 측면이며, 신자유주의 경제학이 대표적이다. 현 시점에서는 문명사회의 요구를 유한한 지구의 한계에 맞춰야 한다.

## 경고는 있었다

지난 40년간 경고는 항상 있었다. 최초의 경고 중 하나는 1962년에 출간된 레이첼 카슨의 『침묵의 봄(Silent Spring)』이었다. 이 책에서 카슨은 산업 농업에서 사용하는 살충제와 제초제가 우리의 건강에 미치는 위협이 갈수록 커진다고 주장했다. 다음으로 1971년에 출간된 배리 코모너의 『폐쇄된 원(The Closing Circle)』이 있는데, 코모너는 합성 생산물로의 변화가 자연에 얼마나 많은 스트레스를 주며 환경오염을 시키는지 강조하고 있다. 1972년에 출간된 로마클럽(1968년 서유럽의 정계·재계·학계의 고위 인사들이 로마에서 결성한 국제적인 미래연구 기관_편집자 주)의 『성장의 한계(The Limits to Growth)』는 세계 모형을 바탕으로 경제성장과 관련된 비판적 분석을 하고 있는데, 인구·산업 생산, 공해, 자원, 신기술 등 다섯 가지 문제가 장기적으로 일으키는 상호작용 현상을 분석하고 있다. 이들은 우리가 중대한 위기로 향하고 있으며, 21세기에는 우리가 행동을 취하지 않으면 붕괴에 이를 정도로 그 위기는 치명적이라고 지적했다. 이러한 연구를 주류 경제학자들은 비웃었고 정치가들은 무시했다. 하지만 불행히도 이러한 예견이 맞았다.

1992년 11월, 노벨상 수상자를 포함한 세계 정상급 과학자 1700여 명이 다음과 같이 호소했다.

"여기에 서명한 우리는 세계 과학 연구계의 수석 요원으로서 전 인류에게 경고한다. 지구와 지구에 살고 있는 생명들을 지키기 위해서는 거대한 변화가 필요하다. 그렇지 않을 경우 지구상의 우리 가정은 결코 회복할 수 없을 정도로 훼손될 것이다."[13]

2004년에는 1972년에 이어 같은 제목으로 『성장의 한계: 30년 이후(The Limits to Growth: the 30year Update)』가 발간되었다. 이 책의 주요 메시지는 이렇다.

"상황의 변화는 32년 전에 이야기한 바와 매우 일치한다. 중요한 차이라면 그동안 귀중한 시간을 너무 많이 허비해버렸다는 점이다. 남은 시간 중 32년이 지났다. 이는 우리가 지금 처해 있는 위험들을 이해하는 데 매우 중요하다."

하지만 언론이나 정치인, 경제학자들은 잘 모르고 있다. 이 책의 저자들이 "대부분의 비평가들은 우리의 환경에 대한 관심이 화석연료나 다른 자원들이 곧 고갈될 것이라는 신념에서 나온 것으로 믿고 있지만, 사실상 우리가 진정으로 걱정하는 것은 현재의 정책들이 표적을 잘못 맞추고 있고 붕괴되리라는 점이다"라고 지적한 이유다. 이들은 또한 2000년대 초의 닷컴 거품을 예로 들며 "슬프지만 우리는 세계가 자원 사용과 배출을 닷컴 거품 때처럼 과도하게 사용하고 있고, 그래서 붕괴되리라고 생각한다. 많은 사람이 놀라겠지만 그 붕괴는 곧 다가온다"라고 지적했다.


## 단일작물 재배

산업혁명의 핵심 중 하나는 농업의 산업화로 전통적인 윤작 방식과 작물의 다양화, 지역 기반의 자급자족 체계가 점차 단일작물 재배로 대체되었다. 화학비료와 제초제 및 살충제를 집중적으로 사용하고, 중장비 농업기계를 이용하며, 장거리 이동이 가능해짐으로써 단일작물로 특화된 것이다. 하지만 단일작물 재배 방식에는 수많은 문제가 있다. 에너지 비효율성, 토양 침식, 과밀화, 토지 침수, 지하수 훼손, 염류 집적, 토지 활성화 미생물의 파괴 등. 물론 반사회적인 영향도 미친다. 소농 및 관련 2차 산업의 실업자 증가, 농촌 공동체 파괴 등.

살충제 대량 사용은 가장 큰 위험 요소 중 하나다. 살충제에 내성이 생긴 새로운 병충해를 발생시킬뿐더러 해충의 자연 포식자 고리를 파괴한다. 생물학적 다양성이 사라졌기 때문에 이 새로운 병충해는 엄청난 경제적 손실과 식량 손실을 초래하며 작물 재배를 아예 망치기도 한다. 해마다 이런 일이 증가하고 있다.

　산업 농업은 석유 위기에 큰 영향을 받는다. 산업 농업에 투입되는 물질 및 기술 대부분이 석유에서 파생되기 때문이다. 화학비료, 살충제, 관개 기술, 농기계, 포장과 운송 등이 모두 석유와 관련되어 있다. 즉 산업 농업이란 땅을 이용해 석유를 지극히 비효율적인 방식으로 식량화하는 것이다. 지난 150년간의 인구 폭발은 산유량의 증가와 병행했다. 그래서 그동안 우리는 값싼 석유를 '먹었다'고 표현할 수도 있다. 녹색혁명은 곡식 재배를 통해 식량 에너지를 3.5배 증가시켰지만 투입 에너지는 50~100배가 늘었다.[14]

## 전력 부족의 위기

2004년 다보스포럼(스위스의 다보스에서 매년 개최되는 세계경제포럼을 통칭하는 말_편집자 주)의 주요 의제 중 하나는 전력 수급의 위험이 증가하고 있다는 것이었다. 이는 전 세계 지도자들의 등골을 오싹하게 할 정도의 위험이며 경제 불황을 촉발하는 요인이기도 하다. 이미 2003년에 미국 북동 지역과 스칸디나비아는 전력 수급의 어려움을 겪었다. 다보스포럼에서 지적된 주요 문제는 에너지 수요는 거침없이 증가하지만 생산 능력은 그렇지 못하다는 점이었다. 이는 결국 엄청난 양의 에너지 부족을 초래할 것이다. 왜 에너지 생산 능력이 수요에 미치지 못하는 걸까? 신자유주의가 선호하는 전략인 에너지 부문의 민영화가 예상치 못한 문제를 낳고 있기 때문이다. 민영화된 회사의 개인 투자자들은 에너지 생산 능력을 키울 이유가 없다. 생산을 통제하고 가격을 상승시켜 자신들의 이윤만 극대화하면 되기 때문이다. 실제로 2000년에 미국 엔론 사가 캘리포니아 전력 위기 때 이런 식으로 돈을 벌어 고발당한 적이 있다.[15]

## 원자력

원자력은 그 위험성을 납세자와 미래 세대에게 떠넘겼기 때문에 존재할 수 있는 에너지 자원이다. 에너지 시장이 진정으로 '자유' 시장이어서 가격이 정확히 산정된다면 원자력 시설은 결코 경제적으로 타당하지 않다. 막대한 위험이 있는 폐기물과 수천 년간 지속될 미래 세대의 비용 부담 문제가 가장 중요한 위험 요인이다. 그 다음으로 중요한 위험 요인은 원자력 발전 사고다. 1986년 우크라이나 체르노빌 원자력 발전소의 노심(원자로의 중심부)이 융해되고 유럽과 아시아에 걸쳐 방사능이 유출되는 사고가 발생했다. 이 사고로 인한 비용은 1996년 물가로 계산하면 3580억 달러로 추산되는데, 여기에는 돈으로 환원할 수 없는 인간적 고통은 포함되지 않았다.

체르노빌 원전 사고의 여파로 대부분의 국가에서 원자력 발전을 꺼려하는 분위기가 생성되었다. 하지만 산업 '전문가'들은 끝내 "체르노빌과 같은 대규모 사고가 발생할 가능성은 제로에 가깝다"라고 대중들을 안심시키는 데 성공했다. 전 세계의 원자력 발전소에서 소규모의 방사능 유출과 다른 '사고'들이 연이어 발생하고 있는데도, 이러한 노력의 일환으로 대중들의 의심은 크게 줄어들었다. 더 많은 원자력 발전소가 건설되었고, 안전에 대한 논란은 완전히 수그러들었다.

하지만 2011년 일본의 후쿠시마 다이치 원자력 발전소에서 대규모 노심 융해 사고가 발생했다. 이후 얼마 지나지 않아 독일과 일본을 포함한 몇몇 국가의 정치 지도자들이 모여 현존하는 원자력 발전소를 점진적으로 폐쇄하는 정책을 승인했다. 그렇지만 체르노빌 원전 사고가 그랬듯이 후쿠시마 원전 사고 역시도 '깨끗하고 풍부하고 값싼' 원자력 발전의 꿈을 종식시키지는 못했다. 가까운 시일 내에 원자력 산업 전문가들이 "후쿠시마 원전에서 일어났던 것과 같은 대규모 사고가 일어날 가능성은 제로에 가깝다"라며 다시 사람들을 설득하려 할 것이다. 현재 가동 중에 있는 437개의 발전소와 건설 중에 있는 64개의 발전소를 생각하면 이러한 설득은 허무할 뿐이다.


## 유전자 변형 식품의 위협

영국의 개방대학교(Open University)의 생화학 유전자 전문가인 매완 호(Mae-Wan Ho)는 유전자 변형 식품은 데카르트·뉴턴 식 패러다임과 같은 잘못된 환원주의적 사고의 희생물이라고 주장한다. 이러한 사고방식이 사람들에게 잘못된 정보를 주고 있다는 것이다. 호 박사의 의견에 따르면, 유전자 변형 식품을 옹호하는 사람들은 유전자 변형 식품이 세계의 기아 문제를 완화해줄 것이라고 하는데 이는 과장된 의견일 뿐 아니라 오히려 세계사회에 치명적인 위험을 초래한다고 한다.[16]

유전자 변형 식품 옹호자들은 마치 문제시되는 것이 식품의 맛이나 형태라는 듯, 최종 생산물에서 그 차이를 느끼지 못할 것이라고 말한다. 하지만 문제가 되는 건 최종 생산물이 아니라 그것을 만드는 데 사용된 기술이다. 호 박사의 의견에 따르면, 예상하지 못한 바이러스의 재조합이나 야생 식물에 유전자 변형이 나타나는 경우가 진짜 위험하다. 심지어 인간에게서는 '벌거벗은(naked) DNA'라고 해서 바이러스가 스스로 보호막을 벗어버리는 일도 일어날 수 있다고 한다. 이전에는 협소하고 뚫기 어려운 경로를 통해 제한적인 접근만 가능했던 유전자 전이와 재조합을 얼마든지 가능하도록 유전공학이 고속도로를 만들어준 셈이다.[17]

우리는 지금 자연이 수십억 년 동안 실험해 최상의 해결책을 찾으려는 과정을 간섭하고 있으며, 자연의 안전 체계조차 망가뜨리고 있다. 이는 지금껏 자연적 진화에서는 허용되지 않았던 가능성을 열어줬다. 마치 당신 컴퓨터의 안티 바이러스 시스템을 못쓰게 만들어서 원하지 않는 해킹을 당한 것처럼. 박테리아와 바이러스는 수십만 년 동안 경험을 쌓은 뛰어난 해커다. 이들은 유전자를 나누는 데 협력하고 영리하게 군다. 호 박사는 상업적 압박은 과학적으로 입증되지 않은 규제 지침서를 기반으로 해왔다고 지적했다. 하지만 추정에 의하면 그 모든 지침들은 과학적 발견에 의해 틀렸음이 입증되었다. 우리는 미생물의 독창성을 과소평가 하고 있으며, 가능성을 보지 않는다. 최악의 경우는 의도하지 않은 유전자 전이로 인해 불임이나 통제할 수 없는 전염병이 초래됨으로써 우리의 생존 자체가 위협받을 수도 있다. 따라서 호 박사는 "유전 공학적 바이오 기술은 나쁜 과학과 나쁜 사업 간에 전례 없던 동맹을 맺어주고 있다"라고 결론짓는다.

## 금융 투기장

글로벌 금융위기는 전체 시스템의 붕괴를 불러올 수 있는 또 다른 방아쇠다. 여러 가지 원인이 있는데, 거대 자본의 제한 없는 이동을 가능케 한 금융 규제 완화가 그중 하나다. 10년 전에 비해 자본 이동은 훨씬 자주 일어나고 있고, 그 규모도 끊임없이 커지고 있다.

또 다른 원인은 수십억 달러를 주무르는 소수의 투기 집단으로, 여기에는 헤지펀드·국제은행·주요 기업들·연금 및 기금·일부 중앙은행 등이 포함된다. 이들은 위기 상황이 예견되면 순식간에 엄청난 금액을 이체할 수 있으며, 그렇게 함으로써 상황을 더욱 어렵게 만든다. 세 번째 원인으로는 은행의 유착관계를 들 수 있는데, 특히 외환시장에서 더욱 심각하다. 이 문제를 해결하기 위해 몇 가지 방안이 제시됐지만 눈에 띄는 변화는 아직 없다.[18]

## 최근의 금융위기들

최근 수십 년간 붕괴 직전까지 간 적이 몇 번 있다. 그중 하나가 1998년에 발생했던 롱텀캐피탈매니저먼트(LTCM)의 도산이다. 미국 연방준비은행이 구제금융을 투입해 금융시장의 충격 확산을 겨우 막았다. 발단은 러시아의 채무불이행 발표였다. 이에 놀란 국제 투자자들이 보유하고 있던 주식을 대거 팔아 치우기 시작하면서 금융위기가 시작됐다.[19]

가장 최근의 사례로는 2008년의 금융위기로, 이 위기는 국제 금융 투기장의 선동과 왜곡을 잠시 주춤하게 만들었다. 위기와 관련 있는 많은 불량 투자들이 은행의 분석가들이나 투자자 본인들의 확실한 이해 없이 이루어졌다. 파생상품은 주택시장의 거품이 조금씩 사라지기 시작했을 때 최상위층 투자자들이 자신들을 보호하기 위해 만들어낸 것이다. 은행과 투자회사, 미국의 자동차 산업을 구제하기 위해 미래 세대로부터 빼앗아온 수조 달러의 돈이 투입되었고, 심각한 불황에도 소비를 활성화하기 위해 수천억 달러가 추가로 투입되었다. 그로부터 5년이 지난 지금, 아직도 세계경제는 충분히 회복되지 못하고 있다.

이런 사례들을 통해 우리가 얻을 수 있는 교훈 중 하나는 금융권의 규제 완화는 전적으로 잘못되었으며, 지나치게 거대한 은행(메가 뱅크)들은 더 작은 단위로 쪼개져야 한다는 것이다. 아마도 가장 중요한 교훈은 금융 시스템이 '구원받은' 과정을 살펴봄으로써 얻을 수 있을 것이다. 국제 투기장은 매우 인위적이다. 그것은 난데없이 생겨난(어디선가 끌어 모은) '돈'을 주입함으로써 유지될 수 있다. 그야말로 돈 놓고 돈 먹기인 것이다. 이러한 돈은 금융위기를 불러온 끔찍하고 망신스러운 파생상품만큼이나 인위적이다. 미래의 납세자들은 이에 대한 빚을 떠안아야 할 것이고, 빚으로 생긴 수십억 달러의 이자는 금융위기를 초래한 은행과 투자자들의 주머니 속으로 고스란히 들어갈 것이다. 따라서 대출은 사설 금융기관에서 이루어져서는 안 된다. 또한 국제 금융 시스템은 그것이 존재하는 '진짜' 세상과는 너무 유리되어 있어서 행복한 삶을 위한 진짜 기반, 즉 필수품과 서비스의 생산 능력, 가족과 공동체의 사회 구조, 생태계 등이 무너져도 시스템은 전혀 변함이 없으리라는 사실도 명확하다.

# 3장

## 착취의 역사, 식민주의에서 세계화로

설사 웃고 떠들며 흥겹게 노는 일일지라도 같은 업계의 사람끼리 만나는 일은 거의 없다.
만약 대화하게 된다면 이는 대중에 대한 음모로 끝난다.

– 애덤 스미스

데카르트·뉴턴 식의 세계관의 초석이 된 것은 물리학과 화학 등 '딱딱한' 과학이었다. 이들 과학은 실험이 반복될 수 있고 일관된 측정치가 나오며 자연의 법칙이 실증적으로 테스트된다. 이러한 세계관이 인간 영역을 기초로 하는 여러 학문의 '부드러운' 방법론에 자연적으로 영향을 미쳤다. 인류학, 심리학, 약학, 특히 경제학에 미친 영향이 크다. 이러한 학문에서도 계량화가 시도되고 물리학자들이 사용하는 것과 동일한 학문적 방법론이 적용되었다. 하지만 이는 사회과학의 계량화할 수 없는 속성 때문에 매우 엄격하게 제한됐다. 실험이 사실상 어렵고 인간 기반의 시스템을 복제하기가 어렵기 때문이다. 이러한 경향 때문에 사회과학에서는 이론이나 실험보다는 측정 가능한 양상에 중점을 둬왔고 질적인 측면을 중시했다.

환원주의적 테크닉을 '부드러운 과학'에 적용시키는 것은 결정적인 오류가 생길 경우 재앙으로 이어질 수 있다는 문제가 있었다. 환원주의자의 기계적 방법은 혜성을 막기 위해 로켓을 쏘아 올리는 문제에 적용될 때나 적절한 것이다. 농업이나 인간의 주거지 설계, 사회 복지 시스템, 그리고 경제학자인 헤이즐 헨더슨의 의견에 따르면 과학이었던 적이 결코 없으며 오히려 '위장된 정치학'인 경제학과 같은 인간 문제에 적용할 때에는 보기 좋게 실패할 수 있다.[1]


## 근본적인 결함


옛 패러다임 접근법에서의 결함은 방법의 일차원성이다. 물리학 문제를 풀 때는 좋지만 사회적 및 환경적 고려사항을 포함하는 문제를 다룰 때에는 그렇지 못하다. 복잡한 인간·기계 시스템을 환원주의적 방법론으로 다루려면 단순화하거나 어려운 요인들을 '외부화'해야 한다. 그래야 간략한 수학적 기술을 사용할 수 있다. 가장 흔히 범하는 오류가 최적화하려는 수치를 단 하나로 정의하려는 것이다.

그러한 시도들이 줄곧 이어져오긴 했지만, 다차원적인 문제를 돈과 같은 단일한 수치로 환원할 수는 없다. 다차원이란 다양하고 서로 어울리지 않을 것 같은 요소들을 함께 측정하는 것을 말한다. 예를 들어 다차원적 투자 모델이라고 한다면 재정적 수익뿐 아니라 최종 상품의 품질과 환경의 영향, 그리고 일자리 축소로 인한 사회적 영향 등도 포함되어야 한다.


## 경제 근본주의

기업 및 정치 지도자들은 우리의 생존을 매우 위협하는 경제 모델을 전 세계적으로 주입하고 있다. 이 모델은 모든 것을 단 하나의 수치(돈)로 단순화하면서 다른 것은 일체 배제하고 오로지 하나의 요인에만 집중하는 극단적인 형태다. 많은 작가가 '경제주의'라는 단어를 시장 가치가 없는 것은 무시하고 단지 돈으로만 성공을 측정하는 경제 근본주의 또는 극단주의로 묘사하고 있다.[2] 예를 들어보자. 미국의 경우 1950년대에 최고경영자(CEO)의 연봉은 근로자의 평균 연봉에 12배였는데, 지금은 400배가 넘는다. 최근에 빈부 격차가 얼마나 심해졌는지 보여주는 심각한 예다.

1950년대의 CEO들에게는 그래도 도덕적 제약과 사회적 책임이 있었다. 하지만 지금은 '탐욕은 좋은 것'으로 바뀌었고, 직원 및 주주들한테서 도둑질하는 타락한 CEO가 늘고 있다. 어디 미국의 CEO뿐이랴. 전 세계사회에서, 정치 지도자 및 일반 시민들을 포함한 전 계층에서 이런 현상이 나타나고 있다. 예를 들어보자. 부자나라의 1인당 평균 소득은 지난 15년간 6070달러가 늘어났지만, 외국에 대한 평균 원조는 오히려 1인당 1달러가 줄어들었다.[3] 또 부자나라들은 그들의 경제 전략으로 가난한 나라들로부터 부를 계속 빼내가고 있다. 단지 착취하는 방법이 달라졌을 뿐이다. 이러한 사고방식으로 인해 기업들은 즉각적인 재정적 이득을 얻고, 개인들은 쪽박을 찰 염려가 있음에도 소비 증대를 우선시한다.


## 애덤 스미스와 신자유주의

최근의 경제학 경향 역시 이러한 종류의 극단주의를 반영한다. 지난 25년간 지배해온 경제 이데올로기는 신자유주의 경제학이었다. GPI 등과 같은 척도로 보면 1970년대부터 삶의 질이 악화되는 것을 볼 수 있는데, 바로 신자유주의 경제학의 대두와 맞물린다. 이 신자유주의 경제학은 그 이전의 경제학과는 완전히 다르다. 스미스와 리카도, 케인스 등과 같은 경제학자들이 주장했던 환경 및 사회의 영향은 완전히 무시된다. 이런 관점에서 보면 사회를 붕괴로 이끄는 데 신자유주의 경제학보다 효과적인 체제는 없다. 우리는 좀 더 가까이에서 그것이 어떻게 작용하는지, 이러한 의도하지 않은 결과가 왜 생기는지 보게 될 것이다.

신자유주의 경제학의 가장 중요한 특징은 자유무역(재화와 노동의 제약 없는 이동), 자본의 제약 없는 이동, 민영화, 규제 완화, 환경 및 사회적 요인의 '외부화' 등이다. 신자유주의 경제학은 과학이라기보다는 이데올로기에 가깝다. 민간 기업에 최적의 조건을 만들어주기 위한 맞춤형 이데올로기로 '외부화'된 비용은 사회에 떠넘긴다. 금전과 비금전적 결과의 균형을 맞추려는 시도는 하지 않는다. 신자유주의 옹호자들은 인류에게 이익이 골고루 돌아가고 가난을 없애는 대신 어떠한 종류의 규제도 없이 CEO들과 주주들의 이익을 극대화해야 하며, 그것이 전 인류에게 이득을 주고 나아가 빈곤을 없앨 것이라고 주장한다. 이들은 고전파 경제학, 특히 애덤 스미스의 학설에 근거하고 있다고 주장하지만 사실이 아니다.

초기 경제학자들은 매우 다른 이데올로기를 갖고 있었다. 그들의 이론은 인간 및 사회적 영향을 자각하고 있었다. 고전파 경제학의 아버지로 불린 애덤 스미스의 '보이지 않는 손'은 각자가 자신의 이익을 열심히 추구하면 자원이 효율적으로 사용되기 때문에 사회 전체로도 큰 이익이 된다는 이론으로 유명하다.[4] 신자유주의자들은 고전파 경제학의 이러한 면을 탐욕과 규제 완화를 정당화하기 위해 인용하곤 한다.

하지만 애덤 스미스는 결코 신자유주의를 찬성하지 않았다. 그는 정부의 규제 하에 소규모 지역 생산자들이 활동하는 세상을 그렸다. 경제 시스템이 '공정하고 정의롭게' 작동하려면 반드시 그래야 한다고 생각했다. 그는 상업활동에 정부의 규제가 없으면 '공공에 대한 음모'가 일어난다고 경고했다. 상인들이 스스로 자신의 활동에 도덕적 제약을 부과할 것이라는 데 회의적이었기 때문이다. 규제가 완화된 신자유주의적 시장을 따르고 있는 미국과 일본, 유럽의 많은 거대

기업이 범죄활동, 즉 일반 대중은 물론 자신들의 주주들에게까지도 사기행각을 벌이고 있는 상황을 보면 애덤 스미스의 우려가 옳았다는 것을 알 수 있다. 더욱이 그는 부의 불균형 확산도 경고했는데, 이 역시 현재 우리가 신자유주의 경제학으로 인해 겪고 있는 문제다.[5]

오늘날에 비추어보면 기업 규제에 있어서 스미스의 고전파 경제학과 신자유주의 경제학은 세 가지 중대한 차이점이 있다.

첫째로 스미스의 모델에서는 판매자와 구매자들은 가격을 결정할 수 있을 만큼 커져서는 안 된다. 즉 독점이나 과점이 허용되지 않는다는 얘기다.

하지만 오늘날 다국적 기업들은 국민국가보다 크다. 정치적 영향력도 막강해서 자국은 물론 다른 나라에서도 저렴한 대출, 막대한 정부 보조금, 세제 혜택, 군사 프로젝트, 공공 자금으로 건설되는 도로와 통신 인프라 등 엄청난 지원을 받고 있다. 이들의 시장 영향력은 매매조건을 결정할 정도며, 다른 거대 기업과 연합해 카르텔과 유사한 방식을 통해 중소 판매자와 구매자들이 이탈할 수 없도록 만든다. 중소기업이 자신들의 시장에 진출하면 무자비하게 가격을 깎아내려 퇴출시킨다. 그런 뒤에는 다시 가격을 대폭 올려 소비자들을 착취한다. 적정 가격보다 높은 가격을 통해 기업은 폭리를 취하고, 부적절한 정치적 영향력으로 인해 민주주의는 왜곡된다.

애덤 스미스의 두 번째 원칙은 생산자들이 생산비 전부를 부담해야 한다는 것이다. 하지만 이 원칙은 신자유주의 경제학에서는 붕괴되는데, 생산에 따른 사회적·환경적 비용이 '외부화'되기 때문이다.

이런 비용이 해당 기업의 손익 계산에서는 빠지고, 그 대신 지역 공동체의 납세자가 부담한다는 얘기다. 그 결과 중소 지역 기업은 퇴출되고, 일자리는 줄어들며, 사회는 와해되고, 임금은 감소하며, 스트레스 완화 및 환경 정화 비용이 늘어난다.

세 번째 차이점은 신자유주의 경제학의 특징인 무제한으로 국경을 넘나드는 자본의 이동이다. 스미스는 후에 리카도가 비교우위론에서 내세웠던 것처럼 자본은 지역적이며 국경을 넘어 이동하지 않는다고 상정했다. 또한 스미스와 리카도는 자본의 흐름이 '점잖을 것'이라고 보았다. 즉 자본은 장기적으로 수익이 가장 많이 나는 곳으로 천천히 흐르며, 단기간에 심각한 불안정을 가져오지 않으리라고 본 것이다.

하지만 오늘날의 자본 이동은 스미스가 살던 시대처럼 연(年) 단위가 아닌 초 단위로 측정된다. 자본의 기대 수익도 대수의 법칙(즉 많은 중소 구매자와 판매자)에 따라 안정되는 것이 아니라, 극소수지만 대단히 강력한 힘을 가진 투기적 자본에 의해 재빠르게 변화한다. 이처럼 세계 금융시장이 지배하고 있는 오늘날의 시스템에서는 자본과 화폐 시장이 시시때때로 혼란에 빠지고, 건강한 경제가 말살된다. 자유로운 자본 흐름의 문제는 신자유주의 경제학의 치명적인 약점으로 지난 20여 년간의 수많은 금융위기를 통해서 충분히 입증되었다.

이처럼 신자유주의 경제학은 고전파 경제학과 공통점이 거의 없다. 오히려 언급한 것을 넘어서는 근본적인 차이로 인해 완전히 새로운 이론으로 여겨진다. 우리가 여기서 이론이라고 표현한 것은 경험적 연구에 근거한 것이 아니라 추측에 의거한 것이기 때문이다. 이는 신자유주의 경제학이 어떻게 탄생했고 '자유시장'이 왜 실제로 작동하지 않는지를 이해하는 데 결정적이다. 신자유주의 경제학은 자유무역에 대한 제약을 모두 제거하면 더 많은 일자리가 창출되고 가난이 줄어들어 지속적인 성장을 하게 되며, 모든 사회 구성원에게 혜택이 돌아가 삶의 질이 개선될 것이라고 주장한다. 특히 개발도상국에서 그럴 것이라고 주장한다. 하지만 경험적 결과는 딴판이다. 성장은 늦고 가난은 늘었으며 실업 및 환경 파괴가 곳곳에서 발생하고 있다. 하지만 거의 이익을 독점해 이미 부자인 세계 인구의 1퍼센트에게 더 많은 기업 이윤이 돌아가고 있다.


## 기업이 이끄는 세계화

신자유주의자들은 과거 시스템에 대해서 매우 비판적이다. '비효율적이고 경쟁력 없는 지역산업을 보호한다'는 이유에서다. 그러면서 이런 보호 장벽을 제거하면 성장이 보다 빨라지고 복지가 대폭 늘어난다고 떠들어댄다. 거대 이익 기업들의 자회사, 즉 대기업에 속한 미디어들에 의해 이런 견해가 많은 서구 국가에서 반복해 울려 퍼지고 있다. 그러면서 신자유주의 경제학을 '엄청나게 성공적인 것'으로, 심지어는 '필연적인 것'으로 찬양한다. 하나의 슬로건으로 요약해보면 TINA, 즉 '대안이 없다(There is no Alternative)'는 뜻이다. 하지만 진실은 무엇일까?

미국 워싱턴에 있는 경제정책연구센터는 국제연합개발계획(UNDP)의 인간개발보고서(Human Development Report) 통계를 기반으로 하여 100여 개국의 최근 수십 년간 경제 성장률을 비교 분석한 보고서를 내놨다.[6] 이들이 내린 중요 결론은 "지난 20여 년간 세계화와 구조조정, 민영화, 시장 근본주의는 실패했으며 개발도상국의 성장률은 급락했다"는 것이다.

조사 예를 보면 전체 조사 국가의 1인당 생산량은 세계화 이전인 1960~1980년에는 83퍼센트 늘어났지만, 세계화 이후인 1980~2000년에는 불과 33퍼센트 늘어났을 뿐이다. 또 조사 국가의 77퍼센트는 성장률이 다음 20년간이 첫 20년간보다 5퍼센트가량 낮아졌으며, 단지 14퍼센트 국가만이 같은 기간에 5퍼센트 이상 성장하는 데 그쳤다. 남미 국가들의 경우 1960~1980년의 성장률은 75퍼센트였지만, 1980~1998년의 성장률은 겨우 6퍼센트였다. 사하라 사막 이남의 아프리카 국가들도 첫 20년간에는 성장률이 36퍼센트였지만, 다음 20년 동안에는 마이너스 15퍼센트를 기록했다.

이에 대해 경제정책연구센터는 IMF와 세계은행이 "성장률의 이러한 급격한 하락을 인식하는 데 오류를 범하는 바람에 세계적으로 가장 강력한 두 금융기관이 정책 토론에 있어서 차이를 보인 것이다"라고 결론지었다.

하버드대학교의 경제학 교수인 대니 로드릭 역시 세계화가 더 큰 성장을 가져온다는 신자유주의 주창자들의 방법론을 마구 비판하면서 유사한 결론을 내렸다. 그는 종종 인용되는 달러-크레이 분석(데이비드 달러와 아트 크레이는 『무역, 성장, 빈곤(Trade, Growth and Poverty)』이라는 저서에서 경제성장과 무역이 가장 최선의 빈곤 퇴치 프로그램이라고 주장했음_옮긴이 주)을 '대단히 잘못된 것'이라고 지적하며, 그들이 자신들의 선험적인 결론을 지지하기 위해 사례 연구를 함에 있어 자의적으로 일부 국가는 포함시키고 일부 국가는 누락시키는 식으로 주관적인 편견을 집어넣었다고 비판했다. 로드릭은 이러한 조작을 바로잡으면 달러-크레이 분석을 뒷받침할 만한 증거가 없다며, 성장을 촉진하는 가장 중요한 한 가지 요소는 시장의 자유화가 아니라 우수한 기관들의 확립 여부라고 주장한다. 이러한 결론을 뒷받침하기 위해 그는 다른 연구도 인용했다.[7]

그러면 혜택의 배분과 관련한 평균 수치는 얼마나 될까? UNDP의 1999년도 보고서에 따르면 최부국과 최빈국의 소득 비율 격차가 1960년 30 대 1에서 1990년 60 대 1, 1998년 78 대 1로 계속 벌어지고 있다. 최빈국 10퍼센트에게 돌아가는 소득의 비중은 25퍼센트 이상 하락했고, 최부국 10퍼센트에게 돌아가는 몫은 8퍼센트가량 증가했다. 기업이 주도하는 세계화가 전 세계의 불평등을 심화시킨다는 의미다. 최빈국은 더욱 가난하게, 최부국은 더욱 부유하게. 물론 최대 수혜자들은 체제의 옹호자인 기업들이다. 세계화가 더 많은 빈곤을 야기했던 1990년대에 기업 이윤은 108퍼센트가 늘었고, 주가는 300퍼센트나 올랐으며, 미국 CEO의 연봉은 무려 443퍼센트

나 늘었다.[8]

성공이냐 실패냐는 보는 사람의 눈에 따라 달라진다. 기업 주도의 세계화는 기업이 정리한 성공의 기준, 즉 더 높은 1인당 GDP와 개발도상국의 빈곤 완화라는 기준에서 볼 때도 분명 실패다. 하지만 주가가 올라가고 CEO 연봉이 상승했기 때문에 내부자들은 세계화가 성공했다고 요란스럽게 떠든다. 이는 생명 중시 세계관에서 보면 명백한 대재앙이다. 세계개혁교회연맹(The World Alliance of Reformed Churches, 1875년 6월 영국 런던에서 창립된 개혁교회협의체로 스위스 제네바에 본부가 있으며 한국의 대한예수교장로회와 한국기독교장로회를 비롯해 100여 개국에서 200여 개의 교단과 교회가 회원으로 가입되어 있음_옮긴이 주)은 1999년 세계화가 사회 및 생태에 미치는 영향을 다음과 같이 요약했다.

"빈곤과 소득 불평등의 증가, 노동자의 비정규직화, 빈곤의 여성화(가난한 사람들 중 여성의 비율이 점점 높아지는 현상_편집자 주), 아동 노동과 아동 밀매, 가난한 농민의 건강과 생계에 영향을 미치는 생태계 파괴의 확산은 경제적 신자유주의에 근거한 세계화 전략의 산물이었다. 가난과 자살, 범죄율이 급격히 증가했는데, 이는 많은 아시아 국가에 영향을 미친 경제위기와 IMF의 개입이 가져온 결과다.[9]

## 고전파 경제학에게도 결함은 있다

신자유주의 경제학은 고전파 경제학과는 매우 다르지만 그렇다고
해서 애덤 스미스의 경제학에 결함이 없다는 뜻은 아니다. 고전파 경
제학의 가장 중요한 결함은 이론으로만 그칠 뿐 실제로는 환경 및 사
회적 영향을 '내부화'하지 않는다는 점이다. 이는 사회적 영역에서는
큰 손실이 된다. 스미스가 살던 시대는 더 가난한 농부에게 혜택이
돌아가는 '공유재'를 말살하는 시기였다. 부유한 지주들이 자신의 토
지에 울타리를 침으로써 그런 상황을 연출했다. 고전파 경제학 역시
공해와 범죄, 빈부격차의 심화를 초래했다. 가족과 공동체, 자연과
의 연대는 해체되었다. 스미스의 경제학 브랜드 역시 효율과 경쟁이
라는 인위적인 개념을 확립했으며, 그 자체가 신자유주의 경제학처
럼 하나의 유토피아였는데, 그게 실행에서 결함으로 드러났던 것이
다. 실로 지금까지 산업화된 세계의 모든 경제학 시스템은 환경과 사
회적 약자에 대한 착취 때문에 결함이 있다고 말할 수 있다.


## 경제발전은 어떻게 이루어졌는가

모든 경제 시스템은 성장에 초점을 맞추었고, 그 결과 경제력은 점
차 소수의 손 안에 집중되었다. 이는 환경을 악화시키면서 자원과 노
동, 정치력을 통제하고 대단히 비효율적이고 낭비적인 생산 과정을

이용하는 독점의 창출로 이어졌다. 경제학자들은 이러한 성장 과정을 '발전'이라고 부른다. 하지만 진짜 '발전'은 안정된 일자리, 적정한 음식과 주거지, 건강한 자연환경과 같은 의미 있는 양식이다. 그들이 사용하는 의도와는 다르다. 하지만 그들이 그렇게 정의한 '발전'조차도 신자유주의 정책의 결과가 아니다. 오히려 그 반대다.

왜 어떤 나라는 부자이고 어떤 나라는 가난할까? 경제발전은 꾸준함 때문일까? 아니면 더 좋은 기후? 아니면 더 풍부한 천연자원? 아니면 자유시장 정책? 아니면 더 좋은 교육? 아니면 더 똑똑한 시민? 아니면 약삭빠른 지도자? 아니면 민주주의 정부?

산업혁명 이후의 역사적 예를 보면, 어떤 설명도 필요 없는 명백한 패턴을 볼 수 있다. 경제발전의 필요충분조건은 주도적이고 목표 지향적인 정부의 경제 참여, 특히 핵심 산업을 위해 보조금을 지원하고 보호 정책을 펼치는 것이다. 대영제국이 그 예다.

19세기 중반까지 대영제국은 선도적인 산업국가였다. 철강과 섬유 산업이 그 핵심이었다. 그런데 어떻게 이 산업들이 그렇게 강해졌을까? 군사적 강력함과 해양 지배권 때문에? 아니다. 식민지 착취와 보호주의를 다른 어떤 나라보다 효율적으로 결합할 수 있었기 때문이다. 영국이 인도를 어떻게 다루었는지 보자.

18세기 후반까지 인도는 세계에서 으뜸가는 제조 중심지였다. 유럽만큼 많은 철을 생산했고, 영국보다 훨씬 앞선 제철 기술과 선박 건조 기술을 보유하고 있었다. 게다가 인도는 섬유직물의 주요 수출국이었다. 다만 이렇다 할 군사력이 없었다. 영국의 동인도회사는

1600년부터 인도에서 상당한 경제적 영향력을 행사하고 있었다. 하지만 영국 정부는 어마어마한 기회와 과업을 노리고 1773년 군사적으로 허약한 인도를 식민통치하기 시작했다. 이후 50년 동안 인도는 영국에 의해 효과적으로 탈산업화되었다. 인도의 섬유산업은 영국의 신규 직물공장에 단지 싸구려 원면을 공급하는 업체로 전락했다. 대신 영국이 만든 직물을 가장 많이 들여오는 주요 수입국으로 변모했다. 이것이 식민주의의 고전적 테크닉, 즉 식민지를 값싼 원재료 공급지로 머물게 함으로써 식민 모국은 더 막대한 이윤을 획득하는 수법이다. 인도의 철강과 조선 사업에도 유사한 전략이 뒤이어 적용되었다. 결국 이들 산업은 무너졌고 관련 기술은 아무런 대가 없이 영국으로 이전됐다.[10]

여기에 더해 영국은 자국의 비효율적인 직물 생산을 보호하기 위해 프랑스와 아일랜드, 인도 산(産) 직물 수입품에 높은 관세를 부과했다. 유치산업(幼稚産業)을 육성하는 동안에는 값싼 해외 경쟁 제품으로부터 자국 산업을 보호하는 게 중요하다. 그렇지 않으면 자국 산업이 경쟁을 물리칠 만큼 자생력을 갖추기 전에 무너져버리기 때문이다.

1700년대 이후 150년 동안 영국은 인도에서 한 것과 유사한 보호주의 및 착취 정책을 세계 곳곳에서 자행했다. 이렇게 해서 영국은 19세기 중반 세계 최고의 산업국가로 성장할 수 있었다(모든 영국인이 이러한 성장의 혜택을 본 것은 아니다. 이 기간 동안 빈부격차는 심화되었다. 영국의 발전이 수많은 외국인의 생존 가능성을 말살하는 데만 그치지 않고 자국 내에서도 거대한 빈곤을 낳아 수백만 사람들의 생계가 무너져내렸다).

인도와의 무역에서 흑자를 기록하고 외국과의 경쟁에서 이길 정
도로 산업이 충분히 성숙한데다 식민지가 영국의 수출시장이 되어
가자 영국은 다음 단계, 즉 '자유시장' 시기로 옮겨갔다. 자국 제품이
무역장벽 없이 자유롭게 흘러들어갈 수 있게 다른 나라에 수입 관세
를 내리고 보호주의 정책을 취소하도록 압력을 가함으로써 위선적
인 '평평한 운동장'을 확립한 것이다. 이쯤 되면 또 다른 나라가 생각
나지 않는가? 바로 미국이다. 미국이 이와 똑같은 게임을 20세기 후
반부터 하고 있다.

만약 영국이 인도에서 했던 방식을 미국에도 적용했다면 미국 역
시 인도처럼 빈곤 상태에서 허덕이고 있을 것이다. 대영제국에 값싼
원료를 제공하는 주요 공급처가 되어 있을 것이다. 하지만 인도와 달
리 미국은 프랑스의 도움을 받아 1776년 영국으로부터 독립을 선언
했다. 링컨 대통령은 보호주의와 자유무역의 본질을 명확히 인식하
고 있었다. 그는 "우리가 해외 제품을 사면 물건은 우리가 갖지만 돈
은 외국인이 가져간다. 하지만 국내 제품을 사면 물건과 돈 모두 우
리가 갖는다"라고 했다.

머리 좋은 학생처럼 미국은 경제적 강대국이 되는 방법을 잘 알았
다. 기초 산업을 지원하고 보호하면서 군사력을 키우는 것. 게다가
이 어린 학생은 선생보다 보호주의를 더 잘 실행했다. 18세기 후반
부터는 대가(大家)에게서 배운 그대로 영국의 철강제품에 높은 수입
관세를 부과했다. 반면 자국 제철산업은 해군과의 후한 계약을 통해

지원했다. 정부가 나서서 정부 재원으로 미국 산 철강을 이용해 철도와 고속도로 등의 인프라를 건설하고 자동차와 항공우주 산업에도 사용했으며, 군비로 위장해 보조금을 지급하기도 했다. 직물에도 같은 방식으로 높은 관세를 부과해 영국 및 다른 나라의 값싼 생산품을 내쫓았고 독자적으로 발전시켰다.

미국은 영국과 같은 식민지는 없었지만 대신 노예제가 있었다. 이를 통해 값싼 노동력을 활용할 수 있었다. 여기에 남미에 관한 정책은 영국의 식민지 지배와 동일한 결과를 불러왔다. 남미 같은 경우는 미국에 저렴한 원료를 공급한다는 점에서 '식민지'라고 불러도 되었다. 값싼 원재료 공급지가 경제발전 전략에서 가장 중요한 요소이기 때문이다. 영국이 인도에서 했던 것처럼, 미국도 남미 국가들이 산업을 발전시키는 걸 방해하고 미국에 보완적인 산업만을 하도록 유도했다.

시기가 무르익자 미국도 영국처럼 '자유시장'을 도입했다. 미국의 제품들이 20세기 후반의 '평평한 운동장' 위에서 무역장벽 없이 자유롭게 유입될 수 있도록 압력을 가했다. 하긴 이에 대해 영국의 정치인 헨리 클레이는 대단히 솔직하게 "자유무역이란 모든 시장에서 우리 제품이 독점하는 것, 그 이상도 이하도 아니다. 물론 다른 국가의 제품은 막고"라고 말했다.[11] 이 인용문은 강력한 경제력을 바탕으로 해서 나온 '평평한 운동장'과 '자유시장'에 관한 영원한 선전문을 잠재울 것이다.

미국은 당시 관세를 15~100퍼센트 넘게 부과하는 등 역사적으로 가장 보호주의적인 국가였다. 섬유와 철강재뿐 아니라 양모나 유리, 대마 등 수많은 제품에 과징금도 부과했다. 물론 그때도 미국의 정치 지도자들은 '자유시장'을 주장하곤 했다. 하지만 20세기 이전에는 단 한 번도 지켜지지 않았다. 미국이 '자유무역' 정책을 실제로 시작한 때는 20세기 후반이었다.

보호주의는 아주 미국적인데, 특히 공화당이 집권할 때 그렇다. 미국은 2005년 자국의 제조업체를 보호하기 위해 중국에 대미 섬유 수출품을 자율 규제해달라고 요구한 적이 있다. 물론 이는 WTO의 자유무역 규정에 위배되는 것이다. 2003년에는 부시 대통령이 철강 수입품에 관세를 30퍼센트 부과하고 농업 보조금을 80퍼센트 늘리겠다고 선언했는데, 이 역시 자유시장 원칙에 어긋나는 것이다. 본인들은 그러면서 다른 국가들이 그렇게 하면 불공정한 무역 관행이라면서 자국 내 해외 경쟁 상품에 무자비할 정도로 반덤핑 관세를 매긴다.

보호주의 관행의 또 다른 사례로 제2차 세계대전 이후의 일본을 들 수 있다. 전쟁으로 초토화된 상태에서 일본은 가전 및 컴퓨터와 같은 특정 제조업에 보조금을 주고 원치 않는 해외 경쟁 제품은 쫓아내는 정책으로 한 세대 만에 세계 2위의 경제대국이 되었다. 즉 평생 고용으로 널리 알려진 삶 기반을 최우선으로 하는 것을 포함해 정부의 선제적 개입 정책과 단계별로 추진된 산업 간 협력 덕분이었다. 일본 또한 '식민지'를 개발했는데 착취보다는 동반 발전 방식이었다. 저급 기술은 이전해주고 자국은 첨단기술에 집중하는 식이었다. 성공적인 전략이긴 했지만 '자유시장' 교리에는 위배되었다.

다른 아시아 국가들도 일본을 모방하면서 성장했다. 한국과 대만, 말레이시아, 인도네시아, 싱가포르 등이 그렇다. 모두 핵심 산업을 보호하고 보조금을 지원하는 정부 정책이 성공 요인이었다. '자유시장'의 교리는 없었다. 20세기 후반부터 고성장을 보이고 있는 중국 역시 마찬가지다. 대단히 폐쇄적이고 보호무역주의며 정부 개입이 아주 심한 비민주적 사회인데도 성공을 거두고 있다.

결국 역사적 기록을 살펴보면, 적절한 보조금 지원을 포함해서 국가 주도적 산업 정책과 핵심 산업의 보호주의가 경제발전의 요체가 되었음을 알 수 있다. '자유시장' 교리는 발전한 나라들이 덜 발전한 나라들로 하여금 뒤따라오지 못하도록, 그래서 경쟁자가 되지 못하도록 방해하는 불순한 전략에 불과하다.


## 경제성장은 지속 가능한가

앞의 분석들은 과거의 경제성장 사례들이 과연 지속 가능한 정책에 근거한 것이었는지 전혀 말해주지 않는다. 단지 정부의 과감한 지원과 보호주의가 경제성장을 촉진하는 데 효과적이었다는 것을 증명했을 뿐. 사실 지속 가능한 정책에 근거한 사례는 하나도 없다.

그렇다면 이것은 지속 가능한 경제성장이라는 말은 모순적(내적으로 일관성이 없는)이라는 뜻일까? 답은 한정적이다. 종합적인 수준에서는 그러한 성장은 영원히 계속될 수 없다. 하지만 지엽적인 수준에서는 반드시 그런 것도 아니다. 흥망은 성숙한 제3유형(안정적이고 합동적인 관계를 맺고 있는 공동체 유형)에서 일어날 수 있는데, 어떤 부분은 긍정적 성장을 하고 다른 부분은 꼭 그만큼 반대로 마이너스 성장을 한다. 이는 개발도상국이 신사유주의 이후에 나타날 지속 가능한 세계에 편입할 때 특히 중요한 사항이다. 그러한 세계에서는 현재 '개발도상국들'은 성장이 지속 가능해지는 반면, 선진국들은 지속 가능한 성장을 이루기 위해 마이너스 성장을 겪게 될 것이다.


## 수입 대체인가, 수출 주도형 성장인가

개발도상국의 산업화 전략은 크게 '수입 대체'와 '수출 주도형 성장' 두 가지로 볼 수 있다. 둘 다 다양한 환경의 다양한 국가에서 효과를 보았다. 개발경제학자들은 수십 년간 이 전략들의 장단점을 따져보았다.

수입 대체 전략은 수입된 재화에 높은 관세를 부과하는 대신 국내에서 동일한 제품을 생산해 외화를 아끼는 전략으로 링컨이 영국 철강 제품을 퇴출하기 위해 쓴 방법이다. 앞에서 본 것처럼 핵심 산업을 보호하고 기술적 발전을 이루기 위한 전략일 수도 있다. 또한 중소기업이나 소규모 공동체를 우선시하겠다는 결정일 수도 있다. 식량의 자급자족을 통한 식량 안전 정책 때문일 수도 있고, 최근 유럽의 여러 나라가 그러는 것처럼 유전자 변형 식품이나 성장 호르몬을 먹인 쇠고기 등 수입 식품의 위험성 때문일 수도 있다. 또는 수입 제품이 국내 제품만큼 생산 조건이 엄격하지 못해 환경이 훼손되는 것을 막으려는 이유도 있을 것이다.

수출 주도형 성장은 경쟁우위가 있는 단일 제품을 수출하고, 그럼으로써 수입품에 지불할 외화 획득을 목적으로 한다. 일본과 '아시아의 용들'이 사용한 전략인데, 수입 대체 전략과 더불어 사용되기도 한다. 다만 이들 나라의 수출 품목은 원재료가 아닌 부가가치가 창출되는 제품이었다는 점에 주목해야 한다(이 전략으로 이룬 국가의 성장은 농민과 중소기업을 파멸로 이끌고 대기업에 과도하게 의존하는 경제구조를 형성한다. 이로 인한 가족, 공동체, 환경의 파괴는 GDP에 전혀 계산되지 않는다).

신자유주의 이데올로기에서는 수출 주도형 성장만이 용인된다. 수입 대체는 '보호주의'여서 '자유시장'에서 받아들여질 수 없기 때문이다. 수입 대체는 거대 기업으로 대표되는 신자유주의 옹호자들의 시장을 축소시킬 뿐 아니라 개발도상국들이 더 강해지도록 경쟁력을 높여준다. 이는 거대 기업에는 좋지 않은 소식이어서 이를 막기 위해 강한 압력을 행사할 것이다. 수입 대체는 소생산자와 다양한 품종을 지원하고, 경제를 분산시키며, 해외 투자자의 착취 기회를 허용하지 않는다. 반면 규모를 키우고, 생산품을 획일화하고, 집중화를 하는 수출 주도형 성장은 거대 기업이 가난한 고객국가로부터 더욱 쉽게 이익을 뽑아내도록 만든다.

수출 주도형 성장은 보다 자본 집중적이고 대규모이며 생산 형태가 집중되어 있다. 식품 수출에 있어서는 서구의 투자자 및 농약·비료 수출업자의 의견에 따라 화학비료를 사용하는 대규모 단일재배를 한다. 이러한 단일 생산품은 미디어 광고를 하고 세계적인 브랜드가 된다. 또한 수입 대체 없는 수출 주도형 성장은 개발도상국으로 하여금 선진국에게 값싼 원료와 노동력을 제공하는 역할 이상의 것을 하지 못하게 만든다.

부가가치가 있는 소비재를 수출하는 나라는 자국에서 원재료와 노동력에 대한 수요를 창출하고 그럼으로써 지역 경제를 강화하고 GDP를 증가시킨다. 원재료 수출에는 그런 편익이 없으며 정책을 바꿀 때까지 가난한 상태로 남는다. 이 때문에 최빈국의 수출 주도형 성장은 신식민주의의 한 유형이며, 이는 신자유주의를 좀 더 정직하게 표현한 것이라 할 수 있다. 다만 신식민주의는 군사통치를 요구하지 않는다. 그건 18세기적 사고다. 미국의 전 국무장관 존 포스터 덜레스는 "한 사회의 경제를 인수하는 방법에는 두 가지 방법이 있는데 무력과 금융 수단이다"라고 말했다.[12] 오늘날에는 WTO나 세계은행, IMF 같은 신자유주의적 조직이 그런 역할을 한다. 이들은 선진국, 특히 미국의 확장된 팔이다. 이런 기관으로도 안 된다면 그 다음에는 앞서 언급한 미국의 사례들처럼 규칙의 일방적인 묵살이 작동할 것이다.

신자유주의자들은 그들 이론의 성공적인 사례를 찾는 데 기본적으로 곤란을 겪고 있다. 더 나은 사례를 찾지 못한 그들은 수출 주도형 성장 정책을 편 아시아의 용들을 주로 언급한다. 그러나 그것이 '자유시장'이 아니라 국가의 적극적인 개입과 보호주의에 기반을 둔 인위적인 시장에서 이루어진 것이라는 사실은 의도적으로 생략한다. 보자. 아시아에 경제위기가 발생했던 시기는 1990년대 후반이었는데, 아시아 지역이 신자유주의적 자본 이동을 처음으로 도입한 직후였다.

## 보호주의에 대해

신자유주의자들이 자유시장 이론을 찬양하는 것은 '보호주의의 위험성' 때문이다. 그들은 말한다. "우리는 결코 다시는 경제성장을 저해하는 보호주의를 용납해서는 안 된다"라고. 그러면서 자유시장과 관련된 이슈들에 대해 어떠한 논쟁도 하지 못하게 한다. 실제로 기업이 통제하는 미디어에 의해 논쟁이 억제되고 있기에 대부분의 사람들이 결함이 많은 이론을 사실로 받아들이도록 세뇌를 당하고 있다.

신자유주의자들이 보호주의를 비웃기 시작한 건 1930년대 미국의 대공황 때다. 그들은 보호주의가 공황의 원인이라고 했다. 하지만 이는 다른 경제학자들에게 철저히 논박당했다. 대공황이 발생한 주된 원인은 보호주의 탓이 아니라 시장의 자정 능력 실패에 있었다고 말이다. 1929년 주식시장 붕괴 이후 소비 수요가 부족하고, 독일·프랑스·영국의 금본위제 복귀로 인한 디플레이션이 촉발된 상황에서 미국 정부는 팽창 정책을 펴지 않았다. 미국 정부는 재정적자를 줄이고 연방은행은 긴축 정책을 폈다.[13] 이 때문에 사태가 악화되었다.

물론 이는 케인스 시대 이전의 일이다. 국가의 개입이 필요하다며 경제적 사고의 혁명을 일으킨 케인스 말이다. 대공황 전후에 유행했던 보호주의 정책은 사소한 원인에 불과했다. 대부분의 원인은 영국의 팀 랭 교수와 프랑스의 콜린 하인스가 지적했던 것처럼 더 이상의 불황을 막기 위한 조치 때문이었다.[14] 그런데도 미신은 자유시장주의자들에 의해 여전히 살아 있다. 그 편이 자신들의 목적에 부합되기 때문이다.

　우리는 보호주의를 세 종류로 구분해볼 수 있다. 먼저 정부의 장기적인 전략과 계획의 일환으로 보조금을 지급하는 등의 핵심 산업에 대한 보호주의는 긍정적이다. 역사가 증명했듯이 경제성장을 촉진한다. 다만 이 정책의 목적은 해당 산업의 생산성과 경쟁력을 증대시키는 것이므로 궁극적으로 이런 지원은 훗날에 철회되어야 한다. 그렇지 않으면 이 전략은 의미가 없다. 부연하자면 보호주의와 보조금은 동전의 양면이다. 국내 제품을 실제보다 더 값싸고 더 경쟁적으로 만드는 효과를 내기 때문이다.

　하지만 그 어떤 정부도 관세와 보조금을 이용하는 목적이 생산성 증대와 경쟁력 강화에 있다는 것을 제대로 깨닫지 못했다. 많은 국가가 관세와 보조금을 아무런 전략과 계획 없이 이용했다. 관세는 새로운 정부의 수입원으로, 보조금은 지역의 경제적·정치적 이해관계나 특정 이익집단의 로비에 따라 던져주는 것으로 생각했다. 이러한 두 번째 종류의 보호주의는 비효율과 성장 정체를 초래한다. 우리가 해서는 안 되는 보호주의이며, 미국과 EU가 다른 나라들에게 중단을 요구하는 보호주의다. 재미있는 것은 그렇게 요구하는 자신들은 농업과 화석연료에 대한 보조를 그런 식으로 하고 있다는 점이다. 미국은 '돼지고기 통'(pork barrel, 미국 의회의 예산 전횡을 비난하는 용어로 정치인들이 선심성 지역 사업을 위해 중앙정부의 예산을 남용하는 것을 의미_옮긴이 주) 정책을 펴고 있으면서 말이다.

가장 바람직한 보호주의는 사회의 비경제적 양상을 생명에 근거해 보호하는 것이다. 앞에서 얘기한 식품 안전 사례, 즉 유전자 변형 식품과 성장 호르몬제를 먹인 쇠고기 수입 금지뿐 아니라 국가가 환경보호 정책의 일환으로서 하는 수입 규제, 예를 들어 환경에 해를 입히는 사업을 펴는 기업이나 국가의 제품을 수입하지 않는 정책 등을 뜻한다. 고전파 경제학 이론에 따르면 사회가 분권화되고 조화를 이루기 위해 중소기업에 보조금을 지급하고 대기업을 징벌하는 정책도 보호주의다. 이는 국민의 이익을 보호하기 위함이다. 완전고용을 창출하기 위한 보호주의도 있다. 이러한 보호주의는 사회의 균형을 가져온다.

외국 자본은 국민의 이익을 보호하는 정책을 원하지 않으므로 이런 보호주의에서는 배제된다. 그래서 신자유주의자들은 생명 근본 정책을 '무역의 제약'으로 생각한다. 그들은 지역민의 이익보다 외국 자본의 이익을 우선시하는 쪽으로 법규가 바뀌어야 한다고 주장한다. 주권 국가에 대한 외국 자본의 이 같은 뻔뻔하고 이기적인 태도는 조롱거리가 된다. 그럼에도 그들은 1994년 WTO를 이용해 그런 일을 실행할 수 있는 방법을 찾았다. 그것은 일종의 무혈 쿠데타였다.

신자유주의자들이 WTO에서 한 일은 국가의 고유한 정책 권한을 넘겨주는 일이었다. 보호주의의 부정적 측면, 즉 두 번째 보호주의를 제거한다는 이유로 모든 종류의 보호주의 정책을 아예 금지시켜 버렸다. 이는 경쟁을 억제하고 더 많은 이익을 창출시켰지만, 그 이익이 WTO 회원국의 국민들에게 돌아가지는 않았다. 개발도상국 국민들에게 돌아간 것은 더더욱 아니었다. 막대한 이익은 모두 대기업에게 흘러들어갔다.

WTO 회원국은 더 이상 생명 근본 정책, 즉 국내 생산자를 우대하는 식품안전 정책과 완전고용 정책, 환경보호 정책을 펴서는 안 된다는 것에 많은 사람이 충격받았을 것이다. 이러한 조약은 아무런 논쟁 없이 수용되어 정치적 주권은 외국 자본에게 넘어갔고, 외국의 약탈자로부터 국민을 보호해야 한다는 정부의 가장 주된 목적도 쓸모없게 되어버렸다. 이런 이유로 우리는 그런 조약을 절대로 받아들일 수 없으며, 전 세계에서 수많은 사람들이 시위하고 있는 것이다.

이 문제를 해결하기 위한 좋은 방법이 있다. 개발도상국과 일반 시민들에게 피해를 주지 않을뿐더러 외국 자본에 주권을 넘길 필요도 없다. 자유무역주의자들은 정부가 정당한 이유가 아니라 불공정한 무역 이익을 위해 보호주의를 남용하고 외국 기업들에게 피해를 주고 있다며 모든 종류의 보호주의를 거부한다. 물론 그들의 말대로 불공정한 보호주의가 존재하는 것은 사실이다. 하지만 정말 중요한 것은 그 문제를 잘 해결하는 방법을 찾는 것이다. 긍정적인 보호주의는 새로이 지속 가능하고 지역화된 경제 시스템을 형성하는 역할을 한

다. 나는 환경을 보호하고 국가의 경제적 결정권을 확보하며 사회적
화합을 되찾아, 마침내 부정적인 보호주의를 몰아낼 수 있음을 확신
한다.

# 4장

# 신자유주의의 토대

신흥 종교

신자유주의 경제학은 순수한 이론이다. 실은 심각한 결함이 있는 이론이며 실제로 성공을 거두지 못했다. 이런 결함과 실패에도 불구하고 이로 인해 고통받고 있는 사람들조차 신자유주의 경제학에 매력을 느끼고 있다. 케인스와 프리드먼의 이론과는 달리 기업이 통제하고 있는 미디어에서 논쟁이 된 적도 없다. 대신 비판자들을 '평평한 지구인'(flat-earther, 지구가 평평하다고 믿는 사람, 즉 잘못된 이론을 고집하는 사람을 뜻함_편집자 주)이나 '이단자' 또는 세상에 대안이 없다는 걸 이해하지 못하는 '괴짜'라는 식으로 무시하거나 조롱했다. 신자유주의 경제학은 본질적으로 신흥 종교의 색채를 띠고 있는 근본주의자들의 이데올로기이자, 경제학을 정책 도구에서 어떤 의심도 제기되어선 안 되는 삶의 철학으로 격상시킨 신념 체계인 것이다. 하지만 반대론자들은 신자유주의를 비현실적인 유토피아, 인류의 재앙일 뿐 아니라 돈만 중시하는 유감스럽고 서글픈 삶의 관점이라고 생각한다.

　런던정치경제대학교에서 유럽 사상사를 가르쳤던 존 그레이는 신자유주의가 미국의 프로젝트라고 주장한다. 그것은 "구식 세계관…… 17세기 계몽주의의 유산이며, 미국의 가치를 지구상의 마지막 남은 곳까지 투영시킬 수 있다는 잘못된 가설"에 근거한다는 것이다. 그는 이 '유토피아', '특이함', '신학'의 프로젝트가 운이 다해 실패하리라고 본다. 왜냐하면 자본주의는 유럽형, 일본형, 러시아형, 인도형 등 서로 다른 지역적 전통과 문화적 가치에 뿌린 내린 무수히 다양한 유형을 갖고 있기 때문이다. 이들은 미국형 모델을 부정하면서 '더 나은 경제성장과 저축률, 교육 수준과 가족 안정성'을 실현하고 있다. 그러니 굳이 미국 모델을 따라 할 이유가 없다. 미국 내에서도 신자유주의는 '억압되고 부정되고 저항을 받고 있는' 상황이지만 '자유시장의 인간적 비용은 미국의 담론에서도 금기시되고 있는 주제'인 형국이다.[1]

## 소수 집단에서 주류로

반(反)세계화 비정부기구(NGO, 비영리 시민단체)인 국제금융과세연대(ATTAC)의 프랑스 지부 부회장을 맡고 있는 수전 조지는 그러한 이슈들에 대한 논의가 거부되고 있는 타당한 이유를 밝힌다. 그녀는 모든 신자유주의적 현상을 미국의 대단히 부유한 소수 우익들이 지난 30년 넘게 수행해온 의식적이고 체계적인 전략 탓으로 보고 있다. 한 세대 전만 해도 신자유주의적 시각을 가진 사람은 극소수였다. 주류 경제학자들은 그런 사람들을 괴짜로 취급했다. 누구도 그것이 하루아침에 사회를 지배하는 규칙이 되리라고 믿지 않았다.

경제학자 칼 폴라니는 당시의 일반적인 정서를 "시장 메커니즘을 인류와 자연환경의 운명을 지시하는 유일한 것으로 허용한다면 이는 사회의 소멸을 낳을 것"이라고 묘사했다. 밀턴 프리드먼 같은 보수적인 경제학자도 "경제와 정치 권력을 한 손에 쥐어준다면 이는 확실한 폭정의 비법이 될 것"이라고 경고했다.[2] 수전 조지는 신자유주의자들이 성공한 건 '완전히 멋진' 이데올로기와 홍보 전쟁 덕분으로 "돈을 주고 매입했다"라고 말했다.[3] 그들은 '자신들의 아이디어와 교리를 발전 및 포장, 추진하기 위해 재단과 조직, 연구소, 출판계, 학계 PR단체 등의 거대한 국제 네트워크'에 자금을 지원해왔다. 그래서 신자유주의는 그들이 주장하듯이 필연적인 역사적 발전이 아니라 '목적을 가진 사람들'이 의도적으로 창조한 '전적으로 인공적인 건축물'이다.

수잔 조지는 신자유주의자들의 목적은 '공공에서 민간으로 부를 이전하는 것'과 '밑바닥 계층에서 최상위 계층으로 부를 이전하는 것'에 있다고 주장했다. 그러면서 "우리 세대든 그 어떤 세대든지 가장 큰 강도질"이라고 말했다. 오늘날의 결과를 보면 그들은 매우 성공적으로 목적을 달성했다. 그들이 자신들의 이데올로기를 계속 유지하기 위해 수억 달러를 쓰는 것을 감안할 때 그들의 영향력이 거대한 건 놀랍지 않다. 신자유주의 옹호자들의 글을 읽거나 강연을 들을 때면 그 이면에 있는 엄청난 자금을 머릿속에 떠올려야 한다.


## 신자유주의의 기만적인 언어

대부분의 사람이 신자유주의의 진실을 꿰뚫기가 어려운 이유 중 하나는 그들이 언어를 교묘히 사용해서 이슈를 혼란시키기 때문이다. 그들은 그들의 메시지를 대단히 교묘하게 포장하기 때문에 실제와 정반대되는 인상을 준다. 이러한 현상은 조지 오웰의 소설 『1984년』에 나오는 '뉴스피크'(newspeak, 정치 선전용의 모호하고 기만적인 표현 및 언어_편집자 주)라는 단어가 연상될 정도다. 거짓말만 하는 진실부(Ministry of Truth, 조지 오웰의 소설에 나오는 부서 중 하나로 반어법적 표현임_편집자 주)를 어떻게 잊을 수 있겠는가? 수전 조지의 분석에 따르면, 신자유주의자와 그들의 공보 비서관들은 대단히 의식적으로 말을 교묘하게 한다. 그들은 포스트모더니즘 시대의 서구형 인간과 텔레비전 영상 세대는 주목 기간이 짧다는 걸 활용했다. 그 뻔뻔한 몇 가지 사례를 살펴보고자 한다. 세계화, 민족주의, 그리고 자유무역.

## 세계화

신자유주의자들은 세계화를 진화의 과정이라고 선전했다. 그들은 "세계화는 불가피하다", "반세계화론자들은 미래를 두려하는 과거 동경적인 러다이트(Luddite, 신기술 반대자를 뜻하는 말로 18세기 산업혁명에 반대해 영국에서 일어난 기계파괴 운동에서 파생됨_편집자 주)들이다", "다른 대안은 없다"라고 말한다. 미디어는 소유주의 지휘 아래 WTO와 세계화를 비판하는 사람들을 평평한 지구인들, 건달, 무뢰한, 심지어는 테러리스트라고 비난한다. 여기에는 대화가 없고 비판을 비켜가기 위한 '뉴스피크'만 있을 뿐이다.

신자유주의자들은 세계화가 불가피하다고 하지만, 그건 사실 정치적 선택의 문제에 불과하다. 그들은 세계화가 국가와 문화 간의 상호의존과 협동에 관한 것이며, 통신과 운송 기술의 발달은 외국 문화를 더 높게 평가하도록 자극한다고 주장한다. 이는 반쪽짜리 진실이다. 세계화는 인간과 환경을 희생시켜 자신의 이윤을 추구하기 위해 각국 정부에 압력을 행사하는 초국적 기업의 작품이다. 이 과정에 세계의 분열과 갈등에 대한 책임이 있다.

신자유주의 경제학에 반대하는 대부분의 사람은 대개 협동을 좋아하고, 그것이 인권과 환경 문제를 해결하는 길이라고 믿는다. 이들은 다른 문화로부터 배울 필요성이 있다고 생각하고, 문화적 다양성과 통합 필요성도 인식하고 있다. 이들은 경제 시스템을 기업의 욕망보다는 인간과 자연의 요구에 부합하는 것으로 변화시키려고 한다.


## 민족주의

신자유주의자들은 반대론자들의 이데올로기를 '민족주의'와 '보호주의'라고 매도한다. 그렇게 신자유주의 반대 교리를 나치즘 혹은 1930년대 미국의 대공황과 같은 부정적인 개념들과 동일시하도록 만든다. 우리는 앞서 '보호주의'라는 단어에 담긴 신자유주의자들의 위선을 살펴보았다. 여기서는 '민족주의'에 대해서 살펴보자.

신자유주의자들은 자신들을 시류에 맞춰가는 자애로운 '국제주의자'로 포지셔닝 하고자 애를 쓴다. 그들의 반대자는 시류에 역행하는 감상적인 '민족주의자'로 미래를 두려워해 옛것을 지지하고 지난 정책을 옹호하는 형편없는 '보호주의자'라고 주장한다. 정말 그럴까?

먼저 당신 나라의 가치와 문화, 지역 공동체와 복지 상태, 식량 안전 보장, 지역 기업들이 외국의 약탈자로부터 보호받기를 원하는 게 잘못된 일까? 물론 그렇지 않다. 주권 국가는 외국으로부터 간섭받지 않을 권리가 있으며, 정부가 존재하는 근본적인 이유 중에 하나가 그것이다. 국가의 가치를 보호하는 것은 인종적 우월주의와는 아무런 관련이 없다. 그런데도 신자유주의자들은 그럴 것이라고 암시한다. 당신의 문화와 전통은 정당하게 보호받을 권리가 있다. 혼란을 피하기 위해 그러한 사람들을 '문화적 민족주의자'라고 부르기로 하자.

신자유주의자들은 국경은 과거의 산물이라며 '국경 없는 세계'에 대해 말하는 것을 즐긴다. 이는 다국적 기업에게는 이익이겠지만 나머지 세계에는 재앙이 될 수 있다. 우리의 문화적 유산이 끝나는 출발점이 될 수 있다. 문화적 다양성은 생태적 다양성과 같이 매우 중요하다. 그것이야말로 문명의 가장 위대한 유산이다. 세계인들이 끊임없이 교류하는 '지구촌'을 육성한다는 긍정적인 관점에서 국제주의자가 되는 것과, 당신이 태어난 나라와 문화를 외국의 상업적 착취로부터 보호하고 다른 문화에도 같은 권리를 보호해주는 문화적 민족주의자가 되는 것 사이에 모순이 있을 리 없다. 이런 관점에서 보면 대부분의 반세계화론자들은 국제주의자면서 문화적 민족주의자다. ATTAC가 말하듯이 그들은 세계화를 반대하는 것이 아니라 신자유주의라는 기업 주도의 세계화를 반대할 뿐이다.

신자유주의자들은 부도덕한 국가들이 무역 상대국으로부터 불공정한 이익을 얻으려는 목적으로 사회적·환경적 보호라는 명분을 이용한다고 주장한다. 그래서 좁게 정의된 국가 안보라든가 보편적으로 인정받는 과학적 증거 등의 이유가 아니면 무역에 어떤 제약도 가해서는 안 된다는 해법을 제시한다. 이러한 보호막이 없다면 WTO의 지배에 따라 모두의 목구멍에 해외 제품이 밀려들어 올 테고 처참한 사회적·환경적 결과가 야기될 것이다. 우리의 관점에서 이 문제에 대한 보다 좋은 해결책은 외국 자본의 품으로 주권 국가의 권리를 넘겨주라는 요구를 하지 않는 것이다. 국가가 합법적으로 사회적·환경적 이익을 지킬 수 있는 권리를 부정하는 시스템은 결코 받아들여서는 안 될 것이다.

케인스는 국제주의자가 되는 것과 자유무역의 옹호자가 되는 것의 차이점을 누구보다 잘 이해했다. 그는 무역 문제에 관해서는 스미스와 리카도의 편이었다. 무역 정책을 사회 구성원들의 더 나은 삶의 문제로 보았지 이데올로기적 신념 체계로 보지는 않았다. 그는 규제되지 않은 자본의 자유로운 이동에 반대했으며, 경제의 중추는 강력한 지역 공동체라고 생각했다. 그는 오늘날로 치면 '자유시장'과 WTO의 반대자였으며, 국제주의자이자 문화적 민족주의자였다. 예를 들면 그는 "아이디어와 지식, 예술, 여행 등은 속성상 국제주의여야 한다. 하지만 금융은 주로 국가적이어야 한다"고 말했다.[4] 케인스가 오늘날 살아 있었다면 반세계화론자로서 시위를 하거나 반대 의견을 피력하는 글을 쓰고 있었을 것이다.

두 번째로 외국 자본이 당신 나라의 경제 구조와 우선권에 대해 당신네 국민보다 더 많이 발언할 수 있는 어떤 타당한 이유가 있는가? 물론 없다. 당신이 이에 동의한다면 당신은 '반세계화' 운동이 무엇에 관한 것인지를 이해하는 첫 번째 단계에 들어와 있는 것이다. 신자유주의 경제학은 효율, 자유, 민주주의, 국제주의 등에 관한 것이 아니라 강자의 약자 착취에 관한 것이다.

여기에서 민족주의에 관한 추가적 설명이 필요하다. 대부분의 국가에서는 소수 우익들이 인종 차별, 이기주의, 전투, 무정부주의, 반정부주의 등과 같은 여러 가지 부정적 이유로 민족주의 문제를 촉발한다. 이들의 목적과 문화적 민족주의를 혼동해서는 안 된다. 반세계화론자들은 다양하고 비폭력적이며 다문화적·다인종적 세계를 지지한다. 다만 이들 극단주의자들이 종종 반세계화론자들의 평화적인 시위에 참여하기도 하는 것이다. 기업이 통제하는 미디어들은 이를 기회로 '평화적인 반세계화론자=호전적 극단주의자'로 등식화하면서 관련 이슈에 대한 어떤 논쟁도 억제한다.

### '자유'무역 뒤에 숨은 '강요된' 무역

일반적인 의미의 '자유' 무역은 재화와 노동, 자본의 흐름에 대한 제약이 없고 국내 사업에 주는 보조금도 없는 것을 뜻한다. 실제로는 전혀 그렇지 않지만, 지금 우리 세계가 자유무역 체제라고 생각해보자. 과연 누구의 '자유'인지 의문이 생길 수밖에 없다. WTO의 규칙에 따르면 이 자유는 당신 나라에 물건을 파는 '외국 기업의 자유'로 규정된다. 특정 제품이 금지되어야 한다면 과학적인 증거, 예를 들어 건강상 유해하다는 증거를 대야 한다. 그렇지 못하면 무조건 수입해야 한다. 전통적인 재화는 물론 지적 재산권과 서비스까지도. 내

분비계를 혼란시키는 성장 호르몬제를 먹인 쇠고기 같은 유전자 변형 식품도 의혹만으로 수입을 규제할 수는 없다. 지역 공동체, 농민, 생태계, 문화적 전통이나 전통적 생활양식을 해친다고 해서 규제하는 것도 안 된다. WTO의 세계에선 제품 안정성의 입증 책임은 생산자가 아니라 소비자에게 있다. 이런 이유로 WTO 체제에 보다 어울리는 이름은 '자유'무역이 아니라 '강요된' 무역이라고 생각하는 것이다. 자유무역이란 용어는 뉴스피크의 또 다른 사례다.

WTO가 이유 없이 '기업 지킴이'라고 칭해지는 것이 아니다. 소비자 보호 운동가 랠프 네이더는 미국에 입법권자들에게 로비를 하고 법률 초안을 작성해주는 기업 간부와 자문가가 800명이나 있는 반면, 이와 같은 로비를 할 자금이 없는 다른 이해관계자들의 영향력은 미미하다고 말했다.[5] 기업의 전략은 국가의 주권을 외국 기업으로 양도하는 것을 세계시민들이 눈치 채지 못하게 하는 것이었다. 존경스럽게도 WTO의 기업 지지자들은 매우 교활하면서도 성공적으로 그 일을 이루었다.


무역 장벽


자유시장주의자들은 재화와 자본의 제약 없는 흐름을 방해하는 것을 묘사하기 위해 '장벽'이란 단어를 즐겨 사용한다. 또 하나의 영리한 언어 사용이다. 무역 체제의 선택이 정부 정책의 한 측면이 되어서는 안 되며, 그럼으로써 무역 자유가 간섭 받아서는 안 되는 성스러운 개념이라는 것을 암시하는 것이다. 이는 '참여 민주주의에 대한 장벽', '국제적 형평성에 대한 장벽', '빈곤 제거에 대한 장벽', '지속 가능성에 대한 장벽', '보편적 인권에 대한 장벽'과 같은 의미를 띠게 되는 것이다.

하지만 실제로는 WTO의 '강요된' 무역이 바로 이런 것들에 대한 장벽이다. 오히려 극소수의 이익에만 봉사하고 60억이 넘는 세계시민들의 자기 결정권을 빼앗는 '강요된 무역'에는 가능한 많은 장벽을 두어야 한다.


## 신자유주의 경제학의 술책

신자유주의 옹호론자들은 사용할 수 있는 지략이 꽤나 많고, 미디어와 정치인에게 압도적인 영향력을 행사할 수 있으며, 자료를 조작할 수 있는 영리함을 지니고 있다. 그렇기에 그들은 대중의 암묵적 지지를 받아내는 데 성공할 수 있었다. 전형적인 술책 중에 하나가 사람들로 하여금 신자유주의와 아무런 상관이 없는 성공 스토리를 믿게 하는 것이다. 예를 들어 제2차 세계대전 이후 증가한 무역을 신자유주의 경제학과 동일시하는 경향이 있다. 무역이 급증한 시기는 신자유주의가 고안되기 이전이라는 사실은 무시한다. 아시아 경제의 성공 스토리 역시 마찬가지다.

## 성공이냐 실패냐

우리가 채택하는 세계관은 문제의 정의와 해결 방식에 엄청난 영향을 미친다. 즉 화폐 중심이냐, 생명 중심이냐 하는 세계관의 차이는 우리가 문제를 어떻게 정의하는가, 문제를 어떻게 풀려고 하는가, 성공을 어떻게 정의하는가에 결정적으로 영향을 미친다. 몇 가지 사례를 통해 이 점을 분명히 할 수 있다. 신자유주의 경제학은 성공인가, 실패인가, 아니면 명백한 재앙인가?

지금부터 신자유주의 지지자와 비판자들이 아주 다르게 설명한 세 가지 사례를 살펴보고자 한다. 신자유주의자들은 종종 이 세 가지 예를 '대단한 성공 스토리'로 인용한다.


## 녹색혁명

녹색혁명이란 단어는 화학비료와 농약, 새로운 종자를 광범위하게 사용하는 서구식 농업이 전통 농업 방식을 대체한, 1960~1970년대 개발도상국에서 실행된 농업 실험과 관련이 있다. 이 실험을 주도한 측은 서구의 원조 기구와 세계은행으로, 개발도상국이 기아를 이겨내고 수입 식량에 덜 의존하려면 이렇게 해서 수확량을 늘려야 한다고 설명했다. 재정적 지원에 힘입어 '경제 기적'이라고 불리는 이 실험은 현재까지 진행되고 있으며, 인도를 '가장 성공적인' 사례라고 소개하고 있다.[6] 사람들에게도 이 같은 인식이 널리 펴져 있다. 기업이 미디어를 통해 '기적'이란 말을 계속 주입하고 있기 때문이다.

하지만 실제 수치를 조금만 들여다봐도 그런 주장이 사실과 매우 다름을 알 수 있다. 세계은행 개발리서치그룹의 링쿠 무가이 박사는 다음과 같은 평가 결과를 내놓았다. 인프라의 변화와 경작 면적 증가의 영향을 배제한 총 요소 생산성으로 본 평균 산출량의 증가율은 녹색혁명기인 1965~1973년에 연 1.3퍼센트, 그 다음 기간인 1974~1984년에 연 1.8퍼센트였다. 이걸 어떻게 '기적'이라고 평할 수 있나. 그나마 증가분의 대부분이 농업용수를 지하에서 더 많이 퍼 올렸기 때문이며, 이는 지속 가능한 방법이 아니어서 현재 이 지역에 엄청난 문제를 야기했다.[7]

비화폐적 측면을 포함해 생명 근원적인 관점에서 이 실험을 평가하자면 인도의 환경운동가인 반다나 시바가 말한 '완전한 재앙'과 유사하다. 그녀는 화폐 중심의 세계관은 시장성이 있는 상품의 거래만 측정한다고 지적한다. 반면 전통 농업은 시장성 없는 작물들을 포함해서 같은 공간에 있는 수많은 작물들도 포함시킨다고 한다. 그녀는 "콩과 같은 질소 고정(질소가스를 생물학적으로 유용한 형태로 사용할 수 있게 전환시키는 작용_편집자 주) 작물이 사라졌다. 토양에 유기물질을 가져다주어 수확량을 늘리는 기장 역시 '수익이 안 나는' 농작물로 거부당했다. 시장에서 거래되는 않지만 토양을 유지하기 위한 투입물로 사용되는 생물학적 산물은 녹색혁명의 기적이라는 비용-편익 분석에서 완전히 무시됐다. 그것들은 구매되지 않았기 때문에 투입물

목록에서 사라졌고, 판매되지 않았기 때문에 산출물 목록에서도 사라졌다."고 말했다.[8] 그녀는 이런 요인까지 감안하면 서구의 농업 기술은 '반생산적이고 비효율적'이라고도 주장했다. 그녀는 인도와 멕시코의 농산물 생산량은 녹색혁명 이전이 오히려 더 많았음을 밝히며, 그 이유로 소작농들이 그들의 농장에서 더 많은 이익을 가져가도록 한 토지 개혁을 들었다.

녹색혁명의 심각한 부정적 요소는 사회적·환경적 문제다. 녹색혁명은 대량의 부농을 선호한다. 그들에게는 비료와 화학제품을 구매할 돈이 있기 때문이다. 새로운 기술을 도입할 형편이 안 되는 빈농에게는 이것이 자신의 생활양식을 위협하는 것처럼 느껴진다. 따라서 폭력과 불만, 갈등으로 이어진다. 실제로 1970년대에 농민의 25퍼센트가 사라졌는데, 대부분 소농이었다. 전통적인 농업 방식에 자부심을 가졌던 이들이 마을을 포기하고 대도시의 빈민가로 이주하라는 압력을 받았던 것이다. 소농들은 일자리는 없고 사회에 부담만 주는, 아무런 희망이 없는 미래를 맞고 있는 것이다. 자존감의 상실을 도저히 견딜 수 없었던 많은 농민이 자살을 택했다. 반다나 시바는 "산업적으로 생산된 작물은 다른 생물종의 식량을 도적질해 갔을뿐더러 제3세계의 빈농들에게서도 도적질을 해갔다"고 주장했다.[9]

환경에 미치는 부작용도 재앙적 수준이다. 서구의 화학적 농업은 식량 생산의 장기적인 지속 가능성에 매우 중요한 수많은 토양 미생물을 죽임으로써 토양의 근본을 무시한다. 화학 농업은 질소, 인, 칼리라는 화학적 투입물만으로도 충분히 농사가 가능하다고 상정한다. 하지만 이는 잘못된 생각이다. 식물이 풍부하고 건강하게 자라나려면 아연, 구리, 망간, 마그네슘, 몰리브덴, 붕소 등 미량원소도 필요하다. 유기물 비료에는 이런 요소들이 있지만 화학비료에는 없다. 초기에는 화학적 접근도 잘 작동한다. 1천 년간 쌓아온 기존의 미량 배양지를 기반으로 하기 때문이다. 하지만 그 배양지가 파괴되면 동일한 생산량을 유지하기 위해 매년 더 많은 비료가 필요하게 되고 품질은 더 나빠진다. 그러면 농장은 경제적으로 가치가 없어지고 문을 닫게 된다. 이 때문에 1930년 미국에서는 먼지 사발(dust bowl, 1930년대 7년여 동안 이어진 미국의 대가뭄 시기에 등장한 표현으로 지나친 경작으로 인해 토지가 건조화되어 메마른 흙더미가 날아다니는 것을 지칭_편집자주) 현상이 발생했다.

인도에 수출된 개념이 바로 이것이었고, 비슷한 결과를 야기했다. 시간이 지나면서 점점 더 많은 비료가 필요해졌고 흉작 빈도도 높아졌다. 화학적 농업은 코카인을 흡입하는 것과 비슷하다. 짧은 흥분 뒤에 긴 비참함이 찾아온다. 성장은 도둑질로부터 비롯되었다. 자연으로부터, 우리의 후손으로부터 빼앗아 왔기에 가능했다. 단기적인 금전적 이익을 위해 장기적인 생존 가능성을 희생시킨 것이다. 이것으로도 모자라 이 시스템은 새로운 유형의 토양 유독성을 여러 지역에 발생시키고 있다. 관개로 인해 불소가 생성되고 녹색혁명으로 인해 과다한 알루미늄, 붕소, 철, 몰리브덴, 셀레늄이 생성되는데, 이는 동물 건강은 물론 작물 생산에도 위협이 되고 있다.[10]

좁은 잣대를 들이댄다 해도 녹색혁명은 실패했다. 세계의 굶주리는 사람들의 숫자(중국 제외)는 녹색혁명기인 1970~1990년에 5억 3600만 명에서 5억 9700만 명으로 늘었다. 하지만 같은 기간 중 1인당 가용 식량은 9퍼센트 증가했다. 어째서일까? 식량 증가량의 대부분은 서구로 수출되었을 뿐 개발도상국의 빈민들을 먹이는 데 사용되지 않은 것이다. 이들에게는 식량을 사먹을 돈이 없었다. 이는 시장 기반 시스템의 근본적인 문제점을 적나라하게 드러내는 사례 중 하나다. 돈이 없기 때문에 참여할 수 없는 것이다. 하루에 2달러도 안 되는 돈으로 살아가려고 노력하는 사람이 20억 명이 넘는다.

주요 개발도상국인 중국은 다행히도 이 실험을 피할 수 있었다. 중국은 단지 농민에게 농지에 더 잘 접근할 수 있도록 허용했을 뿐인데 굶주리는 사람의 숫자가 4억 600만 명에서 1억 8900만 명으로 53퍼센트나 감소했다.[11] 이것이야말로 중국의 인상 깊은 기적이라고 볼 수 있다. 하지만 서구의 미디어들은 '중국의 기적'을 언급하지 않는다. 영리한 독자라면 그 이유를 짐작할 것이다. 세계화 옹호론자들은 녹색혁명이 계속되어야 더 큰 성공을 거둘 수 있다고 주장하고 있다.


## 뉴질랜드의 기적

1985~1995년에 뉴질랜드가 한 경험은 신자유주의적 경제 개혁의 성공 사례로 자주 인용된다. 뉴질랜드는 개혁을 통해 돈에 기반을 둔 세계적 사회를 만들려고 했다. 뉴질랜드는 외국 자본에 시장을 개방

하고, 공공 서비스를 민영화하고, 수출 주도형 성장을 촉진하고, 재정 균형을 달성하고, 통화 가치를 절하했다. 오늘날 뉴질랜드는 수출이 급증했고, 통화 가치는 안정됐으며, 경제는 성장세고, 인플레이션은 완만하며, 재정은 흑자라고 자랑한다. 이것이 전직 재무장관인 로저 더글라스와 재계 지도자들이 이뤄냈다고 주장하고 서구 미디어들이 수없이 노래 불렀던 뉴질랜드의 '경제 기적'이다.

하지만 좀 더 자세히 들여다보면 다른 양상이 나타난다. 뉴질랜드 오클랜드대학교의 케이스 랭클린 교수의 말에 따르면 '소수의 사람에게 큰 이익이 돌아간 경제'라고 한다. 그는 그 전에 수년간 성장이 되지 않다가 그 기간에 급격히 성장한 것은 수많은 실업자를 활용한 결과라는 견해를 밝혔다. 투자와 임금 인상의 압력을 받지 않았기 때문이라는 것이다. 하지만 이런 우호적 환경에서조차 성장률이 그리 높지 않았다면서 "뉴질랜드는 경제 기적을 만들어내지 않았다"고 지적했다. 또한 "자유화가 무역을 자극하지 못했으며, 구조조정 역시 생산성을 늘리지 못했다"고 덧붙였다. 그는 "1990년대에 성장이 회복된 건 역사적으로 당연한 일이었다"고 주장한다. 그러면서 그는 "뉴질랜드의 신자유주의적 개혁은 민간 자본의 수익률을 높여주겠다는 단 한 가지 목표를 가지고 있었다. 그게 성공이라면 뉴질랜드는 1990년대 초반에 경제 기적을 이룬 셈이다"라고 야유한다.[12]

이러한 신자유주의적 경험의 충격적인 양상은 드러나고 말았으니, 이 시기에 경제적 수치라는 장막 뒤에서 뉴질랜드에 어떤 일이 벌어졌는지 결국 밝혀졌다. 캐나다 퀼프대학교의 존 맥머티 교수는

"공공 부문 종업원에 대한 사회 지출 프로그램, 소득 보장, 건강 보험과 교육 등에 들어가는 예산은 급감했거나 폐지됐다. 그 후 2년 동안 (1990~1992년) 빈곤이 40퍼센트 늘어났고, 청소년 자살률은 두 배가 늘어났으며, 여성 및 아동에 대한 폭력도 40~50퍼센트가 늘었다. 기업과 부유층이 내야 할 세금은 50퍼센트 삭감됐고, 실업률은 0퍼센트에서 12.8퍼센트로 솟구쳤다"라고 설명했다.[13] 뉴질랜드 노동조합도 "사회보장 혜택에 의존하는 사람들 숫자가 늘어났다. 취업 연령 인구 중 21퍼센트가 사회보장에 기대고 있다. 1985년에는 8퍼센트에 불과했는데 말이다"라고 덧붙였다.[14]

오클랜드대학교의 제인 켈시 교수는 뉴질랜드의 경험에 관한 저작을 출간했는데, 여기서 뉴질랜드 정부가 비민주적인 방법으로 신자유주의 개혁을 추진했다고 밝혔다.[15] 당시 더글러스 장관은 극소수의 신자유주의적 '테크노크라트'(technocrat, 큰 권력을 행사하는 과학 기술 전문가_편집자 주)와 '테크노폴'(technopol, 기술 분야에 전문성을 갖춘 정치인_편집자 주)과 일을 추진하면서 몇 가지 원칙을 세웠다고 한다. "변덕 심한 유권자에게 털어놓을 때의 위험을 늘 생각하라." "개혁이 나중에 뒤집어지지 않도록 각종 법과 제도에 대못을 단단히 박아라." "대중이나 유권자들의 저항을 늘 경계하라."[16]

## 북미자유무역협정

1994년 1월, 북미자유무역협정(NAFTA)이 발효될 당시 미국 경제계는 미국에 새로운 고소득 일자리가 창출될 것이라는 둥, 멕시코와 캐나다는 임금이 인상되고 근로환경이 개선될 전망이라는 둥, 모두에게 좋은 협상이라고 대대적인 선전을 했다. 이에 반해 미국의 많은 시민단체와 노동조합은 일자리가 멕시코로 수출될 것이라고 우려하며 반대했다. 하지만 이들의 반대는 미국 경제계의 대대적인 로비에 의해 밀려났다. 『포춘』지 선정 500대 기업을 포함해 미국의 2000개가 넘는 기업이 NAFTA를 지지하는 단체인 USA NAFTA를 결성한 것이 그 대표적 예다. 그들은 백악관의 도움을 받으면서 의원들에게 당근과 채찍을 휘둘렀다. 자신들을 지원해주면 선거구에 더 많은 일자리를 약속해주겠지만, 그렇지 않으면 향후 선거 때 기부하지 않겠다고 위협했다. 기업 소유의 미디어는 비판자들을 '길 잃은 러다이트', '보호주의자', '호의적인 무역조약들을 죽이고 싶어 하는 반동분자'라고 비난하며 이를 지원했다.[17]

　그런데 현재 상황은 어떠한가? 지금도 미디어는 어떠한 비판도 없이 "경제적으로 아주 달콤한 거래였다", "대통령은 주저 말고 성공을 선언해야 한다", "멕시코에 아주 좋은 일", "많은 무역 가족이 창출됐다"라고 성공의 노래를 부르며 "자유무역은 미국 경제를 위한 좋은 일이었어요"라는 인상을 불러일으킨다. 그러면서 지지자들은 이제 그것을 아메리카 대륙 전체로 확장하고 싶어 한다. 바로 미주자유무역 지대(FTAA, 아메리카 대륙 34개국의 경제를 자유무역 체제로 묶는 협정으로 1994년부터 논의가 시작되었지만 아직 미완성임_옮긴이 주)다.

그러나 미국의 대표적인 비영리 싱크탱크인 경제정책연구소(EPI)는 NAFTA가 멕시코의 경제성장에 부정적인 영향을 미쳤다고 주장한다.[18] 대대적인 선전을 하면서 약속한 것과는 달리 정반대의 결과, 즉 일자리를 창출하기는커녕 76만 6000개의 일자리를 앗아갔다는 것이다. 그 일자리는 시간당 임금이 0.8달러에 불과한 멕시코의 마킬라도라(maquiladora, 멕시코의 싼 노동력을 활용한 기계산업단지로 미국과의 국경 지대에 인접해 있음_옮긴이 주)로 이전됐다. 국경을 따라 건설된 이들 공장의 근로 및 생활 여건은 개탄스러울 정도다. 하수는 아무렇게나 리오그란데 강에 뿌려지고, 노동조합은 거의 없으며, 노동자들은 주당 60~70시간 일한다. NAFTA는 미국의 경제에도 도움이 되지 못했다. 미국의 대(對) 멕시코 및 캐나다 무역 적자도 줄어들기는커녕, 2000년까지 무려 네 배(166억 달러에서 628억 달러로)가 늘어났다. 더욱이 미국에서는 실업이 증가해 고등교육을 받지 못한 노동자들의 임금을 낮춰야 하는 상황에 맞닥뜨렸다.

멕시코에서도 NAFTA가 노동자들에게 도움이 되지 못했다. 1991~1998년간 봉급생활자의 소득은 25퍼센트나 하락했고 자영업자의 소득은 40퍼센트 하락했다. 1990년대에 멕시코의 임금은 최소 50퍼센트 하락했고 구매력도 떨어졌다. 마킬라도라에서는 일자리가 늘어났지만 멕시코 경제에는 보탬이 되지 않았다. 가장 큰 수혜자는 임금이 아홉 배나 싼 멕시코 노동자를 고용한 미국 기업이었다. 멕시코에서는 구할 수 있는 일자리가 점점 줄고, 경제 회복도 요원해져갔다.

EPI에 따르면 캐나다 역시 NAFTA 때문에 27만 6000개의 일자리가 사라졌다고 한다. 캐나다는 경쟁력을 높이기 위해 공공 지출을 GDP의 5퍼센트나 삭감했다. 기업에 감세를 해주면서 사회 안정망에 대한 지출을 줄인 것이다. 1990년대 말에는 경제성장률이 1930년대 이후 가장 낮았고, 실업률은 무려 9.6퍼센트에 달했으며, 소득 불평등은 과거보다 훨씬 심해졌다.

그런데 어떻게 미디어는 NAFTA가 성공이라고 계속 떠드는 것일까? 미디어를 누가 소유하고 있는지를 안다면 답은 분명하다. 이들 지지자들은 분명히 혜택을 입었다. 더 이상 놀랄 일도 아니다. NAFTA의 수혜자들은 오직 값싸고 규제받지 않는 노동력과 통제받지 않는 환경, 법인세 삭감 등을 통해 막대한 이윤을 챙길 수 있었던 기업의 주주들이다. 미국의 스탠다드앤드푸어의 주가지수가 1990년대에 10년간 무려 300퍼센트나 올랐다는 것은 그리 놀랍지도 않다.


반미주의는 아니다

우리는 반미주의자가 아니다. 단지 신자유주의에 반대하는 것뿐이다. '반미주의'라는 표현 자체가 신자유주의자들의 뉴스피크다. 현 체제의 수혜자들이 사람들을 혼란에 빠뜨리도록 하려는 수사에 불과하다. 그들은 우리가 미국 정부와 미국인을 동일시한다고 주장한다. 그렇지 않다. 우리는 미국인을 다른 사람들과 똑같이 존중한다. 다만 지난 수십 년 동안 행해져온 미국 정부의 기업 중심 정책을 비판할 뿐이다. 우리는 그저 1995년에 행한 설문조사에서 "미국 정부는 자신의 이익만을 돌보는 소수의 거대 이익집단에 의해 운영되고 있다"[19]라는 문항에 동의한 79퍼센트의 미국인을 지지한다. 우리가 반미주의자라면 이 79퍼센트의 미국인도 반미주의자다. 많은 미국인이 그들 정부의 정책을 반대하는 것이 현실이다.

# 5장

# 자유무역인가, 강요된 무역인가

이론상으로 '자유무역'은 재화의 자유로운 흐름을 가로막는 모든 제약을 제거하고, 자본과 노동력이 국경을 넘어 이동할 시 조금의 제한도 없어야 하며, 산업에 대한 직·간접적인 보조금을 모두 철폐하는 것이다. 미디어가 대중에게 주입하는 내용도 '평평한 운동장'의 원리에 근거한 이런 체제가 '불가피'하며 '다른 대안은 없다'라는 것이다. IMF와 세계은행이 회원국들에게 돈을 빌려주는 조건을 설명할 때도 '구조조정 프로그램'이라고 불리는 이러한 체제를 내건다. 이러한 체제만이 전 세계에 '민주적 자본주의'를 적용하고 빈곤을 퇴치할 수 있다는 것이다. 하지만 이제부터 살펴볼 내용에 의하면 이론과 현실은 전혀 다르다는 것을 알게 될 것이다.


기업 보조금


자유시장 원칙의 가장 노골적인 속임수 중 하나가 부자 선진국, 특히 미국과 일본, 유럽이 자국 산업에 막대한 보조금을 주는 등 보호주의 정책을 유지하고 있다는 점이다. 추정치마다 조금씩 차이가 있을 뿐 보조금 액수는 엄청나다. 『타임』지는 미국 기업이 받는 보조금이 연간 1250억 달러라고 했다.[1] 자유주의 성향의 싱크탱크인 케이토연구소는 의회 청문회에서 연간 750억 달러로 추산된다고 증언했다.[2] 『보스턴글로브』지는 1996년에 쓴 기사에서 1500억 달러로 추산했다. 1997년 미국 기업의 총 매출액이 3250억 달러였으니 보조금이 얼마나 많았는지를 미뤄 짐작할 수 있다. 반면 복지 국가의 핵심 프로그램에 소요되는 비용은 대략 1450억 달러.[3]

미국의 대외 원조금액은 2001년에 109억 달러 정도였다. 그중 84퍼센트가 미국 제품과 서비스를 사는 데 들어간다.[4] 결국 순수한 원조금액은 15억 달러에 지나지 않는다. 미국 기업 보조금의 1퍼센트밖에 안 된다는 얘기다. 그렇다고 미국이 대외 원조액을 늘려야 한다고 주장하는 것은 아니다. 그 자체가 신자유주의 경제 시스템과 연결되어 있어 원조가 해당 국가에 도움을 주는 경우는 거의 없기 때문이다.

## 농업 보조금

유럽과 일본은 수치를 구하기가 더 어렵다. 하지만 1994년을 기준으로 WTO 규정은 EU가 농업 보조금을 줄 수 있는 한도를 연간 600억 달러로 정해놓았다. 일본의 경우는 300억 달러였다.[5] 미국은 500억 달러로 2002년에 80퍼센트 인상된 이후의 수치인데, 당시 국제사회를 들끓게 했다. 왜냐하면 2002년 남아프리카공화국의 요하네스버그에서 열린 지구정상회의는 지속 가능한 세계를 어떻게 건설하고 개발도상국의 빈곤을 어떻게 줄일지를 논의하는 자리였는데, 갑자기 미국이 보조금을 올렸기 때문이다. 이는 WTO 회원국들의 뺨을 때린 꼴이었다. 2001년에 열린 WTO 도하라운드의 주요 주제가 보조금 감축이었기 때문이다. 같은 자료에 따르면 그때 EU의 농업 보조금은 450억 유로(약 580억 달러)였다.[6]

그러면 다른 나라들은 어떨까? 29개의 부국으로 구성된 경제협력개발기구(OECD)는 총 농업 보조금이 1999년에 3600억 달러로[7] 대외 원조 총액인 540억 달러의 일곱 배쯤 되었다. 개발도상국의 농민 보조금은 570억 달러 정도였다.[8] OECD가 농업 보조금을 15퍼센트만 삭감해도 원조액을 두 배로 늘릴 수 있다는 얘기다. 공공지출연구소에 따르면 농업과 에너지, 물, 도로, 운송 등 4개 분야에 대한 전 세계의 보조금이 무려 연간 7000억 달러에 달한다. 이는 개발도상국에 대한 원조 2300억 달러를 포함한 수치다. 이러한 보조금이 화석연료의 사용을 장려하고, 부자에게 혜택을 주며, 가난한 사람을

불리하게 만든다. 여기에는 아주 상당한 환경적·사회적 간접 비용은 포함되어 있지 않다.[9)]

보조금이 실제로 어떻게 작동하는지를 살펴보기 위해 특정 산업을 예로 들어보겠다. 설탕과 커피, 면화는 개발도상국에 특히 중요한 산업들이다. 다음은 '야만적이고 무식한 반세계화론자들'이 아닌 WTO의 전 사무총장 마이크 무어가 한 말이다.

"사탕무 산업과 사탕수수 농장을 통제했던 미국의 생산자들은 보호주의를 이용해 막대한 이익을 챙겼다. 미국은 가격지지 정책과 관세율 할당(특정 제품의 수입에 대해 일정 수량까지는 저율의 관세를 부과하고 이를 초과하면 고율의 관세를 부과하는 제도_옮긴이 주) 등의 수입 규제 정책을 통해 자국 설탕 산업을 지원해왔다. 그래서 설탕 수출 국가들은 미국에서 통상적인 관세율로는 극히 소량만 팔 수 있었고, 그 이상 수출하려면 150퍼센트나 되는 관세를 물어야 했다. 이러한 설탕 수입 규제와 가격지지 정책으로 설탕 소비자들은 1998년에 190억 달러를 지불해야 했다. 대신 미국 내 사탕무 및 사탕수수 생산자들은 10억 달러의 이익을 보았다. 더욱이 이 이익 중 42퍼센트는 1퍼센트밖에 되지 않는 대규모 농가에 돌아갔다."

"커피와 면화 역시 설탕만큼 비극적이다. 10년 전 산업 규모는 300억 달러였고, 농민들은 100억 달러를 받아 갔다. 하지만 지금은 600억 달러로 규모는 커졌지만 농민의 몫은 55억 달러로 줄어들었다. 1930년대 대공황 당시의 가격보다 낮기 때문이다. 이는 국제기구와 시장을 왜곡하는 정부의 보조금, 소비자에게 더 낮은 가격으로 팔지 않는 거대 기업들 때문에 발생한 슬픈 이야기다."

"2001년 미국 농민들은 정부로부터 34억 달러를 보조받아 43억 8000만 킬로그램이라는 기록적인 면화 수확량을 올렸다. 서부 아프리카는 세계 3위의 면화 수입 지역인데, 이 지역의 가장 큰 면화 생산지인 말리의 농민들 역시 같은 해 무려 2억 킬로그램이라는 기록적인 수확량을 거둬들였다. 하지만 말리는 보조금이 없었기에 말리의 국영 면화 회사는 큰 손실을 봤다. 가격이 1995년 이후 66퍼센트나 떨어졌으며 올해도 10퍼센트 하락했기 때문이다. IMF와 세계은행은 미국이 보조금을 중단하면 생산이 줄고, 면화 가격이 올라가면서 서부 및 중부 아프리카 국가들이 매년 2억 5000만 달러의 이익을 볼 것이라고 전망했다."

"설탕이나 커피, 면화 등의 농업 무역 정책은 가난한 나라들이 부자 나라로 수출하는 것을 가로막는 것이다. 근본적인 개혁이 없다면 가난한 나라들의 빈곤을 줄이려는 노력은 실패할 수밖에 없다."[10]

WTO 전 사무총장의 언급은 그동안 비판자들을 따돌리고 조롱해온 자유시장 옹호자들에게는 상당한 타격이 될 것이다. 그들과 한패였던 사람의 이러한 언급은 사실 반세계화론자들이 줄곧 주창해온 것이다. 다만 지금까지 미디어로부터 무시당하고 조롱받았던 것일 뿐. 우리는 이 발언을 통해서 우선 반세계화론자들의 주장이 틀리지 않았다는 점을 확인할 수 있다. 그리고 마이크 무어와 같은 자유시장 지지자들도 세계의 빈민들이 더 잘사는 걸 보고 싶어 하며, 선진국들이 무역 정책에서 덜 위선적이기를 바란다는 점을 알 수 있다.

이쯤에서 드는 의문. 마이크 무어 같은 내부자들도 진정한 개혁이 일어나기를 원하는데 왜 부국들의 자세는 변하지 않는 것일까? 아마도 변화에 대한 저항이 아주 깊이 뿌리박혀 있기 때문일 것이다. 후기 근대 사회가 죽어가고 있지만 여전히 살아 있는 데카르트·뉴턴식의 세계관의 영향을 받아 구조화됐기 때문이다. 결국 세계관을 바꿔야 시스템을 개혁할 수 있다는 의미다.

마이크 무어의 설탕 산업에 대한 언급에 사족을 붙이자면 EU도 마찬가지라는 것이다. 비효율적인 설탕 산업을 보호하기 위해 수입 관세를 무려 145퍼센트나 부과하고 있다.[11]


## WTO의 관점

논리적으로는 보조금도 '무역 장벽'이다. 그런데 그렇게 인식되지 않고 있다. 부유한 OECD 국가들이 그런 인식을 받아들일 수 없기 때문이다. 그들의 아젠다가 다른 나라에는 '강요된 무역'을 강제하고 자신들은 보호주의 전통을 유지하는 것이기 때문이다. 그런 이유로 WTO 규정에 보조금에 관한 항목이 공식적으로 명시되어 있다. 이 중성을 보여주는 명백한 사례다.

거대 기업들은 자신의 경쟁자들에게는 자유무역과 경쟁이 적용되길 원한다. 하지만 자신들에게 적용되는 것은 원하지 않는다. 막대한 보조금을 받는 거대한 다국적 기업들에게 이 게임의 이름은 보조금 따 먹기, 그리고 인수합병과 카르텔을 통한 경쟁 극소화하기다. 그렇게 그들의 공급자들에게 경쟁 아니면 죽음을 강요한다. 이 게임은 거대 기업과 로비스트들에게 이미 사로잡혀 있는 서구 정치인들의 욕구와도 부합하며, 같이 약탈에 참여한 개발도상국 엘리트들의 이익에도 부합한다.

이런 것들은 신자유주의 이론과는 아무런 상관이 없다. 신자유주의자들에게 이론은 대중을 향한 연설 및 텔레비전 코멘트 용도일 뿐이다. 보시다시피 실세계에서 무역의 목적은 모든 나라의 부를 극대화하는 것이 아니라 초국적 기업과 개발도상국 엘리트 동료들의 부를 극대화하는 것이다. 이들에게 위선이 문제가 될 리 없다. 그들의 홍보 조직이 미디어를 통제할 수 있고 대중을 계속 어둠 속에 둘 수 있기 때문이다.


간접 보조금


우리가 총비용 회계 시스템을 쓰고 있다면 간접 보조금도 기업에 부과되어야 할 비용이다. 하지만 실제로는 납세자와 소비자들이 대신 부담하고 있다. 간접 보조금은 경제학들이 '외부성'이라고 칭하는 것, 즉 기업활동을 하는 데 있어서 부담해야 하지만 부담하지 않는 비용 또는 기업이 초래한 부수적 피해인데도 기업 계정에 포함되어 있지 않은 비용이다. 자동차의 배기가스 및 공장 굴뚝의 연기 배출, 흡연, 화학물질이 생태계에 미치는 영향, 식품 첨가제와 환경 호르몬 등이 그 예다. 물론 지구 온난화에 따른 사회적 비용도 해당된다. 가족 및 지역 공동체의 해체나 범죄 증가 등의 사회적 비용도 간접 보조금에 포함되어야 한다.

그러나 간접 보조금은 종종 더욱 교묘해지고 그렇게 쉽게 파악되지 않는다. 예를 들어, 공공 지원을 받는 대학 및 연구소에서 얻은 연구 결과를 민간 기업이 공짜나 대단히 저렴한 비용으로 이용할 수 있다(특히 제약산업). 또한 고속도로나 공항, 항만, 이동통신 시스템 등도 공공 지원을 받아 건설되지만 혜택을 보는 건 시민들이 아니라 기업들이다. 게다가 직접 보조금은 간접적 영향을 미치기도 한다. 예를 들면 항공유 면세 등의 화석연료 보조금으로 도시가 팽창되고 교통 체증이 유발되고 비효율적인 장거리 운송이 늘어나는 것 등이다.

이해관계자동맹(Stakeholder Alliance, 주주에게만 말고 이해관계자에 대해서도 기업이 책임을 지도록 기업 시스템을 바꾸려고 하는 시민단체_옮긴이 주)의 책임자이자 회계사인 랠프 에스테는 미국의 간접 보조금이 얼마나 되는지를 추산해보았는데, 1991년에 무려 2조 5000억 달러에 달했다. 직접 보조금의 20배나 되는 금액이다.[12]

물론 각 항목이 적절한지, 추정치는 타당한지 등에 대한 논쟁의 여지는 있다. 하지만 먼저 지적할 사항은 설령 항목을 수정한다고 하더라도 제품의 사회적 가격이 매우 저평가되어 있다는 점이다. 그런데도 WTO의 자유무역 모델이 최적의 자원 배분을 가져온다고 주장하는 것은 잘못이다. 국가와 세계화 전략에 관해 언급할 때 의미 있는

| 자원 유형 | 에너지 회수율 |
|---|---|
| **노동자에 대한 비용** | |
| – 차별 | 165.1 |
| – 직장 내 부상 및 사고 | 141.6 |
| – 암으로 인한 직장에서의 사망 | 274.7 |
| – 직장 내 다른 질환 및 질병 | – |
| – 직장 내 다른 비용(성적 학대, 모욕 등) | – |
| 소계 | 581.4 |
| **고객에 대한 비용** | |
| – 가격 담합 의혹, 독점 판매, 허위 광고 비용 | 1166.1 |
| – 안전하지 않은 차량의 비용 | 135.8 |
| – 흡연 비용 | 53.9 |
| – 제품으로 인한 부상 | 18.4 |
| – 개인, 건강, 식품에 대한 의료/부상 비용 | – |
| 소계 | 1374.2 |
| **공동체에 대한 비용** | |
| **고정 오염원으로 인한 공기 오염** | |
| – 건강 비용 | 225.9 |
| – 건축학적 손상 | 13.3 |
| – 가구의 토양 오염 | 17.3 |
| – 산성비로 인한 식물 손상 | 5.9 |
| **이동 오염원으로 인한 공기 오염** | |
| – 건강 비용 | 1.7 |
| – 작물 손실 | 3.1 |
| – 부식 및 다른 물질적 손상 | 1.1 |

| | |
|---|---|
| − 부가적인 부동산 가치의 손상 | 2.6 |
| **수질오염** | |
| − 여가 활동의 방해(낚시, 보트 타기, 수영, 물새 사냥) | 10.9 |
| − 어업의 손실 | 2.4 |
| − 건강 훼손(질병률과 사망률) | 1.1 |
| − 세간 및 각종 기기의 손상 | 0.3 |
| − 미관상 비용 | 2.2 |
| **유해 폐기물** | |
| − 있는 곳 청소하기 | 20.0 |
| − 지금 나온 쓰레기의 비용 | − |
| − 소음 공해 | − |
| − 미적 혐오 | − |
| 소계 | 307.8 |
| | |
| **국가에 대한 비용** | |
| − 방위 계약 과다 청구 | 25.9 |
| **다른 기업의 범죄** | |
| − 소득세 사기 | 2.9 |
| − 연방 규제 위반 | 39.1 |
| − 뇌물, 강탈, 리베이트 | 14.6 |
| − 추정되지 않은 다른 범죄 비용 | 82.5 |
| 소계 | 165.0 |
| **총계(1991년 달러 기준)** | **2428.4** |

것은 사회적 가격이지 제품을 소비자에게 판매할 때의 가격, 즉 기업에 보조금을 준 이후의 가격이 아니다.

두 번째로 지적해야 할 사항은 간접 보조금이 경제 분석의 주제가되지 않는 이유가 무엇인가 하는 점이다. 미래에 대해 합리적인 결정을 내리려면 진정한 생산비인 사회적 총생산 비용을 아는 게 대단히 중요한데도 말이다. 결국 이 의문에 대한 답은 이러한 외부성의 영역이 신자유주의 경제학의 관점에서는 말 그대로 '외부적'이기 때문이라는 것이다.

에스테가 추정한 비용은 엄청난데도 그는 화폐 가치로 표현할 수 없는 다른 간접비의 종류는 추정하거나 언급하지 않았다. 우리는 이제 그 부분에 대해 간략히 살펴보고자 한다. 더불어 우리 사회에 가장 유해한 보조금도 몇 개 살펴보고자 한다.


치외법권적 손해


우리의 산업 생산 모델에서 가장 중요한 간접비 부문은 환경비용으로, 이는 국경을 넘어 지구상 모든 사람에게 영향을 미친다. 단일작물 생산의 증가와 생물의 다양성 감소로 인해 작물이 바이러스와 해충에 취약해지고, 단일작물 생산이 늘어나면서 화학물질의 대량 사용으로 인해 바다가 오염됐다. 화석연료에서 이산화탄소 배출이 늘어나면서 지구 온난화가 진행됐고, 프레온 가스와 할로겐 화합물의 방출로 오존층에 구멍이 뚫리면서 해로운 자외선이 차단되지 않고 그대로 지표면에 들어오고 있다. 유전자 변형 식품 때문에 유전자 교차 위험이 발생하고, 일부 지역에서는 어류가 남획되고 있으며, 처분 불가능한 핵연료가 축적되고, 열대 우림이 벌목되고 있으며, 개체가 소멸하고 있다.

하지만 이러한 변화들이 우리에게 미치는 영향을 계량화하기란 대단히 어렵다. 그러니 사람들이 별다른 안전망을 갖추지 않은 채 단기간에 이익을 볼 목적으로 생태적 실험을 하고 있는 것이다. 이러한 엄청난 변화가 장기간 계속되면 인류에 치명적이거나 대재앙이 될 수 있는데도 말이다.


## 에너지 보조금

잘못된 에너지 정책으로 인해 야기되는 환경 훼손 때문에 에너지 보조금은 특히 주목되어야 한다. 서구의 현존 경제 시스템은 두 가지 중요한 원칙, 곧 값싼 에너지와 집중화된 구조에 의거한다. 이 둘은 서로 관련되어 있으며 보통 사람들이 생각하는 것보다 보조금이 꽤 많다. 비영리 단체인 에너지절약동맹은 미국의 에너지 산업 부문이 연간 210~360억 달러의 보조금을 받았다고 추정한다. 석유는 무려 75년간 보조금을 받았다.[13] 민간 정유회사의 경우는 외국에서 사업할 때의 위험성에 대한 보장을 정부기관인 해외민간투자공사에서 받았다. 물론 이는 납세자의 돈이다.

종종 간과되는 석유 간접 보조금이 군대인데, 군대의 주요 임무 중하나가 미국으로 유입되는 석유를 보호하는 것이다. 이런 식으로 미국 정유산업에 지원되는 보조금은 570억 달러로 추산된다. 배럴당 9달러다.[14] 1991년 걸프 전 당시 서구로 석유가 안전하게 유입되도록 하기 위해 지불한 돈이 600억 달러가 넘었다. 여기에는 이라크와 생태계에 미친 비용은 포함되어 있지 않다.[15] 세계은행의 수석 이코노미스트를 지낸 조지프 스티글리츠 교수는 2003년 이라크 전쟁 비용을 2000억~1조 달러로 추정했다.

미국은 다양한 공공 프로그램을 통해 석탄산업에도 매년 20~30억 달러의 보조금을 지원한다. 석탄 생산은 환경에 특히 해로운데, 그 비용은 모두 납세자에게 전가된다. 영국의 학자들은 환경비용을 내부화하면, 즉 소비자에게 이 비용을 다 받는다고 하면 영국의 석탄 가격은 킬로와트당 0.1파운드에서 1파운드(약 1800원)로 10배가 될 것이라고 추정한다.[16]

미국의 원자력 에너지 산업도 두 군데서 보조금을 받는다. 사고가 나면 민간 기업들은 프라이스앤더슨 법(Price-Anderson Act, 미국 하원의원 멜빈 프라이스와 상원의원 클린턴 앤더슨이 원자력 개발 촉진을 목적으로 발의해 1975년에 제정된 법으로, 원자력 사고 발생 시 민간 사업자의 책임 한도를 정하고 남은 부분은 정부가 부담하는 법안_옮긴이 주)에 따라 배상 책임이 최대 100억 달러로 제한된다. 대형사고가 날 경우 민간 보험사들이 보상액을 감당하기 어렵기 때문이다. 그렇다면 100억 달러가 넘을 경우 그 이상의 보상액은 납세자들이 지불해야 한다는 얘기다.

또 다른 보조금은 10만 년이 넘도록 사라지지 않는 핵폐기물을 처리하는 데 드는 비용이다. 핵폐기물을 처리하는 문제는 수십 년간 연구했는데도 아직 적절한 해답을 찾지 못했다. 가장 확실한 방법은 사이클로트론이란 가속 장치에서 핵을 포격하는 일이지만, 워낙 비용이 많이 들어서 실제로는 가능하지 않다.

이에 비해 미국 정부가 1978년부터 1998년까지 20년간 신재생 에너지 연구를 위해 지원한 돈은 5억 달러에 불과했다.[17] 에너지 보조금에 비하면 쥐꼬리만 한 이 대단치 못한 지원도 거대 정유 회사들의 로비를 뚫고 겨우 얻어낸 것이다. 거대 정유회사들은 화석연료 보조금이 계속 지원되어야 한다고 주장한다. 미국 정책은 돈이 결정한다.

지속 불가능한 에너지 생산에 보조금을 주고 신재생 에너지에 충분한 지원을 하지 않는 나라는 미국뿐이 아니다. 세계적인 자연보호 단체인 그린피스는 1990년대 초반 세계은행 및 다른 기관들이 지원한 세계 에너지 보조금은 연 2350~3500억 달러라고 추정했다.[18] 세계 GDP의 2퍼센트, 개발도상국에 대한 해외 원조액의 일곱 배나 되는 돈이다. 또한 EU 및 다른 유럽 국가들이 에너지 생산에 직접 보조하는 돈이 연간 160억 달러라고 하면서 이 가운데 62퍼센트가 화석연료, 29퍼센트가 원자력, 나머지 9퍼센트만이 신재생 에너지에 쓰인다고 밝혔다. 게다가 조세 감면 등과 같은 '숨은 보조금'은 직접 보조금보다 훨씬 더 많다고 덧붙였다. 1974~1997년에 OECD

국가 정부가 민간 기업을 위한 에너지 연구와 개발에 지급한 돈은 2470억 달러인데, 이 중 대부분이 원자력 에너지로 흘러들어갔다.[19] 애덤 스미스가 말했던 것처럼 이러한 보조금 지원과 환경비용의 외부화는 시장 가격을 낮추고 이 때문에 에너지 소비를 과다하게 만든다. 결국 에너지 보조금은 자유시장과 고전파 경제학, 두 이론에 모두 어긋난다.


## 사회적 영향

현 경제 시스템의 영향으로 가장 많이 언급된 것 중에 하나가 빈부격차의 심화로, 개별 국가 내에서는 물론 국가와 국가 간에도 그렇다. 선진국과 개발도상국 모두 부자들에게 이미 막대한 보조금을 주었다. 부국들은 거기에 보호주의 정책까지 펴고 있다. 소득 불평등을 측정할 때 가장 널리 쓰이는 것이 지니계수다. 아래 표에서 보듯이

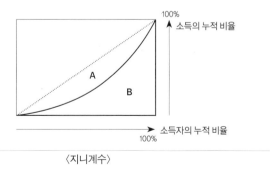

〈지니계수〉

누적 소비 대 인구 비중의 다이어그램을 의미한다.

대각선, 즉 45도선은 완벽한 분배 균등을 나타내고 이때 지니계수는 0이다. '불평등'의 정도는 45도선과 아래 곡선으로 둘러싸인 면적(A)으로 나타나는데, 45도선과 가로선 및 세로선으로 둘러싸인 삼각형의 총 면적(B)에 대한 A를 지니계수라고 부른다. 최댓값은 지니계수가 1일 때로 모든 소득이 한 사람에게 귀속되는 상태를 뜻한다. 지니계수가 0.3 이하면 분배 균등 상태, 0.3~0.4면 수용할 만한 정상 상태, 0.4 이상이면 불균등이 높은 상태, 0.6 이상이면 사회적 불안이 우려되는 상태다.[20]

UNPD가 발표한 글로벌 수치는 충격적이다. 다음 표를 보자. 윗줄은 세계에서 가장 잘사는 20퍼센트 국가의 지니계수를 나타내고, 아랫줄은 가장 못사는 20퍼센트 국가의 계층 간 소득 비율을 나타낸 것이다.[21]

| 구분 | 1960년 | 1970년 | 1980년 | 1989년 | 1998년 |
|---|---|---|---|---|---|
| 지니계수 | 0.54 | 0.57 | 0.60 | 0.65 | 0.70 |
| 상류층 대 빈곤층 | 30 : 1 | 32 : 1 | 45 : 1 | 59 : 1 | 74 : 1 |

신자유주의 시기 이전에도 소득 불평등이 증가한 건 사실이다. 하지만 신자유주의 시기에 '사회적 불안' 영역에 진입했다는 것도 명백한 사실이다.

미국의 경우 최근 지니계수가 무려 0.82에 이른다. 한 세대 전만 해도 미국의 지니계수는 평등주의를 표방하는 스웨덴(0.3 이하)보다도 낮았다. 중간에 대단히 의미 있는 뭔가가 진행됐다는 얘기다. 지니계수가 중요한 까닭은 무엇이 공정하고 합리적인가 하는 도덕적 이슈 때문만은 아니다. 뉴욕대학교의 경제학 교수인 에드워드 울프는 "불평등한 사회일수록 경제성장률이 더 낮다는 증거가 무수히 많다"라고 주장한다.[22]

캐나다, 위니펙대학교의 폴 스티븐슨 박사는 한편으로는 자본주의와 불평등, 다른 한편으로는 불평등과 사회문제 간에 인과관계가 있다고 한다. 또한 경제 시스템이 사회적 와해를 야기하고 있다고 비판했다. 그는 불평등이 유발되는 가장 주요한 원인은 '소득 창출 재산의 사적 소유권'이라고 했다. 실업은 두 번째로 주요한 요인이다. 스티븐슨은 이러한 소득 불평등이 수명과 사망률, 만성 질병, 직업적 건강과 안전, 스트레스, 이민, 가족 해체, 정신질환, 높은 자살률, 높은 실업률, 높은 범죄율과도 관계가 있다고 한다. 낮은 1인당 교육비 지출, 높은 살인율, 빈약한 건강 보험, 높은 유아 사망률, 정치 탄압, 폭력, 민주주의 붕괴 등과도 관련 있다고 한다. 덧붙여 신자유주의 이론과 정반대로 제3세계의 외국인 투자 역시 "국가 간, 국가 내 불평등을 증가시키고 저성장과 고실업을 초래한다"라고 언급했다.

이처럼 경제 시스템과 사회적 병리 현상 간에는 직접적인 인과관계가 있다. 신자유주의는 이러한 부정적인 사회적·환경적 영향을 외부화하기 때문에 옳지 않으며, 올바른 결정을 내리지 못하도록 방해한다는 게 명확해졌다.

## 사회적·환경적 문제를 대하는 태도

신자유주의자들은 사회적·환경적 문제를 여유가 있을 때 다루겠다고 주장한다. 터무니없는 소리다. 우선 그들은 최적의 자원 배분과는 거리가 아주 먼 결정을 하고 있고, 사회 및 환경 문제들을 악화시키고 있다. 하려면 지금 당장 해야 한다. 이미 우리는 자원 처리 양의 한도를 넘어섰기 때문에 허먼 댈리 등과 같은 경제학자들이 주장하듯 성장률을 당장 낮춰야 한다. 손상 방지가 후일의 배상보다 훨씬 더 효율적이다. 지구 온난화와 같은 많은 피해가 이미 돌이킬 수 없다.

게다가 신자유주의자들이 정책을 바꾸고, 사회적·환경적 기준을 의사결정에 포함시켜 죽어가는 세계를 구해낼 것 같지도 않다. 이를 믿는다는 것은 탐욕에 한계가 있음을 믿는다는 것과 같은 얘기다. 미국에서 기업의 CEO 연봉 증가에는 이러한 한계가 없었다. 신자유주의 세계관에서는 정부가 간섭하지 않기 때문이다. 그렇다면 자본 소유자들이 자발적으로 그렇게 결정하고 기금을 조성해 훼손된 사회 및 환경에 배상금을 배분하는 방법밖에 없다. 그런데 솔직히 이것이 가능한 일일까? 그렇다면 왜 지금은 그렇게 하지 않고 자기 잇속만 차리는 외국 자본에 떠넘기고 있는가? 왜 엄청난 권력을 외국 자본에 양도해왔는가? 그들은 지금 무슨 일이 일어나고 있는지, 자기 문명을 어디로 끌고 가고 있는지 모르는 것 같다.

## 미국의 소득 불평등

소득 불평등은 지난 수십 년간 수많은 나라에서 동시에 일어나고 있는 문제다. 그중에서도 미국이 대표적이다. 미국의 젊은이들은 경제가 성장하고 있음에도 1970년대 이후로 경제적으로 뒤처지고 있으며 부모 세대보다 더 살기 힘들어졌다고 느끼고 있다. 데이터가 왜 그런지 설명해준다. 신자유주의 이전에는 소득의 증가가 생산성의 증가에 따라 이루어지면서 각 소득 계층에 골고루 분배가 됐다.

| 계층 | 1950~1978년 | 1979~1993년 |
|---|---|---|
| 최하위 20% | 138% | −15% |
| 다음 20% | 98% | −7% |
| 다음 20% | 106% | −3% |
| 다음 20% | 111% | 5% |
| 최상위 20% | 99% | 18% |

〈미국의 계층별 소득 증가율〉[23]

하지만 신자유주의 시기에는 소득이 가장 부유한 계층에만 집중되고 나머지 계층에서는 줄어드는 현상이 나타났다. 폴 크루그먼에 따르면 신자유주의 시기인 1979~1989년에는 이전 기간보다 소득이 아주 천천히 증가했는데, 겨우 연 평균 1퍼센트씩 증가했다. 하지만 소득 불평등은 매우 커졌다. 가계 평균 소득 증가분의 무려 70퍼센트가 상위 1퍼센트에 집중된 것이다.[24] 게다가 상위 1퍼센트의 소

득이 하위 90퍼센트의 소득을 합친 것과 같았다. 크루그먼은 "임금
과 소득을 연구하는 대부분의 경제학자들이 불균등이 급증하고 있
다는 데 동의한다. 단지 우파에 고용된 총잡이들만 통계의 환상이라
고 우길 뿐이다"라고 덧붙였다.[25)]


## 탐욕 사회의 출현

저임금 국가로부터의 수입 증가, 정보화 기술이 급여에 미친 영향,
약화된 노조 등 불균등이 급증한 이유는 다양하다. 하지만 크루그먼
은 이 중 어느 것도 부가 상위 1퍼센트에 집중된 이유를 설명하는 데
충분하지 않다고 지적했다. 그는 오히려 '탐욕은 선'이라는 윤리적
사고방식의 변화를 가장 큰 이유로 꼽았다. 레이건 집권 이후 슈퍼리
치가 용인되는 분위기가 생성되었다. 이러한 변화는 단지 부의 이동
뿐 아니라 선거 기부금을 통해 정치적 영향력을 높이는 데 일조했고,
중산층과 저소득층을 희생시켜 자신들을 더 부유하게 만드는 호의
적인 입법을 가능하도록 했다. 대규모 부자 감세와 보조금 확대 등이
그 대표적인 예다. 이러한 상위 1퍼센트가 미국 전체 부의 37퍼센트
를 통제하고 있다.
　이러한 변화는 신자유주의적 철학의 정치적 장악력에서 비롯되었
다. 경쟁을 줄이고 구조조정을 통해 종업원을 대거 해고하기 위한 초
국적 기업들의 대규모 합병이 갈수록 늘고 있다. 개발도상국의 값싼

노동력을 활용하기 위한 아웃소싱도 증가하고 있다. 이윤을 종업원 및 주주들과 나누라는 압력은 거의 없다. 지난 20년간 다른 OECD 국가들도 비슷한 양상을 보여왔다.

이는 경제 근본주의가 개인의 손익 계산만을 목전에 두고 다른 모든 것을 무시하고 극단으로 치달았을 때의 명백한 사례다. 근본주의 운동의 특징 중 하나는 지나치게 단순화된 세계관이다. 이 세계관은 비판은 배제하고 납득 가능한 대안을 고려하지 않으며 종교적인 열정으로 그들의 사명을 추구한다. 근본주의가 보는 세계에서는 도덕도 정직도 윤리도 그 어떤 온건함도 필요치 않다. 오로지 더 많은 돈을 버는 것이 중요할 뿐이다.


### 관세에 관하여

신자유주의 지지자들이 주장하는 긍정적 영향 중 하나가 관세의 축소다. 어느 정도는 진실이다. 개발도상국들이 지난 20년간 수입 관세를 절반으로 낮춘 건 사실이니까. 하지만 이는 투자하지 않겠다는 외국 자본의 위협 때문이다. 게다가 부국들은 2002년 요하네스버그 유엔 정상회담, 2003년(멕시코)과 2005년(홍콩)에 열린 WTO 회의 등에서 거듭 약속했음에도 불구하고 자국 시장을 개방하지 않았다. 선진국들은 섬유와 농산물 등 개발도상국들이 주로 수출하는 제품에 대해 보호주의적 관세를 그대로 유지하고 있다. 설탕과 커피, 면화의 경우는 100퍼센트가 넘는 관세를 부과하기도 한다. 대신 개발도상국들이 경쟁력을 갖지 못한 첨단기술 분야는 관세를 감면해줬지만, 이들 가난한 나라에는 별로 도움이 되지 않는다.

WTO 체제에서는 개발도상국들이 자국에 수입된 부자 나라의 제품들이 자국 생산자들을 파멸시키는 것 또한 막을 도리가 없다. 가장 중요한 무역 상대국이 그 '지나치게 부자인' 국가들이기 때문이다. WTO의 매우 복잡한 법조문을 다룰 자원이 없어서 자신들을 법적으로 보호할 수도 없다. 행정 시스템도 제대로 못 갖추고 있는데다 돈도 없고 협상력도 부족하다. 일부 개발도상국들은 외국 투자자들이 필요한 것을 의무적으로 지역 산업에서 구입하도록 함으로써 저항하려 했다. 이 정책은 한국과 대만이 성장하는 데 도움을 주었지만, 지금은 WTO에 의해 금지되었다. 이에 영국의 언론인 존 험프리스는 "우리가 하는 게임에 그런 시시한 것이 끼어들게 둘 수는 없죠, 안 그래요?"라고 말했다.[26]


## 법인세 감면


또 다른 형태의 기업 보조금은 세금 감면이다. WTO 체제에서 초국적 기업들은 자신들에게 세금 감면 혜택을 가장 많이 주는 나라를 고를 수 있게 되었다. 기업 규모가 클수록 이에 대한 압박을 더 가할 수 있고 더 많은 보조금을 얻을 수 있음은 물론이다. 이는 WTO가 원래의 고전파 모델과 얼마나 달라졌는지를 나타내는 괴기한 사례이기도 하다. 고전파 모델에서는 보조금도 없고 중소 구매자와 판매자들만 있기 때문이다. 이렇게 세금 감면을 해주는 바람에 초국적 기업의 대주주들은 큰 이윤을 챙기는 반면, 해당 국가는 복지나 공공 서비스 지출을 줄여야 한다. 반다나 시바의 말대로 성장이 아니라 약탈인 셈이다.

미국에서는 제2차 세계대전 이후 '황금기'에 기업들이 개인과 거의 동일한 세금을 납부했다. 하지만 그 후 법인세는 꾸준히 내려가 지금의 기업은 개인이 내는 세금의 25퍼센트만 부담하고 있다.[27] 재정적자를 메우는 길은 하나뿐이다. 복지 예산을 삭감하는 것이다.

# 6장

# 세계화되는 부채와 빈곤

IMF와 세계은행은 인류 역사상 존재하는 비군사 기구 중에 인류에게 가장 많은 해를 끼쳤다.

- 데이비드 코튼

1945년에 설립된 IMF의 변천사를 보면 오늘날 세계시민들의 삶에 영향을 미치고 세계사회를 붕괴로 몰아가는 '실질적인' 권력 구조에 대한 통찰을 얻을 수 있다. 여기서 '실질적인'이란 의미는 우리 대부분이 우리 삶을 지배하고 있다고 생각하는 민주적 구조와는 반대된다.

## 최초의 구상

시작은 대단히 순수했다. 영국의 경제학자 존 메이너드 케인스는 1945년 IMF 설립에 큰 역할을 했으며, 세계은행과 1995년 WTO로 대체된 관세 및 무역에 관한 일반협정(GATT) 출범에도 기여했다. 케인스의 논지는 규제되지 않는 시장은 실패한다(신자유주의자들은 다시 떠올리고 싶지 않겠지만)는 데서 출발한다. 시장은 언제나 이론대로 완벽하게 작동하지 않는다. 또한 단기적인 자율 교정 작용도 제대로 이루어지지 않는다. 그래서 케인스는 "우리는 장기적으로 모두 죽는다"라고 냉담한 결론을 내렸다.

호황기와 불경기가 교체되는 것이 경기순환이며, 불황기에는 높은 실업률이 큰 사회문제가 된다. 민간 기업은 결코 고용 보험이나 사회 보장 시스템을 발달시키지 않는다. 전적으로 상업적 동기에 의해 움직이는 시장이 교육이나 장기적인 기초 연구, 환경보호 등에 투자할 이유는 없으며, 식량 살 돈이 없는 사람들에게 먹을거리를 제공하지도 않는다. 그러므로 케인스는 경기순환의 골격을 완화시키고, 시장이 충족시키지 못하는 사회적·환경적 요구를 만족시키기 위해서는 정부가 개입할 필요성이 있다고 보았다.

케인스는 그러한 기구가 없다면 경제가 아무리 건실하다고 해도 국가가 유동성이 부족한 상황에 처할 수 있다고 보았다. 그렇게 되면 국가는 위기를 극복하기 위해 엄격하고 징벌적인 법률을 제정하고, 공공 서비스를 줄이며, 수입품에 대한 관세를 높일 것이다. 더욱이 케인스는 한 나라의 경제적 의사결정은 다른 나라에 부정적인 영향을 미친다고 생각했다. 그래서 그는 일시적인 위기에 빠진 나라에 대출 등을 통해 유동성을 공급해줌으로써 위기를 극복하게 하고, 그것을 통해 국제 경제의 안정성을 높이는 기능을 가진 국제기구가 필요하다고 주장했다. 케인스 이전에는 이런 생각을 지닌 경제학자가 아무도 없었다. 불황기에는 이 기금들이 국가 상황이 정상화될 때까지 팽창 정책을 펴게 하고, 공공사업을 발주하며, 통화 공급을 늘리고, 실업률을 줄이고, 일시적으로 재정적자 정책을 펴도록 한다. 그렇게 위기 국가뿐 아니라 그 나라의 무역 상대국까지 돕는 것이다.

1930년대의 끔찍했던 세계 대공황의 기억이 모두에게 남아 있었으므로 국제 공동체에 대한 그의 이런 의견은 폭넓은 지지를 받았다. 그래서 IMF가 태어났다. 필요할 때 유동성을 공급하고, 경제 안정에 기여하고, 달러 긴축 통화 및 고정 환율 체제인 브레턴우즈 시스템을 감독하라고 전 세계 납세자들이 재원을 조달한 공적 기구였다. 하지만 특정 국가의 경제적 결정을 통제하거나 국내 정책에 간섭할 권한은 위임받지 않았다.


## 책임을 떠맡은 신자유주의자들

1945~1970년까지의 '황금기'에는 일이 잘 풀렸다. 1970년대가 되자 케인스의 논지에 대한 비판이 증가했다. 미국이 달러를 금으로 바

꿔주는 금 태환을 정지하면서 변동 환율 체제가 도입되었고, 인플레이션과 경제위기가 고조되었기 때문이다. 그러면서 1981년 레이건 대통령 시기부터 IMF 정책이 묘하게 바뀌었다. 바뀐 규정도 없고 어떤 발표도 없었다. 게나가 정책 변화에 대한 공개적인 토론도 없었다. IMF에 관한 모든 것은 폐쇄된 문 뒤에 있었고 대중들에겐 설명되지도 않았다. 이러한 변화는 1980년대 미국과 영국에서 보수주의자인 레이건과 대처가 집권하는 바람에 이들 정부에서 신자유주의자들이 요직을 차지해 득세했기 때문이었다.

하지만 돌이켜보면 이러한 현상이 모든 것을 설명해주지는 못한다. 신자유주의자들이 행한 실제 정책은 신자유주의는 물론 일반적인 경제학과도 일치하지 않았다. 조지프 스티글리츠의 표현에 따르면 "앞뒤가 맞지 않았다." 하지만 공통된 요소는 있었다. 이익은 늘 동일한 금융 투자자들에게 축적되었다는 점이다. 우리는 일단 신자유주의자들이 성취한 결과를 보다 자세히 들여다보았으니, 이러한 의문으로 다시 돌아가 충격적이지만 일관된 설명을 할 것이다. 그러면 그 패턴이 명확해질 것이다.


워싱턴 컨센서스와 구조조정


우익 보수주의자들은 아이디어는 영향력이 있다고 말하는 것을 좋아한다. 1980년대 초반부터 지금까지 IMF 정책을 지배하고 있는 신자유주의 이데올로기는 케인스의 논지와 정반대된다. 오히려 두 가지 잘못된 전제를 근거로 하고 있다. 첫째, 정의(定義)상 시장은 결코 실패하지 않는다. 둘째, 수요는 늘 공급과 일치한다. 신자유주의적 관점에서 보면, 경제가 작동하지 않는다면 문제는 시장에 있는 게 아니라 재화와 자본의 자유로운 흐름에 개입하는 정부에 있다. 스티글리츠는 후일 이렇게 지적했다.

"IMF는 각국 정부에 팽창적인 경제 정책, 즉 경제를 부양하기 위한 정부 지출의 증대, 감세, 금리 인하 등의 정책을 펴라고 국제적으로 압력을 넣을 필요가 있다는 신념에 근거한다. 하지만 지금의 IMF는 각국 정부가 긴축 경제를 위해 재정적자를 줄이고, 세금을 올리고, 금리를 올리는 경우에만 자금을 지원한다. 케인스가 그의 후손들에게 무슨 일이 일어나고 있는지를 안다면 무덤에서 땅을 칠 것이다."[1]

이같이 징벌적이고 고통을 유발하는 IMF 정책은 신자유주의적 뉴스피크로는 '구조조정'이라는 완곡한 표현으로 알려져 있다. 워싱턴 컨센서스에서 제시되었던 내용으로 기본 정책은 무역 자유화, 금융시장 자유화, 민영화 등 세 가지다. 개발도상국은 서구의 생산재에 대해서는 관세를 내려야 하지만, 서구는 개발도상국의 수출품에 대해서 관세를 내리지 않아도 된다(무역 자유화). 개발도상국은 자국의 중앙은행보다 훨씬 더 거대한 월스트리트 헤지펀드의 단기 투기 위험에 노출되어야 한다(금융시장 자유화). 개발도상국은 자국의 핵심 공공시설을 서구의 대기업에 매우 저렴한 가격으로 팔아야 한다(민영화).

이를 자세히 살펴보면 이런 식이다. 금리를 올려 수많은 기업을 망하게 한다. 빈민들에게 지원하던 식량 보조금을 중단하고, 대신 서구의 수입 식품에 보조금을 돌려 개발도상국에 덤핑으로 들여오게 함으로써 자국의 소농민을 다 망하게 한다. 학교 등록금을 올려 중퇴자가 대량으로 발생하게 한다. 균형재정을 달성하고 선진국에서 빌린 돈의 이자를 지급한다는 이유로 사회복지 지출을 삭감하게 만든다. 수입 대체에서 수출 지향적 원재료 및 상품 생산으로 산업 구조를 바꿔 선진국에 더욱 이익이 되게 한다. 너무 충격적이라서 믿을수 없다고? 그건 선진국의 기업들이 통제하는 미디어에서는 이에 대해 보고 들은 적이 없기 때문이다. IMF의 돈을 쓰고 싶은 나라라면 어느 국가나 이러한 조건들을 받아들여야만 한다.

애초에 IMF는 각 나라의 경제 및 사회 정책을 지시하는 힘을 갖고 있지도 않았고, 누구도 IMF에 그런 권한을 주지도 않았다. 하지만 미국의 암묵적인 승인 하에 IMF는 편협한 이데올로기적 조건을 주장하면서 그렇게 하기를 시작했다. 그러면서 개발도상국의 사정에 정통한 많은 경제학자와는 물론 해당국의 경제적 세계관과도 갈등을 빚게 되었다.

IMF는 결코 보편적으로 수용되지도 않았고 적절한 이데올로기도 아닌 신자유주의 이데올로기를 해당 국가에 강요하고 있다. 그 결과 국가의 주권은 IMF로 이전됐다. 법적으로는 아니지만 사실상 그렇게 되었다는 의미다. 특히 개발도상국들은 IMF의 조건들을 수용하면 국민과의 사회적 계약을 어긴다는 것을 알면서도 자금이 필요한 위기의 순간에는 그것을 거절할 선택권이 없다. 그렇게 IMF는 글로벌 거버넌스(global governance, 세계적 규모의 협동 관리 혹은 공동 통치를 뜻함_편집자 주)의 역할을 효과적으로 수행하고 있다. 그럼에도 민주적 책임 의식은 없다. 이러한 면에서 IMF의 대출을 거절할 용기를 가진 국가들이 선택권이 없다고 느낀 국가들보다 훨씬 잘되었다는 사실은 놀랍지가 않다. 이제부터 그런 사례를 살펴보겠다.

## 새로운 패턴의 출현

IMF 정책의 변화를 유발한 결정적인 사건은 석유수출국기구(OPEC)의 출현이었다. 1973년의 오일쇼크는 세계 부의 패턴을 극적이면서도 순식간에 뒤바꿔놓았다. OPEC이라는 이니셔티브는 원재료 생산자들이 협력하게 되면 부유한 선진국과 동일한 과점적 게임을 벌일 수 있다는 사실을 보여주었다. 세계의 나머지 지역의 희생을 담보로 자신의 부를 늘릴 수 있다는 것도. 따라서 선진국의 금융 지도자들은 개발도상국의 다른 원자재 생산자들도 비슷한 카르텔을 결성할 수 있으리란 생각에 두려움을 가졌던 것이다. 다음은 무엇일까? 커피, 설탕, 구리, 알루미늄? 평평한 운동장의 실현 전망에 놀란 것이다.

　개발도상국의 77그룹(개발도상국들의 경제 및 사회 발전을 위해 1964년에 결성된 모임으로 처음엔 77개국으로 시작했지만 현재 124개국으로 늘어남_옮긴이 주)이 '새로운 경제 질서'를 요구했을 때 선진국들은 '하찮은 상대들'을 정렬시키기 위해 뭔가를 해야 한다는 것을 알았다. 몇 년 후에 그런 일이 일어났다. 중동은행에 예치된 어마어마한 오일머니가 미국 재무부 발행 채권과 서방의 은행으로 흘러 들어가기 시작했다. 그런 후 이 돈은 다시 개발도상국, 특히 남미와 아프리카 정부에 대한 대출금으로 사용됐다. 이들 나라에서는 자금이 필요했는데, 그 투자 수익률이 월스트리트 입장에서는 매력적이었기 때문이다.

1980년대 초 경기가 하락했을 때 남미와 아프리카의 부채는 매우 위험해지기 시작했다. 서구의 은행들은 대출을 중단하면서 원금을 회수하기 시작했다. 오래지 않아 멕시코와 아르헨티나, 브라질은 물론 아프리카에서 공황이 터졌고 위기가 시작되었다. 이들 나라는 경제가 근본적으로 건전했다. 단지 민간 은행의 수요를 충족시킬 만한 유동성이 없었던 것뿐이었다. 이때 IMF가 개입해 도왔는데, 케인스 정책과는 정반대의 정책을 요구했다. 팽창 정책을 편 게 아니라 구조 조정 프로그램을 편 것이다. 이전과는 달리 제일 먼저 새 대출금으로 이전에 돈을 빌려준 외국 은행들에게 원리금을 상환하도록 했다. 그 다음으로 경제 및 사회 구조를 조정해 IMF의 돈도 상환하도록 했다. 그 외의 것은 3차적인 문제에 불과했다.

IMF는 해당 국가들에게 세금을 늘려 재정적자를 줄이고, 공공사업을 줄이고, 사회 서비스와 상품 생산은 물론 빈민에 대한 식량 지원 및 교육 관련 보조금을 줄이고, 임금을 인하하고 외환 보유액을 늘리고, 통화 가치를 절하하고, 신자유주의적 워싱턴 컨센서스를 수용하라고 요구했다. 그 결과는 몇 년 후 시장의 완전 개방, 성장률 둔화, 빈곤 증가, 상품 가격 하락, 개발 계획의 심한 훼손, 선진국에 대한 부채 증가 등으로 나타났다. 이들 나라는 경제적으로 식민지화됐고 부채의 함정에 빠졌다. 개발도상국이 OPEC을 모방하는 등의 현명한 생각을 하기까지는 오랜 시간이 걸릴 것이다.


## 더 큰 위기


1982년 IMF가 멕시코에서 펼쳤던 혹독한 프로그램이 1994년에는 훨씬 더 큰 위기의 씨앗이 되었다. 1982년 위기 이후 10년간 멕시코의 실질 소득은 감소했고, 영양실조로 인한 유아 사망률은 세 배가 됐으며, 최저 임금은 실질 임금 기준으로 60퍼센트가 줄었다. 또 빈곤층은 49퍼센트에서 66퍼센트로 늘어났고, 외채는 무려 600억 달러로 늘어났다.[2] 멕시코 남부의 치아파스 주에서는 사회 불만이 높아져 혁명에 이를 정도까지 갔다. 수입 제초제와 화학 살충제를 사용하는 '녹색혁명'이 지역 공동체를 망하게 하고 부농과 빈농 간 격차를 심화시켰기 때문이다.

과거 인도나 다른 지역에서 있었던 일이 멕시코에서도 일어난 것이다. 여기에 IMF가 부추긴 두 가지 요인이 덧붙여져 1994년에 위기가 일어났다. 그 두 가지는 바로 자본 이동을 자유화한 것과 멕시코의 페소 통화 가치를 달러와 고정시키면서 너무 높게 잡은 것이다. 페소화 가치가 높으면 수입품 가격이 싸지기 때문에 무역 적자가 커진다. 자본 역시 유·출입을 통제할 장치가 없다면 외국 은행이 갑자기 멕시코에서 자본을 대량 유출시킬 수 있다. 결과적으로 페소화 가치는 이런 식의 흐름을 따르다가 급락했다.

IMF는 미국 등 다른 나라들과 함께 멕시코에 500억 달러를 대출해주었다. 이는 당시 대출 중 최대 규모로, 멕시코가 부도나면 글로벌 금융시장에 공황을 초래할 수 있다는 공포 때문이었다. IMF의 표준 대출 조건의 가장 큰 수혜자는 미국과 제때 빠져나오지 못한 다른 나라의 민간 은행들이었다. IMF가 지원해준 돈으로 그들은 무사히 돈을 받을 수 있었다. 대출에 대한 보증으로 미국은 멕시코에 매년 70억 달러에 달하는 석유 수입을 연방준비은행에 예치할 것을 요구했다. 부가세 인상, 예산 대량 삭감, 휘발유 가격 및 전기 요금 인상, 금리 인상, 정부 보조금 삭감 등도 요구했다.이 때문에 멕시코는 또다시 불황으로 빠져들었다.

이후 3년에 걸쳐 2만 개가 넘는 멕시코의 중소기업이 무너졌다. 200만 개의 일자리가 사라졌고, 실업률은 30퍼센트에 육박했다. 180만 명의 농민이 일자리를 찾아 도시로 몰려들었고, 실질 임금은 25퍼센트가량 떨어졌다. 유일하게 성장한 곳은 국경의 산업단지 마킬라도라뿐이었다. 저임금 노동자들이 끔찍한 작업 환경에서 일하며 미국에 수출할 소비재를 만들어내는 공장들이 즐비한. 외국 은행들도 최소한의 손실만 보고 돈을 회수해갔다. 멕시코는 여전히 무역 적자고, 외국 은행에서 높은 금리로 돈을 빌리고 있으며, 그저 아주 느리게 회복되고 있다.

아시아의 위기

멕시코 다음으로 IMF의 힘을 느낀 지역은 아시아였다. 태국, 말레이
시아, 인도네시아, 중국, 한국 등 아시아 경제는 지난 30년간 괄목할
만한 성장을 기록해왔다. 그들은 선진국들이 보여준 역사적 공식을
충실히 따랐다. 즉 정부 주도의 산업 정책, 높은 관세, 핵심 산업에
대한 보호 조치 등을 폈다. 전통적으로 높은 저축률의 도움도 받았
다. 더불어 저임금 노동력의 경쟁력을 살릴 수 있는 분야(의류·보석·
신발·가공 식품)의 수출 산업화에 집중했으며 교육과 연구개발에도 과
감한 투자를 했다.

불균등이 증가했지만 빈민들도 일정 부분 성장에 참여했다. 보호
주의 조치는 IMF 지원을 받은 나라에 강요됐던 구조조정 정책과는
정반대였다. 그런데도 신자유주의자들은 '아시아의 용들'의 성공이
자신들의 정책 덕분이라고 주장했다. 중국과 인도를 제외하고 아시
아 국가들이 유일하게 따른 신자유주의 정책은 자본시장 개방이었
다. 그들은 더 이상의 자본이 특별히 필요하지 않았지만 IMF는 강요
했다. 결국 IMF에 양보하면서 그들은 급전직하했다. 중국과 인도는
여전히 자본을 규제했기 때문에 위기를 겪지 않았다.

추락의 도미노가 시작된 것은 1997년 여름 태국에서였다. 태국은
멕시코와 상황이 많이 유사했다. 즉 환율은 달러에 고정돼 있었고,
단기 외채 의존도가 너무 높았으며, 노조의 임금 인상 요구로 사회적
긴장이 있었고, 무역 적자도 늘고 있었다. 무역 적자의 원인은 경기

악화, 중국에 뺏긴 수출 시장 등 다양했다. 멕시코의 경우처럼 외국 은행들은 예민해지기 시작했고, 통화 안정과 은행에 대한 지불 청구가 동시에 일어났다. 역시 멕시코의 경우처럼 고정된 환율을 방어하기 위한 조치로 외환 보유액은 바닥이 났고, 급기야 태국 정부는 변동 환율제를 채택했다. 주요 채권자인 IMF와 일본은 통상적인 지원 조건을 붙여 170억 파운드(약 270억 달러)의 구제 금융을 풀었다. 긴축 정책을 펴라, 외환 보유액을 쌓아라, 정부 지출과 보조금을 줄여라, 금리를 인상하고 관세와 임금을 내려라 등이었다.

위기는 곧바로 자본시장이 개방된 다른 나라로 확산됐다. 국내 투자자는 물론 서구의 투자자들이 아시아 전 지역에서 손을 뗐기 때문이다. 말레이시아, 인도네시아, 필리핀, 러시아, 한국 등이 똑같은 패턴을 밟았다. '모두에게 두루 적용되는 시스템'이라는 IMF의 철학에 근거한 정책 때문에 이들 나라의 통화 가치는 평가절하됐고, 경제는 긴축됐다. 물론 가장 많이 피해를 입은 계층은 정규직 근로자들이었다. 실업자 수가 무려 태국은 두 배, 한국은 세 배, 인도네시아는 열 배로 늘었다. 빈민 역시 두세 배로 급증했다. 소득 또한 1년 뒤 인도네시아는 13퍼센트, 태국은 11퍼센트, 한국은 7퍼센트 줄어들었다. 지역 공동체의 대응만이 유일하게 밝은 측면이었다. 전통적인 사회망이 작동했다. 시민들이 모여 서로 돕고, 자녀 교육을 돌보고, 음식을 나누었다.[3]

## 예외적인 사례 하나

위기 국면에서 오직 아시아의 한 나라만이 IMF에 정면으로 대들었다. 그 결과는 놀랄 정도였다.

말레이시아의 모하마드 마하티르 총리는 자국 경제가 근본적으로 건전한데도 국제 금융업자들이 자국 통화를 공격하는 방식에 격분해 이들을 '흉포한 짐승들'이라고 불렀다. 자본 자유화가 문제를 일으킨 장본인이라고 정확히 내다본 그는 1998년 가을에 자본의 국외 유출을 통제했고, 환율도 달러당 3.80링깃(약 1400원)으로 높게 유지했으며, 외국 자본의 본국 송환을 수익을 빼고는 1년간 정지시켰다. 또한 말레이시아 화폐를 들고 있는 모든 외국인은 한 달 내에 다 돌아가라고 요구하고, 경기를 부양하기 위해 금리를 인하했다.

이에 월스트리트 경제학자들은 IMF 및 미국 재무장관, WTO와 결탁해 말레이시아는 '규칙을 위반'하고 있으며 재앙을 초래하고 있다고 한목소리로 외쳤다. IMF 정책의 핵심이 도전받자 그들은 격렬하게 반응했다. 신자유주의자들은 외국 자본은 수년간 말레이시아를 믿지 않을 것이고, 주식시장은 곤두박질치며, 화폐 암시장이 발전하고, 자본 유출은 어떤 경우에도 멈추지 않을 것이라고 주장했다. 경제는 고통받고, 성장은 멈추고, 회복은 지연되며, 일단 확립된 통제는 결코 제거되지 않을 것이라고 했다.

1년 뒤 마하티르가 약속한 대로 통제가 완화되자 확실히 재앙이 찾아올 것이라는 신자유주의자들의 단정적인 예측이 틀렸음이 입증

됐다. 하버드대학교 경제학자인 이탄 카플란과 대니 로드릭은 말레이시아의 당시 결정을 포괄적으로 분석하면서 'IMF 프로그램과 비교해볼 때 말레이시아 쪽 정책들이 더 빠른 경제 회복을 이루었고, 실업 및 실질 임금 감소가 보다 적었으며, 주식시장의 회복도 더 빨랐다는 것을 알 수 있었다'라고 결론 내렸다.[4] 말레이시아는 IMF 프로그램을 받아들인 태국보다 경기 하강이 더 얕았고, 경기 회복은 더 빨랐다. 금리 인하로 부도가 더 적었으며, 이 때문에 정부 차입과 국가 부채도 더 적었다. 달러당 3.80링깃이란 환율은 이후에도 7년간 유지됐다. IMF와 월스트리트의 경제학자들이 이처럼 완전히 틀렸기 때문에 신자유주의 이론들은 현실을 모른다고 결론지을 수밖에 없다.


## 세계화는 오늘날 작동하지 않는다


오늘날 세계에 팽배한 견해는 IMF의 신자유주의 정책들이 정말 재앙이었다는 점이다. 이는 특히 일차적인 희생자였던 개발도상국 사이에 널리 퍼져 있다. 물론 반세계화 운동의 잘 알려진 주제이기도 하다. 하지만 서구의 많은 유명한 경제학자들도 그런 생각을 갖고 있다는 사실은 잘 알려져 있지 않다. 노벨 경제학상을 받은 조지프 스티글리츠는 "설립된 지 반세기가 지난 후에야 IMF는 임무 수행에 실패했다는 게 분명해졌다"라고 했다.[5] 여기에 수많은 반세계화 운동가들이 되풀이하는 주장도 덧붙었다. "세계화는 오늘날 작동하지 않는다. 세계의 수많은 빈곤을 위해, 환경을 위해, 세계경제의 안전성을 위해 작동하지 않는다"라고.[6] 그는 IMF 정책들은 개발을 돕는 데 실패했을 뿐 아니라 "그 실패가 사회 구조를 불필요하게 손상시킴으로써 개발 아젠다를 오히려 방해했다"라고 했다.[7]

미국의 경제학자이자 컬럼비아대학교 지구연구소 소장인 제프리 삭스는 "아프리카에서의 실패 기록은 악명이 높다"라고 말했다. 그는 특히 IMF의 독점적 지위를 강하게 비판하는데, 즉 "보호되고 애지중지되는 관료주의에서 기대되는 고전적인 효과들"이라는 식이다. 또한 "IMF는 부도의 심판관이자 대부자이자 고문이면서 계획의 설계자"라면서 "이 모든 것이 폐쇄된 문 뒤에서 이뤄지고 있다"라고 지적했다.[8] 하지만 전 세계에 걸쳐 일어나고 있는 이러한 거센 비판은 지금까지 IMF에 별다른 영향을 미치지 못했다. IMF는 사소한 오류는 시인하면서도 핵심 정책의 근본적인 잘못은 인정하지 않았다. 오히려 최후의 대부자로서 역할을 확장하겠다는 제안을 했다. 이러한 완고한 태도를 보며 우리는 폐쇄된 문 뒤에서 무슨 일이 벌어지고 있는지를 더 잘 이해할 수 있을 것이다.


## IMF의 숨어 있는 아젠다

조지프 스티글리츠는 클린턴 대통령의 경제자문위원회의 의장이자 세계은행의 수석 이코노미스트로서 수년간 IMF를 다뤄왔는데도 당황스럽다고 한다. IMF의 정책은 한마디로 '일관성이 없어' 쉽게 설명할 수 없다는 것이다. 예를 들어, IMF는 자본 자유화를 구조조정 프로그램의 주춧돌이라고 주장하지만 "자본 자유화를 지지한다는 증거는 거의 없고 반대하는 증거는 대단히 많다"는 것이 스티글리츠의 주장이다.[9] 그래서 자본 자유화가 "확실히 경제성장을 자극한다는 증거가 없다"라고 지적한다.[10] 더욱이 IMF 제6조는 회원국들에게 '국제 간 자본 이동을 규제하는 데 필요한 통제력을 행사할 수 있는 권리'를 명백히 부여하고 있다. 그런데 왜 IMF는 회원국들에게 정반대의 행동을 하라고 강조하고 도움을 받으려면 그 권한을 포기하라고 말하는 것일까? 대체 누구의 권한으로? 도무지 이해할 수가 없다. IMF는 자본 자유화는 "재원 조달원을 다양하게 함으로써 안정성을 높인다"라고 주장한다. 이에 대해 스티글리츠는 "1997년 시작된 전 세계적 금융위기의 관점에서 보면 터무니없는 일"이라고 말한다.[11] 주장을 뒷받침할 만한 증거가 티끌만큼도 없는데, 어떻게 그처럼 허황된 주장을 할 수 있을까?

스티글리츠를 또다시 황당하게 만든 것은 IMF가 의도적으로 수많은 경제 성공 스토리, 즉 아시아의 중국·말레이시아·태국·한국·대만·인도네시아, 동유럽의 폴란드, 아프리카의 보츠와나 등의 성공을 이끌어낸 요인들을 연구하는 걸 회피했다는 점이다. 이들 나라의 성공은 누가 봐도 워싱턴 컨센서스 정책을 따라 했기 때문이 아니라 서구의 전통적인 보호주의와 정부 주도의 산업 정책을 모방했기 때문임을 알 수 있는데도 말이다.

더욱이 한국과 중국, 대만, 일본은 불균등을 심화시키지 않고서도 급속한 성장을 이룰 수 있음을 보여주었다. 오히려 균등할수록 성장이 가속된다고 믿었다. 하지만 이는 자유시장 시스템에서 자동적으로 달성되는 것이 아니다. 적극적인 정부 개입이 있어야 하고, 그것은 IMF 정책과 정반대가 된다.[12] 그럼에도 IMF는 이를 들으려고 하지 않았다. IMF의 주요 설립 목적이 개발도상국에 유용한 조언자가 되기 위함이 아니던가? 그렇지 않다면 다른 뭔가로 돌연변이가 된 것인가?

스티글리츠는 또한 IMF가 고집스럽게 '모두에게 두루 적용되는 시스템'을 주장하는 데 대해 어이없어 한다. 대충만 살펴봐도 각 나라의 법 제도와 전통, 문화, 기업 구조, 노조 조직과 부채 수준 등이 상당히 다르다는 걸 알 수 있다. 심지어 발달 단계도 저마다 다르다. 아프리카처럼 원재료 생산국도 있고, '아시아의 용들'처럼 떠오르는 산업 강국도 있으며, 자본주의 전통이 없었던 사회주의 국가도 있다. 그런데 어떻게 동일한 정책이 모두에게 옳을 수 있을까?

신자유주의 이론에 따르면 환율도 시장의 힘에 의해 결정되어야 한다. 그런데 왜 IMF는 회원국들의 '고정된 환율'을 방어하기 위해 외국의 주식시장에 광범위하게 개입하는 걸 지원하는가? 브라질과 러시아에 대한 개입이 그 대표적인 예다. IMF는 좋은 성과를 거두지 못했다. 단지 회원국의 외환 보유고만 축냈고 자본 도피만을 자극했을 뿐이다. 결국에는 평가절하하면서 말이다. 그래서 스티글리츠가 "어떤 점에서는 IMF가 투기 사업가다"라고 말하는 것이다.[13]

스티글리츠는 또한 IMF는 미국에 적용될 때도 일관성이 없다고 꼬집는다. 다른 나라에서 권유된 정책들이 미국에서는 면제되기 때문이다. 예를 들어 무역 적자가 크면 IMF는 고금리, 공공 지출 삭감, 경제 긴축 등을 요구한다. 하지만 세계에서 무역 적자가 가장 큰 나라인 미국에서는 정책이 정반대로 펼쳐진다. 경기를 살리기 위해 금리를 내리고(2001년에는 11번 인하) 통화량을 푼다.

IMF는 회원국들에게 생산자 보조금을 지급해서는 안 되며 보다 경쟁력 있는 수입품이 시장에 들어올 수 있도록 관세도 내려야 한다고 말한다. 그 결과 서구의 보조금 지원을 받은 식품과 설탕이 밀물처럼 개발도상국 시장으로 유입되면서 수백 년 동안 이어져온 개발도상국의 자급자족 시스템이 말살되었다.

하지만 개발도상국이 미국에 경쟁력 있는 제품을 하나 팔려면 '덤핑'의 위험을 감수해야 한다. 미국은 원가보다 싸게 판다는 이유를 들어 고율의 관세를 매겨 자국의 생산자를 보호한다. 스티글리츠는 1994년 알루미늄 가격이 곤두박질치던 때를 예로 든다. 미국의 알루미늄 생산 업체들은 러시아가 미국 시장에서 알루미늄을 덤핑 판매하고 있다면서 러시아를 고발했다. 하지만 당시 러시아는 국제 시장 가격으로 판매하고 있었다. 그뿐 아니라 미국의 세계적인 알루미늄 제조업체인 알코아 사의 회장이자 훗날 미국 재무장관이 된 폴 오닐은 미국 정부의 후원 아래 가격 고정을 위한 국제 알루미늄 카르텔을 결성하자고 주도했다. 그런 행동이 미국에서는 불법임에도 그는 카르텔 제안이 허용되지 않으면 반덤핑법이 적용될 것이라고 설파했다.[14] 러시아의 알루미늄은 미국으로 진출할 길이 없었다. 이런 일이 다른 나라에서 일어났다면 IMF는 무역 장벽이라며 강하게 비판하고 대출을 철회하겠다고 협박했을 것이다. 하지만 IMF는 조용했다.

경제학보다는 이데올로기가 추진력이 되고 있지만 개발도상국 경제에 한해서다. 스티글리츠는 일관되게 "IMF는 사실상 미국 재무부의 연장된 팔"이라고 설명하고 있다. 그래서 IMF가 개발도상국에 적용하는 이데올로기가 미국 및 다른 선진국의 국경은 넘어서지 못하는 것이다. 스티글리츠의 표현에 따르면 '자유시장 정책이 널리 거부'되고 있으며, 정부의 역할이 매우 중요해진 것으로 보인다.[15]


## 개발도상국에 대한 음모인가

많은 개발도상국이 IMF의 정책에 음모가 도사리고 있다고 생각한다. 필리핀대학교의 사회학 및 행정학 교수인 월든 벨로가 이러한 논의의 대표적인 인물이다. 그는 "아시아 지역이 붕괴했던 까닭은 은행 및 투기꾼들과 공모한 워싱턴(미국)과 IMF 때문이라는 견해가 아시아 산업계 및 관계(官界)에 널리 퍼져 있는 믿음이다. 21세기에는 미국의 전략 및 정치적 경쟁자가 되겠다는 아시아의 행진을 탈선시킬 필요가 있었다는 혐의가 제기된 것이다. 물론 이는 고전적인 음모론이지만, 한때 아시아에서 워싱턴의 가장 독실한 후원자 역할을 했던 정치·경제 엘리트들 사이에 퍼져 있던 사실이다"라고 말했다.[16]

음모론의 논리는 스티글리츠가 제기한 수수께끼들을 완벽하게 풀어낸다. 첫째, IMF가 자본 자유화를 주장하지만 아무런 이론적·경험적 근거가 없으며 IMF 제6조에 나와 있는 회원국의 권리와도 상충된다. 둘째, 개발도상국들은 이미 서구에서 거부당한 정책, 즉 정부의 시장 개입이 없는 상태를 받아들인다. 투자 기회에 매력을 느껴 진출한 국제 은행들은 신경이 예민해지거나 다른 지역의 투자 기회에 더욱 끌리게 되면 한꺼번에 돈을 인출해간다. 이때 IMF가 개입해 긴축 정책과 통화의 평가절하를 요구한다. 하지만 국제 투기꾼들과 그 지역 엘리트들이 외환을 이미 자신들의 스위스 은행 계좌로 다 빼내간 이후다. 회원국은 IMF가 빌려준 돈으로 화폐 가치를 방어하려고 시도하지만 헛수고일 뿐 아니라 시장의 자기 규율이라는 신자유주의 이데올로기에도 위배된다.

대출금은 주로 거대 은행들에게 빌려온 기존의 대출금을 갚는 데 쓰인다. 상품 가격과 환율이 붕괴하면 공기업들은 민영화라는 미명 하에 탐욕스러운 초국적 기업에 헐값에 팔려나간다. 물론 민영화함으로써 들어온 돈은 IMF의 대출금을 갚는 데 쓰인다. 초국적 기업과 경쟁하도록 지원했던 각종 보조금은 중단해야 한다. 수입품에 부과했던 관세는 감면해야 하고, 도산 기업을 늘리기 위해 금리 인상을 해야 한다. 일부 도산 기업은 초국적 기업들이 주워간다. 사회 프로그램들은 감축되어야 하고, 인플레이션은 채권자들에게 좋지 않다는 이유로 일어나서는 안 된다. 이 때문에 실업은 증가하고 임금은 감소하며 노조는 약해진다. 이 역시 초국적 기업들에게는 좋은 일이다. 수입 대체는 중단되어야 하고, 대신에 외부로부티의 공산품 수입은 늘려야 한다. 그럼으로써 더 많은 빚을 져야 하고, 경쟁력 있는 토착산업이 다시는 생기지 않도록 저지해야 한다. 이러한 양상을 두고 '경제 예속화'라고 한다. 모든 이익을 월가의 투자은행과 초국적 기업 및 제3세계 지배 계층에 바치는 것이다.

## 독특한 IMF의 구조

IMF는 독특한 조직 구조를 갖고 있다. 표면적으로는 181개 회원국이 지분을 갖고 있는 국제기구지만, 투표권은 경제 규모, 즉 출자(지분액) 비율에 따라 배분된다. 말하자면 1달러에 1투표권을 갖는다. 공동 자금 출자 비율도 경제 규모에 따라서 정해진다. 따라서 G8 국가(원래는 미국, 영국, 독일, 프랑스, 일본, 이탈리아, 캐나다 등 7개국의 정상으로 구성된 G7이 핵심이었지만 1991년 러시아가 끼면서 G8로 늘어났음_옮긴이 주)들이 거의 절반에 가까운 투표권(45.6퍼센트)을 가지고 의견을 행사하는데, 이 중 미국의 지분이 17.41퍼센트에 이른다. IMF는 85퍼센트 이상이 찬성해야 의사결정 실행이 가능한 구조이니만큼 미국의 의사결정권은 그만큼 크다. 또한 사우디아라비아와 중국 등을 포함한 10개국을 제외한 나머지 171개국은 지역별로 16개의 투표 그룹으로 나뉘고, 각 지역의 가장 부유한 나라에서 의장을 선발한다. 중급 규모의 공업국은 대체로 G8의 세계관에 동조한다. 따라서 전 세계의 절반이 넘는 인구를 차지하는 개발도상국들은 발언권이 거의 없다.

　IMF는 심의에 대해서는 비밀로 하는 경향이 있다. 주로 합의제로 결정하지만, 회의의 단 1분도 공개적인 조사를 받은 적이 없으며 국회 같은 통제 조직을 만드는 것도 거의 불가능하다. IMF는 WTO와 함께 현재 글로벌 거버넌스 기구임에도 선출된 조직은 책임감도 없고 민주주의의 외형조차도 갖추지 않았다. 스티글리츠는 이를 두고 '어둠 속에 숨어 있는 최고 지도자'와의 대화라고 말한다.[17]


## 누가 테이블에 앉아 있는가?

스티글리츠는 자신이 백악관에서 경험한 것을 자세히 얘기하며 IMF는 미국 재무장관의 영역처럼 인식되었다고 말한다. 당시 재무장관은 로버트 루빈으로, 월가의 최대 투자은행인 골드만삭스의 회장을 역임했고 장관 퇴임 후엔 미국의 최대 은행인 시티그룹의 회장이 되었다. 루빈의 후원자들이 바로 IMF 정책에 중대한 결정을 내리는 사람들이었다. 대부분의 대표들이 은행원을 배경으로 두고 있었고, 같은 대학교에서 교육을 받았으며, 신자유주의 경제학은 포함하고 돈으로 측정되지 않는 것은 배제하는 데카르트·뉴턴 식의 세계관을 가지고 있었다. 개발도상국을 여행할 경우 이들은 늘 5성급 호텔에서 숙박하고 자신들의 정책이 가장 크게 영향을 미치는 지역, 즉 농촌과 도시 빈민가, 노동력 착취 현장들은 거의 찾지도 않는다.

서구에서 교육 받은 은행가는 세계를 주시할 때, 살아 있는 유기체나 생태계에는 거의 눈길을 주지 않는다. 그는 금융시장을 본다. 개발도상국을 살필 때도, 대부분이 농촌에 살고 더 나은 삶을 위해 발버둥치는 사람들이 살고 있는 나라를 보지 않는다. 그는 투명성이 부족하고, 자신이 이해할 수 없는 낯선 언어와 문화적 특성에서 오는 이윤 창출의 기회를 본다. 그는 대부분의 개발도상국 국민이 돈이 없기에 서구의 생산품을 결코 살 수 없다는 것을 알게 되면 즉시 흥미를 잃는다.

하지만 이처럼 가난한 나라에도 엘리트 계층이 10퍼센트쯤 있고 이들 계층은 돈, 그것도 많은 돈을 가지고 있다. 인도와 중국, 러시아, 브라질과 같은 큰 나라면 10퍼센트만 해도 대단히 큰 시장이다. 이들은 서구의 사치품을 살 능력이 있다. 그가 더할 나위 없이 보고 싶은 건 모든 그러한 경제가 딱 미국처럼 되는 것이다. 즉 법과 질서, 약한 노조가 있고, 낮은 인플레이션에 '강요된 무역'이 가능한 나라. 무엇보다 자신들이 필요할 때 돈을 빼낼 수 있는 자본 자유화가 된 나라. 그는 IMF를 주로 위기 때 서구의 투자를 보호해주는 품질보증서로 여긴다. 개발도상국은 값싼 노동력을 제공하는 곳으로 여긴다.

# 결론

은행가들이 테이블에 앉아 있는 유일한 부류의 사람들이고, 미국 재무장관의 승인 없이는 IMF에서 어떤 중요한 일도 일어나지 않는 현 상황에서 우리는 무슨 일이 일어났는지를 설명하기 위해 굳이 음모론을 펼 필요가 없다. 우리는 1970년대 중반 새로운 변동 환율 체제와 OPEC이 출현할 당시 일어났던 일이 IMF, 특히 미국에 대한 인식의 변화를 초래했다고 본다. 물론 미국이 독자적으로 자행한 일은 아니고 서구 제국의 협조가 있었지만. IMF가 담당해왔던 고정 환율 체제의 감독 역할이 더 이상 필요 없어지면서 새로운 역할에 대한 고민이 시작되었다. 음모론자들은 비밀리에 IMF의 새 역할이 결정됐다고 주장한다. 즉 개발도상국이 장기적으로 경쟁자가 되리라는 위협을 느낀 서방 국가들이 IMF가 그들의 아젠다를 추진하도록 맡긴 것이다. OPEC 같은 기구가 더 이상 생겨서는 안 되니까. 그래서 그 해결책은? 경제 식민주의였다. 구조조정 정책, 자본 자유화를 통해 개발도상국은 서구에 원재료와 값싼 노동력을 제공하는 동시에 서구 공산품의 구매자로 남도록 하는 것이 새로 정의된 IMF와 곧 생겨날 WTO의 임무였다. 그리고 이 모든 걸 새로운 경제 이론으로 아름답게 포장하는 것, 이것이 가난을 없애고 더 많은 성장과 부를 창출할 것이라고 믿게 하는 것, 그것도 영원히.

개발도상국을 약탈하겠다는 냉소적인 음모가 있는가? 혹은 테이블에 앉아 있는 은행가들이 자신들의 선전을 진심으로 믿는가? 진실은 현재로부터 많은 세월이 지난 후에 자서전이나 회고록 같은 기록이 나올 때까지는 결코 알려지지 않을 것이다. IMF가 미국이 가진 힘의 외연이라는 인식이 왜 우리의 명제에 중요한가? 부분적으로는 미국의 역할을 탈출 전략(breakaway strategy)의 잠재적인 참여자 또는 반대자로 평가하기 위해서다. 이는 다음 장에서 설명될 것이다. 그것은 또한 공정하고 평등한 세상에서는 경제 원조가 제공될 필요가 없다는 사례를 우리에게 보여준다.

똑같은 사고방식이 또 하나의 효과적인 글로벌 거버넌스 조직인 WTO에도 적용된다.

# 7장

민영화되는 사람, 민영화되는 세상

진정한 민주주의에서는 경제적 아젠다가 또한 정치적 아젠다다.

- 반다나 시바

1999년 11월에 나는 미국 시애틀에서 WTO에 반대해 시위를 벌이던 사람들을 만났다(일명 시애틀의 저항으로, 1999년 11월 30일 'WTO는 저쪽, 민주주의는 이쪽'이란 슬로건 아래 반세계화 시위대들이 닷새간 WTO 회의를 봉쇄한 사건을 뜻함_편집자 주). 그것은 매우 평화적인 행사였으나 불행히도 미디어는 그 사건을 다루면서 데모의 이유를 설명하기보다는 극소수의 무정부주의자들 짓이라고 주장하며 경찰과의 격렬한 대치에 초점을 맞췄다. 뉴스 지면은 자극적이었지만, 왜 전 세계 700여 개 비정부기구에서 5만 명의 사람이 모여 WTO가 일을 처리하는 방식에 불만을 표현하려 했는지에 대해서는 거의 알리지 않았다. 미디어가 이런 식으로 처리하는 것은 사주의 이익을 위해서다. 즉 시위대가 반사회적이며 반환경적인 정책을 펴고 있다고 비판하는 바로 그 회사들에 자신들의 회사가 속해 있기 때문이다. 그 후 워싱턴과 프라하, 퀘벡, 예테보리, 제네바, 피렌체, 코펜하겐, 글렌이글스, 멕시코시티, 홍콩 등지에서 개최된 WTO와 IMF, 세계은행, EU, G8 등에 대한 반대 시위를 다룰 때도 미디어가 전달하는 메시지는 똑같았다. 시위의 근본적인 이유는 오도하거나 전적으로 무시한 채 그저 시위대를 정보가 빈약하고 남의 말을 경청하지 않는 격렬한 깡패로 묘사한 것이다.


## 정당성의 문제


갈등의 양상은 양측이 모두 상대방의 민주적 정당성에 의문을 제기하는 형태로 흘러간다. 그러니 건설적인 대화가 일체 배제될 수밖에. 기득권층의 전형적인 태도는 『비즈니스위크』가 1999년에 쓴 기사에서 드러나는데, "비정부기구들이 WTO 회담을 장악했다면, 그것은 모든 정부 및 글로벌 기업이 시애틀의 저항 이후 오랫동안 애석하게 여겼을 위험한 선례가 되었을 것이다"라고 했다. 이 잡지가 썼듯이 시위에 대한 반응은 비민주적이고 기업 중심의 WTO를 개혁하는 것이 아니고, 오히려 "정부 관료와 기업의 지도자들이 세계화의 편익을 설명하는 캠페인을 훨씬 더 잘해야 한다"는 것이었다.[1] 이는 둔감한 IMF가 비판을 받고 보인 반응을 떠올리게 한다. 즉 더 많은 권한을 갖게 되면 희생자들에게 똑같은 처치를 더 많이 하면 된다고 하는.

사실 이건 WTO 리더십(근본적으로는 G8의 리더십)이 시애틀 회담 이후 시도해왔던 것이다. 이전까지는 제한된 분야에서만 가능했던 기업 지배권을 서비스와 투자, 지적 재산권, 생물 특허 등의 분야로까지 훨씬 더 확대하는 식이다. 이 과정에서 제기되는 비판에 대해 그들은 깊이 고민하거나 이해하거나 대화를 시도해보려는 진지한 노력을 기울이지 않았다. 그 결과 정치적 지도부와 점차 그 수가 늘어나고 있는 상당수의 세계시민 간에 분열이 커지고 있다.


## WTO의 탄생 배경

WTO는 무역 규제를 하는 국제기구로 재앙적인 IMF와 세계은행과도 밀접하게 연관되어 있다. 즉 이들 기구는 동일한 사람들에 의해 동일한 전반적인 전략으로 지배되고 있으며, 자애로운 자선가라는 가면 뒤에서 기업이 지배하는 세계를 선전하고 있는 조직이라고 생각하면 가장 잘 이해할 수 있을 것이다.

WTO는 거의 IMF 소속 국가들과 동일한 회원국으로 구성된 국제기구며, 사실상 미국과 그 동맹국들이 통제하는 조직이다. 한 가지 다른 점이 있다면 WTO는 '1국 1투표권'을 갖는다. 그래서 언뜻

WTO가 더 민주적으로 보이지만, 실제로는 '합의'에 따라 결정이 이뤄져왔다. 이때의 '합의'란 미국과 몇몇 초청받은 동맹국들이 이른바 그린 룸(스위스 제네바에 있는 WTO 사무국 3층 사무총장실 바로 옆에 있는 소회의실을 뜻하는 말로 카펫 색깔이 초록색인 점과 국가 간 협의가 어려운 현안을 다룰 경우 주로 그 방을 이용하던 데에서 유래함_옮긴이 주)이라는 폐쇄된 소규모 회의에서 '협상'을 통해 의사결정을 하면 나머지 나라들(개발도상국이라고 읽히는)이 그걸 수용하거나 거부하는 것을 의미한다. 2003년 9월에 열린 멕시코 회의 때까지는 "따르지 않으면 투자는 없다"라는 식으로 부국들이 요구를 따르라는 압박을 가해오는 바람에 나머지 나라들이 어쩔 수 없이 수용해왔을 뿐이다.

하지만 이전의 온순한 태도는 현재 바뀌고 있다. 미국과 EU가 자신들의 보호주의 정책을 축소하겠다는 약속을 안 지키고 있기 때문이다. 이들 나라는 특히 대외 원조액의 거의 일곱 배에 달하는 막대한 보조금을 여전히 자국 농산품에 지원하고 있다. 게다가 개발도상국들이 경쟁할 수 있는 일부 산업(가공 식품, 섬유 등)에도 여전히 높은 관세를 매기고 있으며, 개발도상국의 제품을 자국 시장에서 쫓아내기 위해 반덤핑 규정을 남발하고 있다. 반면 개발도상국들은 서구의 제품을 위해 관세를 대폭 낮춤으로써 약속을 지켰다. 심지어는 매우 효율적인 토착 농업 생산을 줄이고 보조금을 받는 서구의 제품을 대량으로 받아들이는 바람에 자국의 식량 안전까지 해치고 말았다. 이 때문에 비정부기구는 모든 이해 당사자들이 약속을 다 지킬 때까지 새로운 무역 조항을 유예해야 한다고 요구하는 것이다.

## GATT로부터의 혁명

WTO는 1994년 GATT의 우루과이 라운드 협상이 종결되고 나서 출범된 조직이다. GATT는 1940년 후반부터 무역 문제를 규제해왔다. GATT 체제가 작동하던 1948~1997년에 무역량은 87배가 늘었고, 무역액은 1240억 달러에서 10조 7720억 달러로 증가하는 등 성공적이었다.[2] GATT는 특히 개발도상국들의 '특수하고 차별화된 위상'의 필요성을 잘 인식했다. 따라서 상당히 잘 작동하는 자발적인 쌍무협정(당사자가 서로 대등한 의무를 지는 협정)과 다자간 협상을 허용했고, 만족할 만한 분쟁 해결 절차도 갖고 있었다.

하지만 변화의 가장 중요한 동기(WTO 체제로 이동하기 위한)는 새롭게 득세하고 있던 신자유주의 경제학자들의 영향을 받은, 가장 힘센 나라인 미국에서 나왔다. 다른 선진국들은 양면적인 태도를 취했다. 개발도상국들은 대놓고 반대하며, 가장 민주적인 무역 협상기구이지만 성공적이지는 않은 유엔무역개발회의(UNCTAD)를 지키기 위해 싸웠다. 월든 벨로는 WTO가 출범하게 된 것은 세계의 필요성 때문이 아니라, 자국의 경제적 이익이 '자유시장'의 패러다임을 지지하는 새로운 규칙에 의해 극대화된다는 미국의 인식 때문이라고 했다. 또한 '미국 기업의 축적된 장점을 보호할' 필요성도 있었다. 이런 이유로 그는 WTO를 '(주)미국의 세계적 헤게모니를 위한 청사진'이라고 칭한다. 벨로는 WTO가 필요하다는 대의명분을 "우리 시대의 가장 큰 거짓말 중 하나"라고 주장한다.[3]

## 공개 토론은 없다

WTO의 입법화는 아무런 공개 토론 없이 빠르고 조용하게 모든 나라에 채택되었다. 기업들은 자국에 미치는 부정적인 영향은 무시한 채로, 국내 기업에게 해외 시장을 열어주는 것이 궁극적으로 국가의 이익이 될 거라며 외국 시장에 개방되어야 한다면서 자국 정부에 입법화를 지원해달라고 로비했다. 정치인들은 아무런 검토 없이, 국민들에게는 무슨 일이 일어나고 있는지 알리지도 않은 상태에서 이 주장을 받아들였다. 그들은 이를 단순한 무역 조약으로 생각했으며, 문건에 들어 있는 폭발적인 내용은 알지 못했다. 당시 문건은 미국 재계에서 돈을 받은 800여 로비스트가 작성한 기업 위시리스트에 지나지 않았다.

우리 정치인들은 경계심을 깡그리 잠재웠다. 모든 나라가 그랬다. 대부분이 그걸 읽지도 않았다. 읽은 사람들도 그 영향력을 이해하지 못했다. 이해한 사람들은 침묵을 지켰다. 그들은 자국의 주권을 양도하고 있다는 것을 알아차리지 못했다. 자신들에게 권한을 위임한 국민들에게 역사적인 배신을 하고 있다는 것도 몰랐다. 오랫동안 소비자보호운동에 헌신해왔으며 2000년 미국 대통령 선거에 출마했던 랠프 네이더는 "WTO는 모든 정부를 강력한 기업이 운영하는 글로벌 상업 및 금융 시스템의 자비에 맡기는, 인질적 상황으로 몰아넣는 글로벌 정치·경제 기구다"라고 했다.[4] 미국 정치인들조차 외국 기업에 맡긴 권력이 나라의 운명을 위협할 수 있다는 점을 알지 못했다.

이러한 주장을 뒷받침하기 위해 네이더의 비정부기구는 국회의원들에게 500쪽에 달하는 서류를 읽고 그 내용에 대한 열 개의 간단한 질문에 답하면 1만 달러를 기부하겠다고 제안했다. 이 제안에 단 한 명만이 응했는데, 콜로라도 주의 공화당 소속 행크 브라운 하원의원이었다. 서류를 읽고 난 후 그는 기자회견에서 "나는 경악했고, 찬성에서 반대로 의견이 바뀌었다"라고 말했다. 광야에서 외치는 단 하나의 목소리였다.[5] 네이더에 따르면, 일본 의회는 일본어 번역이 끝나기도 전에 법안을 승인했다고 한다.[6]

그렇다면 조약의 어떤 내용 때문에 그처럼 격렬한 항의가 전 세계에서 일어났던 것일까?

## 단지 무역만이 아니다

WTO의 규제가 근본적으로 문제가 되는 것은 그 조항들이 간단히 한 번 보고 파악할 수 있는 것에 비해 훨씬 심각한 내용을 담고 있기 때문이다. WTO 규제 조항은 단순한 무역 규제가 아니라 사회, 환경, 문화적 사건을 포함해 국가 주권의 모든 측면에 영향을 미친다. 무역 문제는 다른 사회 문제와 절대 독립적으로 존재할 수 없다. 만일 누군가가 그렇게 주장한다면 이는 전형적인 환원주의자가 범하는 오류다. 무역은 다른 모든 인류의 이해관계에 앞서 보호되어야 할 신성한 개념이 결코 아니다. 하지만 WTO에게 무역은 바로 그런 것이었다.

규정들은 다른 분야에 대한 고려 없이 만들어졌다. 출발점은 항상 영리 기업에, 특히 '외국의' 영리 기업에 가장 편리하고 가장 유리한 게 무엇이냐 하는 것이었다. WTO는 그렇게 말하지는 않았지만 실제로는 글로벌 거버넌스를 위한 헌장으로는 첫 시도였다. 국가 간의 갈등을 풀기 위해서 벌칙이 가혹한, 융통성 없는 규칙을 정했다. 하지만 의사결정을 하는 사람들에게는 어떠한 책임도 부과하지 않았다. 더욱이 기업의 대주주 등 극소수 사람의 이익에 주로 봉사하는 그런 냉혈한들에게 결정을 맡기는 게 옳은지에 대한 공개 토론도 없었다. 반세계화 운동이 일어난 배경은 이 때문이다.

반다나 시바는 "모든 헌법은 국민과 국가의 주권에 기초한다. 모든 헌법은 이익보다 생명 근원을 보호한다. 하지만 WTO는 인간 및 생물의 생명 근원권보다 이익을 보호한다"라고 비판했다.[7] WTO는 기업이 기업을 위해 쓴, 상업적 이익을 우선적으로 보호하는 헌장이다. 환경과 지역 공동체, 실업, 인간의 고통에 미치는 영향은 모두 '외부화' ―토론 테이블에 오르지 않는― 되었으며, 신자유주의 경제학의 대상이 되지도 않았다. 사람들이 고통을 받았다면 그건 정말 나쁜 일이다. 하지만 그들에게 이는 주주들―국내의 주주들뿐 아니라 더욱 중요한 조약의 입안자들, 즉 국외의 주주들까지도―의 이익을 늘리는 과정에서 생긴 부차적인 손실일 뿐이다.

## 외국 기업의 권리

WTO의 규제는 동일한 혜택이 해외 생산자에게 주어지지 않는다면 국내 생산자에게도 혜택을 주어서는 안 된다는 정책을 제도화한 것이다. 그럼으로써 모든 선진국이 예외 없이 걸어온 경로를 개발도상국들은 따라오지 못하도록 했다. 보조금, 공적 지원 연구, 인프라, 수출 장려금, 조세 감면, 수입품에 대한 선별 관세 등과 같은 다양한 수단을 통해 국내 산업의 진흥을 보호하는 것 말이다. 이는 산업화의 유일한 길로 제시되었던 것이다.

그렇다고 해서 개발도상국에 서구의 산업화 모델을 그대로 답습하라고 권장하는 것은 아니다. 이 모델은 지속 가능하지 않을 뿐 아니라 필연적으로 빈부격차의 심화, 결제 불안정성 확산, 가족 및 공동체의 해체, 환경 문제 증가 등을 초래하기 때문이다. 이들 국가가 필요로 하는 것은 지속 가능하면서도 자기 방식대로 성장하는 것이며, 경제 식민지가 되지 않는 것이다.

WTO와 그 지지자들은 제3세계의 경제발전이 그들의 고귀한 목표 중 하나라고 주장한다. 오히려 신자유주의를 비판하는 사람들이야말로 개발도상국의 산업화 기회를 박탈하려고 애쓰는 자들이라고 한다. 그러나 이러한 WTO의 조항 하나로도 개발도상국들은 원재료 및 값싼 노동력의 공급자라는 현재의 위상에 그대로 영원히 묶일 수밖에 없다. 강자에게는 약자를 착취하라는 초대이고, 해외 독점기업들에게는 지역 공동체와 중소 생산자들을 파멸시키라는 요청이며,

지역과 국민 경제를 흔들어 이들 국가가 어떻게든 발전할 기회를 뺏으라는 주문이다. 또한 신자유주의 전략에는 개발도상국의 부유한 소수 엘리트들이 서구의 제품을 구매하도록 자극하고 동맹을 맺는 것도 있다.


## 무역관련 지적재산권 협정

무역관련 지적재산권 협정(TRIPs, Agreement on Trade Related Aspect of Intellectual Property Rights)은 앞서 말한 것과 똑같은 효과를 낳는 WTO 규정의 일부다. 즉 모든 선진국들이 걸어온 길을 개발도상국들이 따라오지 못하게 해 현재 상태에서 벗어나지 못하도록 막는 것이다. 더불어 가난한 남반구에서 부유한 북반구로 부를 계속적으로 이전시키는 효과도 있다.

놀랍게도 가장 웅변적인 어조로 세계화를 옹호하는 사람 중 하나인 컬럼비아대학교 자그디시 바그와티 교수도 TRIPs만큼은 가혹하게 평가한다. 그는 "이 협정의 주된 내용은 특허권과 로열티에 대한 것이고, 그것들은 무역기구인 WTO에서 다룰 사항들이 아니다. 그러나 제약 및 소프트웨어 회사들은 WTO 체제 하에서 로열티 수금 기관이 됐다. 그 결과는 심각했다. 마치 암세포를 건강한 신체에 투입한 것 같았다"라고 했다.[8]

산업발전에 있어 핵심 요소는 대가를 지불하지 않고 우수한 기술을 훔쳐 와서 모방하는 것, 그럼으로써 외국에 덤터기를 씌우는 것이었다. 간단히 말해 특허 침해였다. 최근 가장 성공적인 특허 침해는 제2차 세계대전 이후 일본의 가전 산업과 중국의 음악 CD 산업 및 소프트웨어 산업이다. 하지만 미국도 19세기에 영국의 직물, 20세기 초에 독일의 철강 특허를 침해했다. 따라서 부유한 WTO 회원국들이 개발도상국을 비난하는 것은 위선적이다. 미국의 특허 로열티 수입은 1997년만 해도 330억 달러에 달했다. 미국의 대외 원조액보다 세 배나 많다. 21세기 '지식경제' 시대에 특허의 중요성은 급속히 커지고 있다.[9]

WTO는 자신의 규칙이 경쟁을 촉진해 소비자의 편익을 증진시킨다고 주장한다. 그러나 TRIPs를 좀 더 자세히 살펴보면 이야기는 전혀 달라진다. 이 규정은 경쟁을 극소화하고, 혁신의 숨통을 막고, 신기술의 확산을 지연시킨다. 특허를 거대 기업의 막대한 이윤을 보호해주는 무기로 사용하고 있기 때문이다. 따라서 빈부격차는 더욱 심화된다.

TRIPs에서 가장 놀랄 만한 부분은 생물 유전자까지도 특허화시킨다는 것이다. 2001년 2월 현재 인간 유전자 배열만으로 무려 17만 5000개가 넘는 특허가 신청되어 있다. 여기에 유전자공학에 의해 만들어진 동물 190마리가 공식적인 특허를 기다리고 있다.[10] 그러나 가장 격렬한 논쟁이 일고 있는 곳은 식물 유전자 배열 분야다. 생물학적 다양성과, 특히 남반구의 전통적인 농민에 대한 직접적인 공격을 보면 WTO의 규칙은 토착 식물에 대한 수백 년 동안의 전통적인 실험을 인정하지 않았다. 인류 탄생 이전에 있었던 수십억 년의 진화에 대해서는 언급할 것도 없다. 심지어 서구의 실험실에서 일어난 조그만 배열순서의 변화나 '새로운 유기체'에 대한 전 세계의 권리도 모두 미국 특허청이 승인한다. 그래서 남반구의 농민들은 이제 새롭게 특허 받은 종자에 대해 로열티를 내도록 강요받고 있다. 심지어 인공적으로 종자의 발아 능력을 없애버린 터미네이터(종결자) 종자 등을 비롯해 농민들은 매년 종자를 재구매해야 한다. 더불어 그 종자에 효과적으로 작용하는 단 하나의 제초제도 같이 사야 한다. 그것도 당연히 같은 회사에서.

최근 미국 위스콘신대학교의 연구팀은 아프리카의 카메룬에서 주블리(J'oublie)란 식물─현지에서는 1000년 동안 식품 감미료로 사용돼왔다─을 가져왔다. 연구팀은 이 식물에서 활성 단백질을 찾아내 유전자공학을 통해 만든 박테리아와 함께 식물을 생산하는 방법을 찾아냈다. 그런 다음 미국과 EU에서 이것을 감미료로 사용하는 특허를 받았다. 위스콘신대학교와 그의 상업적 협력사에게는 수백만 달러의 값어치가 생겼지만, 결과적으로 그 돈이 카메룬의 농민들에게 흘러가진 않았다.[11]

WTO는 개발도상국 농민들이 그들과는 다른 윤리관과 가치관을 가지고 있다는 점을 인정하려 하지 않는다. 개발도상국 농민들에게 생명 근원은 신성한 것이지 특허 대상이 아니다. 미국의 특허 제도는 동일한 제품이 미국 아닌 세계의 다른 곳에서 이미 사용되고 있는 것과는 관계없이 '메이드 인(Made in) USA' 발명이면 특허를 내준다.

인도 사람들은 자신들의 전통적이고 고유한 종자들을 미국 기업들이 특허를 내고 로열티를 받는 걸 발견했을 때 TRIPs 이행을 거부했다. 이 문제로 미국은 인도에 대해 WTO 분쟁 조정을 신청했다. 인도의 특허법이 미국의 법과 조화를 이루도록 변경하지 않았다는 이유에서였다. 이 때문에 반다나 시바는 WTO 규정이 1992년 브라질의 리우데자네이루에서 서명된 생물다양성협약과 모순된다고 지적한다. 생물다양성협약이란 토착적 혁신을 인정하고 보호하는 것이다. 그녀는 또한 TRIPs는 그들의 생물학적 재산권을 넘어 모든 국가의 주권에 대한 공격일 뿐 아니라 "가난한 국가들이 글로벌 시장 바깥에서도 생존할 수 있도록 해주는 마지막 자원을 그들에게서 빼앗아 가는 것"이라고 주장했다.[12]

## 무역 및 서비스에 관한 일반 협정

서비스 무역에 관한 일반협정(GATS, General Agreement on Trade in Services)은 WTO 규정의 또 다른 부분이다. 이 협정은 공공 서비스(수도, 통신, 발전소, 우체국, 공공 운송, 병원, 양로원, 학교 등)를 민간에 팔라고 정부에 요구하는 내용이다. 민간 기업이 공기업보다 더 효율적으로 경영할 수 있고, 이로 인해 소비자들이 더 많은 혜택을 볼 수 있다는 것이다. 하지만 이는 표면적으로 내세운 이유일 뿐 실제 목적은 기업들이 자국 내에서는 물론 개발도상국의 공공 부문에서 지금보다 더 많이 부와 이윤을 빼내기 위한 것이다.

실제로 겉으로 내건 명분과 정반대인 민영화 사례가 수없이 많다. 서비스 품질을 낮추고, 빈민들에게는 아예 서비스를 제공하지 않고, 돈 안 되는 사업은 접고, 애프터서비스도 줄이고, 안전 및 신규 투자에는 지나치게 돈을 아끼고, 독점적 제품의 가격은 올리고, 이윤을 해외로 송금하기도 하고, 도시의 빈민화로 처리해야 할 문제가 생기거나 인구가 희박해지면 떠나버리는 식의 경영이 가장 흔하다. 푸에르토리코의 수도 민영화 사례가 그 전형적인 사례로, 이를 통해 앞으로의 상황을 예견할 수 있게 해준다. 자국의 빈민 지역은 물 없이 지내는 데 반해 미군 기지와 관광 휴양지에는 물을 무제한으로 공급하고 있다.[13]

GATS는 국가의 주권과 복지에 대한 정면 공격이다. 어처구니없는 기업 중심의 세계관을 가진 WTO 지지자들은 복지를 포함한 공공 서비스가 외국 민간 기업들이 이윤을 얻을 기회를 제한하는 '무역장벽'이라면서 외국 기업들이 소유주가 되고 경영할 권리를 가질 수 있도록 개방되어야 한다고 주장한다. 물론 이는 터무니없고 이기적인 주장이다. 그런데도 우리는 정치 지도자들이 반대하는 목소리를 들어보지 못했다. 시민의 주권을 어떠한 논의도 없이 외국 자본에 팔아치웠기 때문이다. WTO 규정에 따라 해외 기업들은 회원국들의 거의 모든 공공 분야에 진출할 권리를 갖는다. 유일한 예외가 100퍼센트 무료로 제공되는 일부 공공 서비스뿐이다(GATS 제1조 3c항).

해외 민간 기업들은 이러한 분야에서 공적 자금을 조달받을 때 공정한 대우를 받아야 한다고 요구한다. 이는 정부가 국민 다수의 요구에 따라 더 나은 사회 발전을 추구할 생각을 포기해야 함을 의미하는 것이다. 대신 공공시설을 이용할 능력 있는 부유한 시민들은 충분히 대접받는다. 반면 빈민들은 정부가 더 이상 비슷한 서비스를 자신들에게 제공해줄 수 없다는 사실을 알게 된다. 정부는 민간 기업에 동일한 자금을 제공해주지 않고서는 공공 서비스 개선을 위한 투자를 할 수 없다. 복지국가에서 이는 시한폭탄 같은 존재다. 더 놀랄 일은 이러한 모든 일이 아무런 정치적 토론도 거치지 않고, 미디어에서도 다루지 않고, 국민에게 의사를 묻는 과정도 없이 결정되었다는 점이다. 마치 국민이 바라던 미래인 양.

## 체제 전복적인 아젠다

토론이 필요한 윤리적 이슈가 있다. 전통적으로 국가 공통의 책임으로 간주해 공평한 기준 위에서 국민 모두에게 제공해왔던 서비스를 돈을 지불할 능력이 있는 사람만 받을 수 있게 하는 것을 받아들일 수 있는가? 이는 부에 의한 차별이다. WTO와 그 정치적 동맹자들은 '효율'이라는 명목 하에 수용할 수 있다고 말한다. 이 효율은 매우 의심스러운 민영화 결과에 대한 자료에 의거한다. 하지만 사람들은 복지국가의 설립 이후로 가장 중요한 정치적 논쟁에 대해 질문을 받은 적이 없었다. 그들이 의견을 말할 기회는 앞으로도 없을 것이다.

우리의 정치인들은 신자유주의의 대안을 쳐다본 적도 없고, 그 질문에 대한 대답을 두려워하기 때문이다. 우리는 사람들이 원하는 것이 이게 아니라고 확신한다. 적어도 하나는 분명하다. 이러한 WTO의 원칙은 유럽 사회를 단 한 세대 내에 복지국가에서 사회적으로 냉담한 국가로 변화시키리라는 점. 그 과정은 이미 시작되었고, 국민의 저항이 없다면 더욱 가속화될 것이다.

　WTO 지지자들은 회원국들이 자발적으로 민간 기업에 문호를 개방할 공공 서비스 분야를 정했다고 주장한다. 엄밀히 말해 틀린 주장은 아니지만, 우리의 정치 지도자들은 기업의 로비 압력 아래 있고 지금까지 한 번도 이에 저항하려는 시도를 보인 적이 없다. GATS 제19조에 명기된 WTO의 목적은 서비스를 '점진적으로 자유화하는 것'이다. EU는 회원국들에게 공공 서비스 분야의 4분의 1가량을 첫 단계로 민영화하라고 제안했다고 한다. 유출된 문건에 따르면, EU의 정책은 개발도상국들에 EU 기업들이 모여 만든 위시리스트를 주고 공공 서비스를 개방하라고 강요하는 것이다.[14]

　GATS의 옹호자들은 정부가 규제할 수 있다고 한다. 하지만 진실은 처음 개방할 때에만 수정을 요청할 수 있다는 정도다. 부정적인 영향은 아주 크지만 처음엔 잘 보이지도 않는다. 나중에 명확히 드러난다고 해도 투자자들에게 보상을 해준다는 조건을 걸고 새로운 법률을 만들 수 있을 뿐이다. 이는 특히 무책임한 조항이다. 조항이 만들어지기 전에 서비스 자유화의 영향에 대해 어떤 평가도 행해진 적이 없기 때문이다. 결국 '열심히 하라, 최상의 결과를 기대하라, 예상

치 못한 문제가 생기면 투자자에게 무한정 보상하라'는 얘기다. 책임
있는 정부라면 이런 상황, 즉 손과 발이 다 묶인 채로 거의 위험부담
을 지지 않는 외국 투자자들을 만족시키기 위해 정부가 무한정 책임
을 지는 상황에 자신을 밀어 넣어선 안 된다.


## 소비자는 주의하라

WTO 규제는 소비자들이 생산 방식이나 원산지 등에 관한 정보를
제공 받는 것을 금지했다. 더불어 소비자들이 '정치적' 선택, 즉 사회
적으로 무책임한 기업이나 반사회적이고 반환경적인 국가의 착취를
징벌하는 행위를 할 수 없도록 했다. 이 조항은 국가가 친환경적이
고 노동친화적인 생산기술을 도입하려는 시도를 억누르는 것이다.
어떻게 그들이 환경을 착취하는 값싼 제품들과 경쟁할 수 있을까?
어떻게 아시아나 동유럽의 착취 현장 및 멕시코의 마킬라도라와 같
은 끔찍한 환경에서 값싼 외국인 노동자를 부리는 기업의 제품들과
경쟁할 수 있을까? 그리고 소비자들은 어떻게 이 차이를 알 수 있을
까? 이러한 조항은 결국 기업의 수익을 극대화하기 위해서라면 환경
을 파괴하고 노동 임금을 낮추는 것을 허용하며, 가장 나쁜 기업가가
돈을 가장 많이 버는 것을 보장한다. 이는 국가의 주권 및 소비자의
근본적 권리에 대한 직접적인 침해다.

## 울면서 겨자 먹기

WTO 규제는 꺼려하는 소비자에게 '강요된 무역'을 제도화했다. 제품이 건강에 해롭다는 '세계적으로 널리 인정된 과학적 합의'가 없다면 어떤 회원국 정부도 해외 기업의 제품 판매를 막을 수 없다. 그 제품이 어떻게 만들어지든 어디서 생산되든 건강에 해로우리라는 혐의가 있든 개의치 않는다. 미국식품의약국의 신약 허가 능력이 제한되어 있기 때문에 이 조항은 앞으로 거의 확실하게 대형 스캔들로 번질 것이다. 과거 DDT나 폴리염화비페닐(PCB, 환경오염물질로 관절염을 유발하는 것으로 알려짐_편집자 주), 탈리도마이드(수면제 및 위장약으로 임부가 복용했을 시 기형아 출산 위험이 있어 현재 판매가 중단됨_편집자 주) 같은 유독성 물질이 일으켰던 재앙처럼 말이다. 이 물질들은 수많은 사람들이 고통받았다는 기록이 남겨진 후에야 비로소 금지됐다.

WTO는 지금까지 의심스러운 케이스는(미국산 소고기와 유전자 변형 식품에 들어 있는 성장 호르몬 같은) 사전예방 원칙만으로 수입 금지령을 도입해야 한다는 주장을 거부해왔다. 해외 시장을 착취하려고 안달인 기업들의 잠재적 이윤이 줄어들 것이라고 보기 때문이다. WTO 산하 위원회는 소비자, 특히 영국 주부들의 저항을 받은 EU 측의 압력으로 사전예방 원칙을 도입하자고 건의하기도 했다. 하지만 이 책을 쓰는 시점에서 보건대 미국의 저항이 모든 변화를 차단하는 것 같다.

## 국가 안보

'강요된 무역'의 유일한 예외는 바로 국가 안보 조항이다. 국가 안보는 많은 것을 내포하고 있다. 군사적 공격을 방어하는 데 필요한 일반적인 군사 장비 외에도 경제적 침공이나 해킹 등과 같은 사이버 공격, 심지어 불분명하지만 국가의 존립에 어떻게든 위협이 되는 것들에 대한 방어도 포함하자고 요구하는 나라가 많다. 장기적인 생존과 관련된 것들도 있다. 식량 안보(국제적 위기 때 기본적인 식량을 자급할 수 있는 능력), 환경 안보(주요 국가 자원 및 사용량 보호를 포함해), 문화 안보(국가의 전통 문화 및 언어 등의 보호), 에너지 안보(EU가 큰 관심을 보이고 있는 항목), 사회 안보(실직과 테러, 건강 위협 등으로부터의 보호) 등이다.

이 같은 국가 안보가 무역 이슈보다 더 상위에 있어야 함은 명백하다. WTO 이전의 GATT 규정도 개별 국가가 규정하는 대로 국가 안보를 신축적으로 정의했다. 하지만 WTO 규정을 초안한 기업 측 인사들은 이 조항이 무역(기업 이윤이라고 읽히는)의 '잠재적인 장벽'의 원천이라고 보았다. 그래서 국가 안보에 따른 예외들을 허용하는 사례를 대폭 줄이려고 했다. 이에 WTO가 '강요된 무역' 규칙에 대한 합법적인 예외로 인정하고 있는 것은 평화 시에는 딱 두 가지뿐이다. 군사 장비와 핵분열 물질. 해외 기업들에게는 대단히 편리해졌지만 국가 이익을 보호하려고 하는 나라에는 잠재적으로 큰 재앙이 될 것이다.[15] 이러한 조항 때문에 자원과 지역 공동체, 핵심 산업, 건강 및 식량 안보 등을 보호하고 보장하려는 국가의 노력이 방해받는다. 그리고 그들의 운명과 주권의 상당 부분을 해외 영리 회사에 넘겨주게 된다. 이것은 민주주의에서는 도저히 용납될 수 없는 일이다.


## 환경보호

WTO 규정은 환경보호법에 치명적인 타격을 준다. 진보의 시계를 GATT 체제인 30년 전으로 되돌린 것이다. 사전예방 원칙과 표시를 통한 소비자의 알 권리를 거절했음은 물론 오염 제품의 사용 금지도 못하게 했다. 명시적인 금지 법령이 앞서 언급한 DDT와 폴리염화비페닐, 핵 실험과 가연 가솔린 등과 같은 오염물질을 효과적으로 통제하는 유일한 방안이라는 것은 이미 입증되었다. 기업의 범죄자들이 술책을 부릴 여지를 주지 않기 때문이다.

따라서 기업들은 금지 법령을 없애고 이른바 '위험 평가' 준칙으로 대체하자고 주장했다. 그렇게 되면 기업들이 통제를 벗어날 수 있기 때문이다. 이런 식으로 그들은 소비자에게 입증 책임을 떠넘겼다. 즉 제품을 퇴출시키려면 건강에 위험 요소가 있다는 과학적 증거를 소비자들이 보여야 한다는 것이다. 이를 환경연구재단은 "시체를 죽 세워놨다"라고 표현했다.[16] 그래서 석면, 납 화합물, 성장 호르몬, 그리고 전자기기에 들어 있는 수은과 카드뮴 등을 금지하려는 EU의 시도는 '세계적으로 널리 통용되는 과학적 합의'가 없다는 미국의 완강한 저항에 막혀 허사로 끝났다. 유럽의 과학자와 정치인들이 납득한 연구 결과만으로는 불충분했다. 설령 '세계적으로 통용되는 과학적 합의'가 얻어진다고 해도 기업들은 매우 효과적인 대비책을 갖추고 있다. 곧바로 실행에 옮겨지더라도 '무역을 가장 적게 제약하는' 방법이어야 한다는 또 다른 규정이다. 그런 방법이 해당 국가에 많은 비용 손실을 초래하거나 터무니없더라도 그렇게 해야 한다고 주장한다. 무역과 기업의 이윤 추구 권리가 성스러운 원칙이란 얘기다. 그러므로 이러한 대비책을 사용하면 100퍼센트 무역을 제한할 수 있는 완벽한 금지 법령도 폐쇄할 수 있다. 그것이 유일하게 효과적인 조치라고 할지라도.

1992년 브라질 리우데자네이루 협상에 참석한 미국 대표는 WTO 규정에 따르면 미국의 환경 관련 법률 중 80퍼센트는 이의 제기를 받고 불법이라 공표되어야 할 것이라고 말했다.[17]

### 알 권리

유럽의 최근 화젯거리 중 하나가 식품의 제조 공법과 원산지에 대한 알 권리였다. 이런 권리는 대부분의 사람에게 당연한 것이다. 하지만 WTO의 논리에 따르면 해외 생산자들이 불리해질 수 있기 때문에 정보 제공은 불가능하다. 유럽의 소비자들은 생산자들이 환경에 유해한 생산기술을 이용해 가격 우위를 얻었는지 알고 싶어 한다. 아동 노동이나 도저히 받아들일 수 없는 근로조건과 연관되어 있는지도 알고자 한다. WTO는 이러한 요구가 달갑지 않다. 유럽의 소비자 단체는 친환경 표시나 유전자 변형 표시라도 붙이라고 요구한다. 그래도 WTO 규정에서는 절대 허용되지 않는다. 하지만 WTO를 무너뜨릴 수도 있는 유럽인들의 저항이 두려워서 공식적으로 규칙을 적용하려고 했던 국가는 아직 없다. 소비자들이 불공정한 대우를 받는다고 느끼면 이 이슈는 계속해서 터질 것이다.


## 민주적 요소의 결핍

WTO의 갈등 해결은 광범위한 여론 수렴과 어떠한 선출단의 호소도 없이 무역 관료들에 의해 폐쇄된 문 뒤에서 이뤄진다. 그 결정이 환경적·사회적·문화적으로 광범위한 영향력을 갖고 있을지라도 그러한 측면들은 전혀 고려되지 않는다. 참석자들은 그런 문제를 감안하라는 권리를 부여받지 않았으므로 그건 그들의 권한 밖이다. 결정을 내리기까지 다양한 측면에서 공익을 고려하거나 평가하려는 시도도 없다. 의회나 공공 위원회에서는 이러한 과정이 지극히 정상적인 것인데도 말이다. 참석자들의 임무는 단지 기업을 위해 기업이 만든 규정을 해석하는 것이다. 현 시대에서 글로벌 거버넌스의 몸통을 가장 닮은 WTO에서는 기업들이 다른 이익집단이나 민주적인 조직의 개입 없이 사실상 입법부, 행정부, 사법부 역할을 대신한다.

그린 룸에서 결정하는 것이 아니고 WTO 총회에서 진정 '1국 1표'

로 투표가 이뤄진다면 의사 결정 과정에 민주적인 요소가 있다고 볼 수 있을 것이다. 하지만 G8 국가에 의해 반체제로 찍힐 경우에 받을 경제 압력 때문에 이런 일이 일어날 가능성은 희박하다.


## 민주주의와 자유시장은 양립하는가

존 그레이 전 런던정경대 교수는 "민주주의와 자유시장은 동맹이 아니라 라이벌"이라고 지적한다. 덧붙여 "세계 규모로 자유시장을 디자인하고자 한다면, 자유시장을 정의하고 공고하게 하는 법률 체계가 민주적인 입법부의 손이 닿지 않는 곳에 있어야 한다"라고 말한다. WTO 구조가 그 좋은 사례다. 우리가 그레이의 주장을 받아들인다면 신자유주의 경제학이 거짓과 잘못된 포장으로 팔리고 있다고 결론 내려야 할 것이다.[18]

그레이에 따르면, '자유시장'이 이른바 미국 건국의 아버지들의 '보편적 진실'을 구현하고 있다는 것은 잘못된 신화다. 그리고 한때 존재했던 '자유방임'이라는 미국의 황금기가 지금 부활하고 있다는 것도. 그레이는 미국의 전통은 보호주의였지 자유시장이 아니라고 주장한다. 게다가 수많은 연구에 따르면 성장과 민주 정부 사이에는 어떤 통계적 연관성도 없다.[19] 중국은 민주주의도 아니고 자유시장도 아닌데 급속히 성장하고 있다. 그레이가 보기에 지금의 자유시장에 대한 도취는 하나의 세계 문화라는 계몽시대의 꿈에 뿌리를 둔 역사적 '특수성'이기에 이 프로젝트는 반드시 실패할 것이라고 확신한다.


## 정부 규제의 필요


그레이는 자신의 관점이 옳음을 저명한 경제학자인 칼 폴라니가 쓴
『거대한 전환(The Great Transformation)』[20]이라는 고전에서 입증하려
고 했다. 1944년에 집필한 이 책에서 폴라니는 당시의 단기 이슈(세
계 전쟁, 세계 공황, 브레튼우즈 체제 등)들을 넘어 미래를 전망하고, 경제
사상의 역사적 진화의 흥망성쇠를 논의하는 데 묘한 능력을 발휘하
고 있다.

폴라니의 주된 개념 중 하나는 '이중 운동(double movement)'이
다. 이것은 자기 조정적 자유시장을 촉진하는 상업적 이해와 시장적
조직 방식을 제한하는 보호주의적 운동을 펼치는 사람들 사이의 긴
장관계를 의미한다. 즉 시장의 자기 조절적 힘이 강해질수록 사회의
각 공동체의 반발도 커진다는 것이다. 중요한 사실은 자유시장이 보
통 시민들에게 과중한 부담을 지우고, 시민들은 자신에게 자기 조정
적 시장을 부과하려는 지도자들의 노력을 오랫동안 참고 견뎌본 적
이 없다는 것이다. 그래서 그는 순수한 시장 경제를 지금까지 세상
에서 한 번도 존재한 적이 없고 앞으로도 존재할 리 없는 유토피아로
생각한다. 사실상 자유시장의 지지자들도 필요할 때에는 종종 정부
의 간섭과 보조금을 요구하니 말이다. 그 첫 번째 예로 최근 민간 상

업은행들이 외국 시장에서 빠져나오는 과정에서 손실을 보상받고자 IMF에 외환시장 개입을 요구한 것을 들 수 있다. 두 번째로는 서구의 농민들이 막대한 보조금을 타내려는 로비가 성공하여 부농들에게 가장 큰 몫이 돌아간 일을 들 수 있다.

폴라니는 시장이 정부 규제를 원하는 가장 근본적인 이유는 토지와 노동, 화폐가 판매를 위해 만들어지는 진짜 상품이 아니기 때문이라고 한다. 이 세 가지는 사회적 기능의 작동과 사회의 안정성을 위해 대단히 중요하다. 따라서 어느 정도 정부의 간섭이 필요할 수밖에 없다. 애덤 스미스도 동일한 얘기를 했음을 상기하길 바란다. 그 역시 정부 규제를 상업적 이해에 대비하는 필수적인 보호책으로 보았다.

요약하면 '민주적 자본주의'의 '자유시장'은 자기 뜻에 반하는 사람들에게 징벌을 가하는, 반민주적인 속성이 있다. 그래서 '민주적 자유시장'은 모순이다. 역사적으로 시장 경제는 노동력을 상품으로 다룸으로써 인간의 가치를 평가절하하고, 참을 수 없는 고통을 주고, 민주적인 시민권을 위협해왔다. 자유로운 자기 조정적 시장은 단지 잘못된 언어로 포장된 이데올로기적 개념일 뿐이며, 다수의 희생 위에 소수 부자들의 이익을 더 늘리려는 의도를 갖고 있다. 폴라니의 말에 의하면 "자유방임은 뭔가를 획득하는 방법이 아니라 획득하려는 대상"이라고 한다. 더욱이 이 이데올로기는 미국, 유럽, 일본 등 과거 보호주의가 지배적이던 경제에서도 명백히 거부되었던 것이다. 자유방임 이데올로기의 확실한 의도는 약한 경쟁자, 특히 개발도상국에만 의도적으로 적용해 현상을 그대로 유지하겠다는 것이다.

## 헛된 약속

세련된 관찰자들은 경쟁 세계에서는 경제적 및 정치적으로 우세하게 남아 있겠단 목표가 지극히 타당하고 정치에서의 위선은 새롭지 않다는 점에 주목한다. 좋다. 하지만 왜 실체를 인정하지 않고, 누군가의 아젠다에 대해서 조금도 솔직하지 않은 것인가? 그것은 지배하고 있는 경제, 즉 G8 국가들이 나머지 다른 나라에 팔고 있는 것이 신자유주의적 글로벌 경제(지배를 유지하려는) 이상의 것들이기 때문이다.

그들이 파는 것은 바로 신자유주의가 모든 좋은 것들, 즉 민주주의, 인권, 정의, 효율, 빈곤 추방 등을 가져올 것이라는 인식이다. 그러나 이 모두는 신자유주의적 실체에서 심각하게 부족한 것들이다. 국제 공동체가 G8과 IMF, WTO가 표명하는 주장들이 내포하고 있는 가치의 진지함에 대해 질문하기 시작한다면 심각한 문제들이 널리 드러날 것이다. 대중은 그 미사여구가 모순이라는 결론에 도달하게 될 것이다. 실망스러운 결과를 안길 뿐 아니라 자국 시장에 불리하게 적용되는 조약들을 보면서 말이다. 그러면 신자유주의를 거부하자고 강력하게 주장할 것이다. 대부분의 국가는 그 시스템에서 탈출할 충분한 이유와 신자유주의 경제학을 공평하고 지속 가능하며 다극 체제(냉전 시대 붕괴 후 국제 권력이 분산된 국제 정세를 뜻하는 말_편집자 주)와 조화를 이룰 수 있는 대안과 바꾸겠다는 욕구를 갖게 될 것이다. 이러한 모순이 그 문제의 진짜 핵심으로 G8의 패권에 치명적

타격이 될 것이다.


## 지구 온난화 : 시장 실패의 사례

신자유주의 경제학의 근본 전제 중 하나가 시장은 실패하지 않는다는 것이다. 그래서 정부는 시장을 방해해선 안 되며, 시장이 최적의 자원 배분을 하게끔 내버려두라고 한다. 그러나 시장은 수세기 동안 실패해왔다. 신자유주의 이전의 경제학자들은 모두 알고 있고 인정했다. 가장 최근의 시장 실패로는 지구 온난화 현상을 들 수 있다. 현재를 지배하고 있는 경제 시스템은 화석연료를 태울 때의 환경비용을 체계적으로 무시하기 때문에 인류는 지금 지구가 뜨거워지는 것을 모면해야 할 엄청난 문제에 직면해 있다. 이른바 이산화탄소 배출로 인한 온실 효과다.

우리의 생존은 위태롭다. 기후학자들은 수십 년 동안 이러한 위협을 경고해왔다. 환경운동가들도 이산화탄소 방출에 높은 세금을 매기자고 요구해왔다. 특히 연료를 많이 소비하는 자동차와 비행기에 높은 세금을 부과하자고 했다. 그래야 진짜 환경비용을 반영할 수 있다고. 하지만 거대한 정유회사의 로비스트들은 이러한 경고를 과학적 근거가 없다며 비웃었다. 그리고 지금까지도 더 많은 석유를 발견하고 추출하고 태우기 위해 막대한 보조금을 받고 있다.

그러나 점점 더 많은 사람들이 지구 온난화가 화석연료의 소비로 인해 생기는 현상이며, 막대한 비용을 소비하고 있다는 것을 인식하게 되면서 상황은 달라졌다. 그렇지 않다고 했던 자들은 지금 침묵하는 소수가 됐다. 이는 환경의 중요성을 인식하지 못했던 시장 중심적 사회, 특히 WTO가 잘못됐다는 대표적인 예다. 하지만 이런 뼈아픈 교훈으로 시민과 정치인들이 화폐 기반 제도의 약점을 더 잘 이해하게 됐고, 국제 무역의 원칙을 대대적으로 개혁해야 할 필요성을 느끼게 된 것은 희망적이다.

## 정치인들은 왜 내버려두는 것인가

그렇더라도 의문이 남는다. 선진국의 대표들 상당 수가 자국은 물론 장기적으로 볼 때 세계사회 전체에 큰 손상을 주는 WTO의 결정이 무엇을 의미하는지를 정말 몰랐을까? 보다 넓은 정치적 견해를 기대하는 사람이 있을지도 모른다. 예를 들면 '글로벌 코먼즈'(global commons, 국제 환경법상 개념으로 기상, 오존층, 삼림 등의 지구환경을 가리킴_옮긴이 주)처럼 보다 큰 지구적 이슈에 대한 책임감 같은 것 말이다. 하지만 나는 그러한 일이 일어나리라고 생각하지 않는다. 단지 권력과 탐욕, 이기심으로부터 나온 정치적 흥정에 불과할 뿐이다. 대부분의 국가들이 WTO를 '글로벌 거버넌스 포럼'이라고 보기보다 '비즈니스 포럼'으로 보는 데서 그 답을 찾을 수 있다. 이런 이유로 각 국가가 정치 전문가보다는 기업계 및 무역 전문가들을 대표로 보내는 것이며, 이로 인해 기업의 지배와 국가 간 경쟁이 더 강화되는 것이다.

## 경제 아젠다 장악하기

반다나 시바는 WTO와 IMF 체제가 정치 논쟁의 주제로서 경제 아젠다를 효과적으로 장악하고 있다는 것을 정치인을 포함한 대부분의 사람들이 놓치고 있음을 지적한다. 국제 무역 규정은 사실 공공 토론의 핵심이어야 한다. 사회의 모든 것에 영향을 미치는 가장 중요한 요인이기 때문이다. 하지만 우리의 정치인들은 한때 해외 기업들의 필요를 만족시키는 결정—이것이 WTO 규정의 본질이다—을 함으로써 민주적 토론의 장을 없애고 자국의 국민을 배신했다. 그 결정이 주는 영향에 대해 충분히 고려하지 않고, 공개 논쟁도 없이, 1994년 밤에 자국 기업과 외국 자본의 압력을 받아 그냥 해치워버린 것이다. 오늘날까지도 그 규정이 자국 사회를 통제할 수 있는 능력의 상당 부분을 내줘버렸다는 사실을 아는 사람은 거의 없다. 반다나 시바 역시 이 때문에 정치인들이 자국의 경제적 운명마저도 자신들이 더 이상 통제할 수 없게 됐다고 지적한다. 정치인들이 '인종, 종교, 민족' 등 프로필을 구분하는 부차적 요인들에 집중하고 자연스레 근본주의로 흘러가게 된 이유도 이 때문이라며 동전의 또 다른 한 면이라고 말한다.

## 돈의 문화

화폐 기반 경제는 정치를 돈, 특히 큰돈을 가진 사람 쪽으로 심하게 왜곡한다. 예를 들어 미국이 교토의정서(1997년 일본 교토에서 열린 기후변화협약 총회에서 채택된 온실가스 감축을 목표로 하는 의정서_옮긴이 주)를 거절한 것은 미국이 다국적 기업들에 감사하는 의미였다. 미국 200대 기업 협의체이자 로비 단체인 비즈니스라운드테이블(한국의 전국경제인연합회와 비슷한 단체_옮긴이 주)의 구성원들은 정치에 영향을 미치기 위해 엄청난 돈을 기부한다. 1998년 기업당 연회비 증가액은 30만 달러였다. 그들은 교토의정서뿐 아니라 환자권리장전(Patients' Bill of Rights, 의사가 진료할 때 환자의 사전 동의를 받거나 설명할 의무가 있다고 규정한 법_옮긴이 주)에 반대하는 캠페인에도 많은 돈을 들였다. 환자권리장전의 경우는 1998년 한 해 동안 광고에만 500만 달러를 썼다.[21]

미국의 저명한 저널리스트인 엘리자베스 드류는 화폐 기반 사회의 수도에 대해 다음과 같이 기고했다.

"화폐 문화가 워싱턴을 지배하는, 종전에는 없던 현상이 일어나고 있다. 지금은 돈이 모든 것을 압도한다. 돈이 문제를 제기하고 결과를 좌우한다. 워싱턴의 고용 패턴을 변화시켰고 정치도 탈바꿈시켰다. 가치도 역전시켰다. 착한 사람들도 비난받지 않으면 도덕적 문제를 일으킬 수 있는 일들을 하도록 유도했다. 화폐 문화는 공공 서비스의 개념에도 치명적이지는 않을지라도 깊은 상처를 냈다."[22]

종종 우연찮게 당사자의 입에서 진실이 직접 튀어나온다. 그 예로 의회 로비스트는 드류에게 이렇게 말했다.

"의회 내 수많은 전쟁에서 사람은 고려 대상이 아니라고 단언할 수 있다. 그건 기업의 전쟁이다. 경제적 효과에 대한 추상적 토론만 있을 뿐 다 헛소리들이다. 매우 부유한 사람과 대단한 부자 사이의 결정이다."

또 다른 로비스트는 드류에게 '소프트 머니'(미국에서 후보 개인이 아니라 정당에 기부되는 정치 자금_편집자 주)와 '하드 머니'(미국에서 정당이 아니라 후보 개인에 기부되는 정치 자금_편집자 주)가 정치인에게 미치는 덕목에 관해 설명해주었다.

"만일 당신이 존 스미스라는 하원의원에게 올라가 '어이 존, 당신한테 1만 달러를 줄게'라고 말한다고 치자. 이는 당신이 특정인이 아닌 국가위원회에 50만 달러를 주는 것보다 훨씬 더 큰 효과가 있다. 이를 '소프트 머니'라고 한다. 소프트 머니로 주목받으려면 금액이 엄청나게 커야 한다. 그래야만 사람들이 주목한다."

1998년 의회에 등록돼 어슬렁거리는 로비스트만 1만 1500명이었다.[23] 지금은 2만 5000명 정도 될 것이다.

로비스트들이 하는 일 중 하나가 의원들의 제안에 '민초들이 지지하고 있다는 환상을 만드는 것'이다. 한 로비스트는 드류에게 자신이 1990년대 중반에 민초들의 지지 환상을 창출하는 '완벽하게 만들어진' 캠페인에 관여한 적이 있다고 털어놓았다. 당시 약속된 돈이 1500~2000만 달러였다고 한다.

"종종 당신은 의원들에게 여론이 고조되고 있다고 납득시키려고 하지만 그 뒤에는 아무도 없다. 마치 오즈의 마법사와도 같이 그 뒤에는 당신과 연기, 바람 소리 외에는 아무도 없다."[24]


## 부의 차별

『기업 윤리(Business Ethics)』라는 미국 잡지의 공동 설립자이자 에디터인 마조리 켈리는 "우리 경제의 핵심 문제는 부의 차별"이라고 주장한다. 그녀는 사람들이 자본의 권리를 받아들이는 것을 유럽 왕조 시대의 '왕권신수설'을 받아들이는 것과 비교했다. 그 당시에는 아무도 왕이 나라를 소유하면서 사적인 목적을 위해 사용하는 것을 문제시하지 않았다. 마찬가지로 우리는 주주들이 기업의 모든 재산권을 소유하며, 소수의 부자들이 절대 다수의 시민보다 정치 과정·미디어·교육에 훨씬 더 큰 영향력을 행사할 수 있는 권리를 그대로 받아들이고 있다. 그녀는 부의 차별은 미국 헌법 제정자들이 없애고자 추구했던 귀족적인 전통의 연속이며, 미국의 수정헌법 제14조 '평등권의 보호' 조항에 대한 침해라고 지적한다. 부의 차별은 어느 나라든 진정한 민주 사회임을 주장하기 전에 성차별, 인종 차별을 없애야 하는 것과 같은 방식을 따라야 한다.[25]

## 신자유주의자들의 반격

영국의 『파이낸셜 타임스』의 칼럼니스트 마틴 울프는 최근 세계화를 옹호하는 책을 출간했다. 신자유주의 경제학의 가장 최근이자 가장 정교한 주장을 드러낸 것이다. '왜 세계화가 작동하는가(Why Globalization Works)'라는 다소 모순적인 제목이다. 모순적이라고 표현한 것은 비판자들이 제기한 대부분의 문제점을 인정하고 있어서다. 예를 들어 그는 한때 자신이 일한 적이 있는 세계은행에 대해 대단히 비판적이다. 그는 "자유세계 경제를 지키는 일이 IMF와 WTO, 세계은행 등을 지키는 것은 아니다"라고 썼다. 하지만 이는 욕조 속의 찬물과 따뜻한 물을 분리해내는 것과 마찬가지인 지적이다. 유감스럽지만 그건 하나의 큰 시스템이다.[26]

그는 반세계화론자들을 '사실을 무시하는 것'으로 차이를 두려는 '응석받이'처럼 취급한 뒤에야 그들의 지적 대부분을 수긍했다. 예를 들어 그는 "세계의 부자 나라들이 가난한 나라의 비교우위에 보여온 위선"을 소리 높여 비판한다.[27] 그는 가난한 나라에 대한 부자 나라의 소득 비율이 세계화 기간 중에 계속적으로 증가해왔음을 인정한다. 하지만 이것이 문제라고 생각하지 않는다. 울프는 환경비용을 내부화할 필요성에는 인식을 같이한다. 하지만 그것이 어떻게 초래됐으며, 무엇이 추가되어야 할지에 대해선 건설적인 제안을 하지 않는다. 덧붙여 "그러한 정책들이 세계적인 수준에서 동의되고 실행될지는 사실 의문이다"라고 한다.[28] 그렇게 의문인 채로 벌써 60년이 지났다. 대체 언제 행동에 옮길 것인가?

환경 기준과 '바닥을 향한 경쟁'에 대해서도 그는 "수준이 높은 지역이나 국가의 법 제도를 해치는 국가들 사이에선 산업이 그러한 규제 차익(regulatory arbitrage, 지역 간에 발생하는 규제의 차이를 이용해 차익을 실현하고자 하는 거래_편집자 주)을 이용할 가능성이 있다"라고 말한다. WTO 출범에 대해서도 "규제에 대한 공격이 협상 과정의 일부였다"면서 이는 "지적재산권을 보호하려는 기업들에 적용되는 특별한 것"이었다고 시인했다.[29] 울프는 위험 요소를 인정하지만 어깨를 으쓱할 뿐이다. 마치 "그래서 뭐?"라고 말하는 듯이. 그러면서 전혀 중요하지 않은 듯 넘어간다.[30]

울프는 "부자 나라에서 관세를 올려 개발도상국들의 상품 가치를 떨어뜨리는 것"을 '오래된 스캔들'이라고 표현한다.[31] 그 표현에는 전적으로 동의한다. 그는 현재의 불평등에 관한 인상적인 묘사에서 '부자의 위선'을 맹공격한다. 그는 미국이 방글라데시의 수입품에는 14.1퍼센트, 캄보디아의 수입품엔 15.8퍼센트의 관세를 매기는 데 반해 서구 국가들에 대해서는 일반적으로 13분의 1 정도만 관세를 매기는 것을 예로 든다. 프랑스의 경우 1.1퍼센트다. 그는 세계화에 대한 그의 다음 방어막을 치기 전에 "이것은 망신이다"라며 분개한다.

그는 "부국들의 충격적인 규모의 보조금…… 개발 원조의 6배"라는 것도 공격한다. 이쯤 되면 울프가 세계화 비판자들과 같은 숫자를 제시하면서 '사실을 무시한다'고 그들을 비난하는 근거가 무엇인지

궁금해지지 않을 수 없다. 다른 비판자들과 주요한 차이점은 그가 그 숫자를 제시하는 데서 멈추고 명백한 결론을 이끌어내지는 않으려 했다는 점이다.

자본 자유화 시대에 울프는 "자본 자유화는 경제 성장에 긍정적인 영향을 미쳤다는 증거가 거의 없다"라는 비판자들의 지적을 수긍한 다.[32] 그는 1990년대 후반의 많은 위기를 언급하면서 자본에 대한 통제의 자유화가 주요 원인이었다고 지적한다. 그런데도 더 큰 통제 가 필요하다는 결론보다는 비논리적이게도 통제하지 말자고 주장한 다. 대신 투명성을 더 높이자고 말한다. 이는 신자유주의자들의 주 장과 마찬가지로 사변적이고 이념적일 뿐이다. 실증적 증거도 경제 학의 기초도 없다. 결정적인 행동을 하지 못한다면 다음 금융위기의 희생자가 될 사람들에게도 공평한 일이 아니다.

울프는 스티글리츠와 다른 사람들이 IMF의 파괴적인 정책에 대해 비판하는 것에 대항하고자 필사적으로 노력했다. 그러나 그 노력은 실패했다. 결국 그는 마지못해 "우리는 더 잘할 수 있다. 그래야 한 다"라고 결론짓는다.

울프는 따뜻한 가슴을 가지고 있으며, 지구 사회의 가난한 분야 를 돕고자 진심으로 노력하는 사람이다. 하지만 그가 그토록 방어하 는 경제 시스템이 자신이 인정하는 모든 문제의 주된 이유라는 사실 에 대해서는 눈을 감는다. 그는 현재 시스템의 문제와 불공정을 인식 하고 있다. 그러면서도 동일한 처방, 즉 우리는 더 많은 세계화가 필 요하다는 처방 외에는 다른 걸 제시하지 않는다. 그는 어떠한 대안도 찾아보려 하지 않는다. 그는 단지 해법이 무엇인지를 알기만 한다. 그래서 그는 상상력도 근거도 없이 모든 일이 미래에 다 잘될 것이라는 신념에만 집착한다.

울프는 허먼 댈리, 헤이즐 헨더슨, 슈마허, 만프레드 맥스 네프의 저서들을 읽지 않은 게 분명하다. 그런 책들을 읽었더라면 그는 신자유주의 경제학의 심오한 대안을 제시하는 매우 존경받는 경제학자들을 알게 되었을 텐데.[33] 그는 지역화 원리에 근거한 경제에 대한 이해가 매우 부족하고, 신자유주의 경제학자들이 초래한 환경 파괴에 대해서는 아예 관심이 없다.


요약 정리


WTO는 프랑켄슈타인의 괴물과 유사한 점이 많다. 사람이 만든 도구다. 선의로 창조했지만 실제로는 세계사회에 엄청난 해를 끼치고 있다. 민주적 통제가 불가능한 가운데 스스로 살아 움직이고 있다. WTO가 세계사회에 미치고 있는 영향을 요약하면 다음과 같다.


1. 편익은 세계의 단 1퍼센트에 불과한 갑부들과 빈국의 엘리트들에게 주로 돌아간다. 이것이 정치적 다이너마이트다. 파시즘의 경찰국가로 빠지지 않는 한 장기적으로 지속 가능할 수 없다.
2. 빈부격차가 심화되면서 정치적 불안정도 격화된다. 이는 곧 세

계 평화에 중대한 영향을 미친다. 절망적인 사람들에 의한 테러리즘이 늘어난다.

3. 개발도상국을 원자재와 값싼 노동력의 공급자라는 현재의 역할에 효과적으로 묶어둔다. 하지만 장기적으로 이 같은 체제는 불가능하고, 폭력을 불러일으킬 것이다.

4. 주권 국가들이 환경 친화적 기술을 연구, 개발하려는 의욕을 꺾는다.

5. 환경비용이 무시되므로 환경 파괴가 촉진된다.

6. '강요된 무역'의 원칙 때문에 주권 국가들은 국민이 원하지 않는 제품의 수입을 금지할 수 없게 된다.

7. 해외 기업들의 이익을 위해 주권 국가들이 사회적 비용을 줄이도록 계속적으로 압력을 가해 복지국가의 기반을 체계적으로 약화시킨다.

8. 단지 기업의 이익만 고려해 결정한다. 어떠한 민주적 선출단에도 결정 과정을 통보하지 않으며 그들의 영향을 받지도 않는다.

9. '무역 장벽'이란 명목 하에 국민 대다수가 원하는 국가 안보와 건강, 산업 정책, 사회 정책 등에 영향을 미치는 법률들이 통과되지 못하도록 한다.

8장
─────

# 새로운 경제를 향하여

현재 세계의 모든 국가에서 최근 몇 년간 일어나고 있는 현상에 대한 불만이 표출되고 있다. 대부분은 시민 사회에서, 하지만 일부 기업과 학계에서도 이러한 움직임이 포착되고 있다. 대개 열대 우림 살리기, 윤리적 투자, 토빈세(단기성 외환거래에 부과하는 세금으로 노벨 경제학상 수상자인 미국의 제임스 토빈 교수가 주창해서 붙여진 이름_편집자 주), 교토의정서, 재정 개혁, 국제구호단체, 마이크로 크레딧, 적십자, 유전자 변형 식품 반대, 볼런터리 심플리시티(voluntary simplicity, 자발적 단순화라는 뜻으로 스스로의 의지로 확립한 간소한 생활양식을 이름_옮긴이 주), 반핵 운동 등 주로 단일 주장 캠페인들이지만, 모두 같은 근원적 문제의 서로 다른 측면임을 발견할 수 있다.

이렇게 단일 주장 운동이나 캠페인을 하는 첫 번째 이유는 사람들이 글로벌 이슈의 상호의존성 및 인과관계를 파악하기가 매우 어렵기 때문이다. 사람들은 무엇이 잘못되었는지 알 수는 있지만 전체 그림을 보기에는 아무래도 어려운 면이 있다. 두 번째로는 단일 주장이 관리하기가 더 쉬워 초점을 맞춰 구체적인 개혁 안을 제시할 수 있기 때문이다. 하지만 동기와 근원이 어떻든 간에 이 모든 노력은 하나의 공통점을 가진다. 우리의 가치 체계와 세계관을 급격히 변화시키기 위한 길을 깔고 있다는 것, 그래서 궁극적으로 사회를 재구축하는 길을 닦고 있다는 것.


## 중대한 오류

우리의 문명을 지속 불가능한 미래로 밀어 넣고 있는 핵심적인 개념은 세계사회의 가장 중요한 목적인 경제성장률의 극대화다. 미국 경제학자인 케네스 볼딩은 "지수의 성장이 유한한 세계에서 영원할 수 있다고 믿는 사람은 둘 중 하나다. 미친 사람이거나 경제학자이거나"라고 빈정댔다. 케네스 볼딩은 스미스와 리카도, 케인스 등에 좀 더 가까운 저명한 경제학자다. 신자유주의 경제학자들보다는 좀 더 정교하고, 좀 더 생명 근원적인 경제학적 사고를 가진 사람이다.

사실 많은 사람이 경제성장을 빈곤의 해결책으로 생각한다. 빈민들조차 파이가 커지면 자신들에게 떨어지는 것이 더 많으리라고 생각한다. 따라서 아주 강력한 힘을 가진 극소수 갑부들이 세계의 자원을 독점하고 자신들에게는 최저 생계만 유지하도록 하는 이 불합리한 현상을 묵묵히 받아들이고 있다. 이러한 시스템에서 개발도상국들은 부자들을 위해 최저 임금으로 제품을 생산한다. 상품과 원재료는 자신들의 약탈적인 지도자들이 미리 당겨 쓴 부채의 원리금을 갚기 위해 수출된다. 하지만 이들의 지도자들은 자국의 가난한 국민들의 복지에는 전혀 관심이 없다. 그저 스스로를 세계를 지배하는 엘리트의 일원으로 생각한다. 그래서 서구의 지도자들처럼 사치스러운 생활을 하고, 스위스 은행에 비밀계좌를 만드는 것이다. 하지만 파이가 영원히 커지리라는 신화가 환상으로 드러날 때가 머지않았다.


## 대안 경제학

대안 경제학자들의 저작이 계속 나오고 있다. 신자유주의 경제학이 현실성이 없을 뿐 아니라 심지어 인류에게 해를 끼친다고 비판하는 책들이다. 그들은 자연환경과 사람들의 진정한 욕구에 부합하는 경제학 접근법을 발전시키고 있다. 조만간 이러한 새로운 접근법이 고전파와 신자유주의 사고를 대체하게 될 것이다. 장기적으로는 지속가능한 사회의 유일한 경제학, 즉 '절정의 공동체'라 불리는 제3유형의 안정적 생태계에 적합한 경제학이 될 것이다. 열대 우림은 영원히 성장하지 않고 안정적인 절정 상태에 도달한다. 상태가 달라지면 천천히 변화하겠지만 지속적인 성장은 불가능하다. 자연의 고유한 일부처럼 인간 사회도 같은 한계에 부딪힐 것이다.

대안 경제학자들은 지금까지 특정한 주요 분야에 집중해왔다. GDP보다 인간의 진보를 더 잘 측정할 수 있는 지표 개발이 그중 하나다. 지속 가능한 '정상 상태' 세계에 더 잘 어울리는 경제학 이론과 효율성의 척도, 그리고 우리의 세계사회나 그 일부의 지속 가능한 정도를 평가하는 지표를 개발하는 것이다.


## 웰빙의 측정

웰빙처럼 다루기 힘든 개념을 측정하려는 시도가 최근 수년 동안 있어왔다. 유엔개발지수[1], 캐나다의 웰빙지수,[2] 부탄의 국민총행복지수,[3] 칼버트-헨더슨의 삶의 질 지표[4][5][6] 등이 그 예다. 모두 인간 생활의 비화폐적 측면을 측정하려는 시도들이다.

앞서 소개한 이런 측정치 중 하나인 GPI는, 지난 30년간 미국이 경제성장을 해왔지만 미국 국민들에게는 아무런 도움이 되지 않았다는 걸 입증했다. GDP와 같은 전통적 지표들은 웰빙을 측정하기엔 절대적으로 부족하다. 그러나 다른 나라들은 어떤가? 다른 측정치로는 무엇이 있는가?

'맨발의 경제학자'로 유명한 칠레의 만프레드 맥스 네프는 1990년대 중반 수많은 국민경제를 관찰한 후 국민경제의 신전에 대한 '역치 가설(threshold hypothesis)'을 주장했다. 경제성장은 어느 지점까지는 사람들의 삶의 질에 긍정적으로 기여하지만 그 지점을 넘어서면 성장이 계속되어도 삶의 질은 퇴보한다는 이론이다. 이는 성장지상주의자들의 '지불할 돈만 있으면' 환경과 삶의 질은 개선된다는 주장과 정반대다. 사실 그의 개념은 한계비용이 한계이익을 초과하는 지점을 구체적으로 짚어내고 있다.

맥스 네프는 자신의 이론을 시험하기 위한 특별한 도구가 없었다. 하지만 세계은행의 이코노미스트였던 허먼 댈리는 '지속 가능한 경제복지지수(ISEW, Index of Sustainable Economic Welfare)'라는 것을 제안했다. 그의 목적은 진보재정의연구소(Redefining Progress, 1995년 GPI를 제시한 미국 샌프란시스코의 경제연구소_편집자 주)와 동일하고, 기술

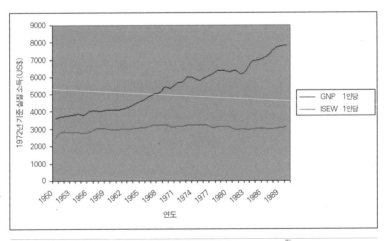

〈미국의 GNP 및 ISEW 추이(1950~1991년)〉[7]

적인 면에서 세부적인 차이는 있지만 GPI와 유사한 점이 많다. 댈리의 제안대로 측정하면 미국의 ISEW와 국민총생산(GNP)은 248쪽의 도표와 같다.

꾸준히 상승하는 GNP 곡선과 달리 ISEW 곡선은 1970년대 중반부터 평평하거나 약간 하락하는 형태를 보이고 있다. 영국, 스웨덴, 독일, 오스트리아, 네덜란드 등지에서도 ISEW 지수를 적용하면 미국과 마찬가지로 1970년대 중반 이후 삶의 질이 하락하는 것으로 나타났다. 다음 표는 영국의 경우다.

멈추지 않는 성장이란 케네스 볼딩이 분명하게 얘기했듯이 잔인한 환상이다. 그런데도 이에 대한 개념이 깊이 뿌리박혀 있다. 서구의 지배 엘리트들은 수백 년 동안 그렇게 멈추지 않고 성장해왔다. 지배할 신천지가 있는 한, 경작할 새 땅이 있는 한, 그리고 인구가 비교적 적은 한, 자원은 무한하다는 것이다. 하지만 이제는 그렇지 않

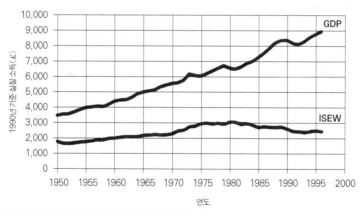

〈영국의 1인당 GDP 및 ISEW 추이(1950~1996년)〉[8]

다. 그런데도 우리는 늘 그게 사실인 것처럼 행동해왔다. 기존의 패턴을 바꾸기란 정말 어렵기 때문이다. 이제 우리의 정치·경제 시스템과 우리의 물적 토대, 우리 삶의 기본 철학은 모두 '뉴 프런티어' 정신보다는 정상 상태의 '우주선 지구'(지구를 우주선에 비유한 말로 우주선 안의 자원이 유한함을 뜻함_편집자 주) 정신에 적응해야 한다. 그러나 지금까지의 경험으로 보건대 지도자를 포함한 대다수의 사람들은 자신들이 직면해 있는 상황을 정확히 인식하지 못하고 있으며, 아예 알려고 하지도 않는 듯하다.


## 절대적 희소성


허먼 댈리는 무한한 성장이 가능하다는 주장에 대해 과학적 논거를 가지고 반론한다. 그의 혁신적 작업으로 전통적 경제학 사고는 근본적으로 약화되었다. 허먼 댈리는 전통적 경제학의 근본적 오류는 유한한 지구의 '절대적 희소성'을 인식하지 못한 데 있다고 주장한다. 그들은 희소성이 상대적일 뿐이라고 생각했다. 그래서 자원이 바닥나면 더 높은 비용으로 대체할 방법이 있다고 생각했다. 이런 가정이라면 성장은 끝이 없는 것이 맞다. 하지만 댈리는 이 가정이 전적으로 잘못됐다고 주장한다. 이를 증명하기 위해 그는 물리학의 열역학 제2법칙(자연계에서는 물질에 아무런 변화를 주지 않고 원래의 상태로 돌아갈 수 있는 순환 과정은 없음을 나타내는 이론_편집자 주)에 의존한다. 우리는 생물권(생물이 살 수 있는 지구 표면과 대기권_편집자 주)의 수용력(포화 밀도)에 의해 제한받는다는 것이다.

전통적 경제학은 자연을 무한한 자원으로 생각하는 반면, 댈리의 정상 경제학(steady state economics, 확장이 아닌 안정에 기초한 경제 유형을 의미하며, 성장 없이도 경제는 잘 운영된다는 취지를 담고 있음_옮긴이 주)은 출발부터가 모든 경제 활동은 생태 공간 내에서 일어나고 생태 공간에 의해 제한된다고 상정한다. 물론 절대적 희소성은 인류가 지구의 자원에 영향을 미치던 수백만 년 동안 문제가 되지 않았다. 당시에는 물질적 한계에 비해 생태계의 한계가 아주 미미했다. 더 이상은 그렇지 않다. 낡은 모델은 과감히 버려야 한다.[9]

조만간 인류는 댈리의 혁명적인 접근법을 수용한 물리학 법칙에 따라 움직이는 현실을 만나게 될 것이다. 그리고 전통적 경제학보다는 그가 주창한 정상 경제학을 받아들이게 될 것이다. 그는 물질적 성장은 어느 지점에서 끝나는 반면, 천연자원을 더욱 효율적으로 사용함으로써 '서비스'의 개선과 발전, 삶의 질 향상은 계속될 수 있다고 지적한다. 뉴 패러다임 경제학자 제1세대에 속하는 댈리는 기업 주도 세계화에 반대하는 비정부기구 시위자들 사이에서 폭넓고 충실한 지지를 받고 있다. 그는 "전통적 경제학처럼 기계적인 모델을 만들기 위한 추상적 개념은 언제나 현실에 악영향을 가져온다"라고 말한다.

앞에서 나는 지금 세계의 생태발자국이 지속 가능한 수준 이상으로 과잉 사용되고 있다고 설명했다. 자연적으로 대체가 가능한 한계를 넘어서서 필요한 것보다 더 많이 먹어 치우고 있다는 뜻이다. 그 끝은 물론 인류의 종말일 것이다.


## 문화 창조자들

미국의 사회학자인 폴 레이와 셰리 루스 앤더슨은 일부 미국인들을 '문화 창조자들'이라고 칭했다. 이들은 뉴 패러다임의 가치를 지지하고 있는 집단으로 지난 30년간 그 규모가 부쩍 커졌다. 레이와 앤더슨은 이 가운데 10만 명을 대상으로 설문조사를 실시하고 수백 명을 대상으로 심층 면접을 진행했다. 문화 창조자들은 1970년대 중반에는 전체 인구의 약 4퍼센트 수준에 불과했다. 하지만 이후 급격히 늘어 1999년에는 26퍼센트 정도로 추정되며, 유럽에선 이보다 훨씬 많다고 레이와 앤더슨은 말했다. 이처럼 짧은 기간에 가치관이 크게 변화한 것은 대단히 이례적이며 역사적인 사건이다. 그렇다면 문화 창조자들과 나머지 사회 계층을 구분하는 기준은 무엇일까?[10]

문화 창조자들은 인간의 가치와 환경, 공동체 등을 소중히 여긴다. 모두 돈으로 측정할 수 없는 것들이다. 이들은 보통 사람들보다 책은 더 많이 읽고, 텔레비전은 덜 보며, 시선은 세계로 돌린다. 또한 신의를 중요시하며 언행일치를 중시한다. 미디어 및 홍보 조작, 기업의 돈세탁, 위선과 이중 도덕성 등을 꿰뚫어보는 능력을 기르고, 진실을 추구하고 지식보다는 개인적 경험에서 배우는 것을 좋아하고 중요하게 여긴다. 세계를 향한 관심만큼 지역에도 열의를 보인다.

　문화 창조자 중 78퍼센트는 미국인 대다수와는 정반대의 견해를 보인다. "미국인은 세계 자원을 지금보다 훨씬 더 낮은 비율로 소비해야 한다"라고 생각한다. 지구 온난화, 멸종 동식물, 생태계의 지속 가능성, 열대 우림과 오존층의 파괴 등에도 큰 관심을 보인다. 이들은 행동주의자로 자원봉사도 다른 사람들보다 네 배나 더 많이 한다. 재미있는 점은 이 가운데 60퍼센트가 여성이라는 사실이다. 하지만 다른 사회에서 보이는 성별 격차가 이들에게는 없다. 문화 창조자들 중에도 핵심 그룹이 있는데, 교육 수준이 높고 예리한 사상가들로 전체 문화 창조자 중 거의 절반에 달한다. 이 가운데 3분의 2가 여성인데, 이들은 영성과 개인적 성장에 훨씬 더 의미를 둔다.

　문화 창조자들은 사회의 지배 계급을 특징짓는 특성들, 즉 더 많은 소유, 물질주의, 탐욕, 이기주의, '나 먼저'주의, 지위 과시, 사회적 불평등의 만연 등을 거부한다. 또한 큰 정부, 대기업, 미디어를 비판한다. 그러면서 인내심, 광고에 대한 무관심, 자기반성, 열린 마음과 같은 자질을 개발하려고 노력한다.


현대인들


문화 창조자들과는 대비되는 우리 사회의 지배 계층은 '현대인들'(1999년 기준으로 49퍼센트)이다. 현대인들의 문화가 미디어와 정부,

법정, 기업계와 학계를 지배한다. 경제는 그들의 특징적인 삶을 지배하고 있고, 그래서 그들은 자신이 속한 지배 문화의 관점을 당연하게 받아들이고 있다. 그래서 '대안이 없다'라는 말이 나오는 것이다.

그들은 지배 문화와는 다른 관점이나 삶의 양식들을 경멸하면서 버린다. 삶에서 무엇이 중요한지를 생각하지 않는다. 가치나 윤리에 의해 움직이는 게 아니라 현상에 적응하기 위해 움직인다. 그들에게 중요한 것은 돈을 많이 버는 것, 성공하는 것, 최신 유행의 선도자가 되는 것, 기술 및 경제적 진보를 지원하는 것, 권력을 사들이는 것, 토착민과 시골 사람들의 가치와 관심을 버리는 것, 나머지 사람들을 자신과 관련이 없는 시대에 뒤떨어진 사람으로 매도하는 것 등이다. 레이와 앤더슨의 말에 따르면 이 밖에도 현대인들은 영적인 추구는 괴상한 것이다, 무엇이든 클수록 좋다, 우리의 신체는 기본적으로 기계에 불과하다, 대기업과 큰 정부가 가장 잘 안다 등의 생각을 받아들인다고 한다. 화폐 기반 문화의 전형적인 본보기다.

물론 문화 창조자들처럼 현대인들에게도 핵심층이 있다. 그들은 바로 미국 사회의 권력을 쥐고 있는 사람들이다. 인구의 14퍼센트, 투표권자의 19퍼센트, 돈의 80퍼센트를 대표하는 계층이다.


## 전통적인 사람들

레이와 앤더슨의 분석 중 마지막 그룹은 '전통적인 사람들'(1999년 기준으로 25퍼센트)이다. 이 그룹은 공통의 신념 및 생활양식, 개인적 정체성을 가진 다양한 소그룹으로 구성되어 있다. 이들은 정치에 대한 관심이 일반적으로 적다. 대부분 저소득층이고, 고교 졸업 이하의 학력 소지자이며, 투표도 하지 않는다. 70퍼센트는 종교적 보수주의자다. 이 그룹에서도 핵심 계층은 경제적·사회적 보수주의자들이다. 이들은 가부장제를 지지하고 페미니즘은 절대로 용납하지 않는다. 가족, 교회, 공동체 중심적이고 관습은 유지되어야 한다. 전통적 성역할에 따르는 것이 최선이고, 섹스와 부도덕한 행동(포르노, 낙태, 혼외정사 등)은 규제되어야 한다. 군대에는 자부심을 가져야 하고, 성경과 무기를 드는 권리는 대단히 중요하다. 외국인은 의심의 대상이고 소도시 생활이 대도시 생활보다 훨씬 낫다는 가치관을 가지고 있다.

흥미로운 점은 전통적인 사람들도 다른 그룹의 사람들과 유사한 가치관을 가지고 있다는 사실이다. 즉 문화 창조자들처럼 이들도 자원봉사를 중요하게 수행하며, 기술 진보와 큰 정부보다는 공동체와 가족생활을 우선시한다. 반면 애국심을 강조하고 현상 유지를 위해 군사력에 기대려는 특징은 현대인들과 유사하다.


## 개인은 무엇을 할 수 있을까


당신이 문화 창조자들의 가치관에 동조한다면 당신이 할 수 있는 일은 무엇일까? 마치 기관사가 없는 기차를 타고 산비탈을 질주하면서 내려가는 것과 유사한데, 이때 당신이 할 수 있는 일은 세 가지다.

첫째, 아름답고 빨리 지나가는 경치를 구경하며 식당 열차 칸에서 지금 무슨 일이 일어나고 있는지에 대해 아무 관심도 없는 다른 여행객들과 함께 음식을 먹고 마시면서 즐기는 것이다. 스피커에서는 반복적으로 경고 신호가 울리고, 자각 있는 승객들은 쪽지를 주고받는 상황인데도 불구하고 말이다.

둘째, 기관사를 찾거나 비상 브레이크를 당기거나 닥쳐올 사고를 완화하기 위해 다른 방안을 찾는 등의 건설적인 행동을 하는 것이다.

셋째, 열차에서 뛰어내리는 것이다.

건전한 반응은 둘째와 셋째의 조합일 것이다. 대부분의 사람들은 재앙을 최소한으로 줄이기 위해 정부와 기업이 적절한 행동을 하는 데에 영향을 미치고자 노력할 것이다. 나머지 일부는 자신의 생활방식을 바꾸는 노력, 즉 지구상에서 좀 더 가볍게 살 수 있는 방법을 찾으려고 애쓸 것이다. 어떻든 간에 이런 사람들은 합리적이고 책임감 있는 행동을 한다.

최상의 선택은 두 가지다.

첫째, 너무 늦기 전에 적절한 행동을 하도록 정치적 리더십에 영향을 미칠 수 있는 시민들을 조직에 적극 참여시키는 것이다. 그리고 생각이 비슷한 다른 사람들과 연대하는 것이다.

둘째, 석유 이후의 시대, 즉 식량과 연료가 부족하고 금융 혼돈이 도래한 세상에 대비하는 것이다. 당신은 곧 직장에서 해고될 수도 있다. 여기서의 관건은 지역 공동체의 이니셔티브다. 공동체나 함께 일하는 사람들의 네트워크의 일원이 되는 것도 중요하다. 특히 식량을 자급자족할 수 있는 능력을 갖춰야 한다. 개인적인 생존을 위해 가장 중요한 것은 아마도 지역사회나 확대가족의 일원이 되는 것일 테다. 최선의 선택은 기존의 생태마을에 들어가거나 인근에 새로운 생태마을을 만드는 것이다. 혹은 최근 급속히 성장하고 있는 지역식품운동에 동참하는 것이다. 이는 농민과 소비자들이 건전하고 지속 가능한 식품경제를 재구축하겠다는 운동이다. 생태문화를 소개하는 다양한 단체 및 사이트를 참고하면 도움이 될 것이다. 단 생태마을은 생태와 사회, 정신, 경제 등 모든 측면을 고려해야 함을 잊지 말아야 한다.

다양한 사회적·환경적 운동에 이미 참여하고 있는 사람들은 지역 경제적인 측면에 좀 더 중점을 두어야 한다. 예를 들면 경제 계획을 세울 때는 GDP 대신 GPI를 기준으로 판단하거나, 세계 곳곳에서 성장하고 있는 지역화 추진 운동가들을 지원하는 식이다.

9장
———

# 탈출 전략

이제 우리가 당면한 문제들을 이해하고 그에 필요한 대책들도 알게 되었다. 하지만 여전히 우리 앞에는 도저히 극복할 수 없을 것 같은 과제들이 놓여 있다. 공공의 이익을 추구하는 것을 방해하는 본성 때문에 결국 우리는 파멸에 이를 것인가? 인류는 세계 규모로 공유지의 비극을 경험하게 되는가?

기본적인 전제는 우리의 세계 문명이 지구가 감당할 수 있는 생태적인 한계를 넘어섰다는 점이다. 그럼에도 주요 국가들은 경제발전과 소비를 더욱 증대시키는 것을 목표로 하고 있으며, 그 때문에 우리는 매일 그 한계를 넘어서고 있다. 근본적인 결함은 우리의 정치

지도자들이 그들이 추종하고 있는 경제 체제가 더 이상 제대로 작동하지 않는 것을 이해하지 못하고 있다는 점이다. 그들은 현재의 경제 체제가 생태적 틀을 존중하지 않을뿐더러 환경 파괴를 조장하고 있다는 점을 전혀 모르고 있다.

사실 해결책은 간단하다. 생태적 한계 내에서 살아가는 법을 배우면 된다. 우리가 다시 채워 넣을 수 없을 정도로 자연을 소비해서는 안 된다. 예를 들어 생태적 한계 내에서 살아온 지구에서 어느 날 일부 소수 집단이 힘으로 훨씬 더 많이 가져가고 나머지 대다수는 부스러기만 가져간다고 하자. 그래서 불의가 만연하고 분노가 심해진다고 하자. 이때의 해결책은 다수가 공정하고 정의로운 방안이라고 받아들일 수 있는 추가 조건을 마련하는 것이다. 바로 우리가 필요로 하는 정책을 시행하기 위한 권한과 힘을 가진, 전체의 이익을 대변하는 글로벌 거버넌스다.

자, 이제 가장 어려운 딜레마에 봉착했다. 만약 글로벌 거버넌스 단체가 없다면 우리가 원하는 목표를 어떻게 성취할 것인가?

우리가 제안하는 전략은 원칙적으로 매우 간단하다. 일부 독립 국가들이 연대해 WTO를 탈퇴하고 새로운 무역기구를 창설하겠다고 선언하는 것이다. 새로운 기구를 가칭 세계환경기구(WEO, World Environment Organization)라고 하자. 이는 지속 가능한 사회를 위한 새로운 구성 원리에 기초해 설립될 것이다.[1]

## 세 가지 전제 조건

WEO는 세 가지 전제 조건 속에서 구성된다.

첫째, 현재의 경제 제도는 결코 절대 다수의 인류 행복을 위해 작동하지 않는다. WTO, IMF, 세계은행 등 주요 국제기구의 규칙과 실행 원리는 사실상 환경 및 사회 구조의 파괴를 조장한다. 새로운 무역기구를 설립하자는 제안은 여기에서 비롯된다. 다른 어떤 기구보다도 WTO가 국제적인 공동체의 상호교류에 대한 규칙을 가장 명확하게 정의하고 있는 현실에서 WTO를 개혁하면 될 것을 굳이 새로운 기구를 설립할 필요 있느냐고 묻는 사람도 있을지 모른다. 그에 대한 답은 '불가능하다'이다. 새로운 기구의 원칙은 여러 면에서 WTO의 그것과는 상반된다. 더욱이 WTO의 강력하고 부유한 회원국들은 급진적인 변화에 거부권을 행사할 것이 자명하다. WTO는 강력하고 부유한 국가들의 이해관계를 증진하기 위해 만들어진 기구이기 때문이다.

둘째, 기존의 경제 제도는 부상하고 있는 세계관과 모순된다. 새로운 세계관에서 지구는 단일의 살아 있는 유기체다. 생존하는 모든 사람이 하나의 거대한 가족으로서 서로 긴밀하게 연결되어 있으며, 삶의 기본적인 욕구에 대해 동등한 권리를 갖는다고 본다. 하지만 현재의 경제 제도는 이러한 새로운 세계관과 상충된다. 지구 사회의 강자가 약자를 착취하는 것을 용납하고 있고, 파트너십과 협력, 정의를 북돋기보다는 경쟁과 불평등, 개발을 강조한다. 반면 새로운 세계관은 인간을 자연과 통합된 일부분으로 보고 있다. 자연이란 착취의 대상이 아니라 우리의 실존에 있어 신성한 일부분이므로 보호 및 보존되어야 할 대상이다. 그렇다면 탈출 전략 역시 자명하다. 국가와 문화가 외부의 침해 없이 자신들의 가치와 전통 언어를 사용하고 유지하도록 허용하는 것이다.

셋째, 사람과 정부 간의 분열이 점점 증가하고 있다. 대다수 시민은 가치관과 정책의 변화를 희망하지만, 대다수 국가에서는 변화가 좀처럼 일어나지 않고 있다. 따라서 탈출 전략의 주창자들은 이들 시민사회의 희망사항에 대응해야 한다. 무엇보다 이는 편협한 보호주의자들의 이니셔티브가 아니라 모두를 초대하는 지구 친화적인 이니셔티브이어야 한다. 그럼으로써 전 세계 모든 사람들이 그 혜택을 받을 수 있을 것이다.


### 불가피한 바람

지금과 같은 변화의 시기에는 강력한 힘이 존재한다. 그 힘은 더 분권화되고 더 단순하며 앞서 우리가 본 비전과 전제 조건들에 부합하는 지속 가능한 세계를 위해 작용하고 있다. 즉 우리가 이러한 변화 경로를 자발적으로 선택하지 않으면 생태 과부하, 지구 온난화, 에너지 위기, 전 세계적으로 증가하고 있는 현상 유지의 어려움 때문에 변화를 강요받게 될 것이다. 따라서 이러한 변화를 의식적으로 받아들이고 체계적인 계획 아래 이행해나가는 것이 바람직하다.


## WEO의 원칙과 정책

WEO의 주요 원칙은 매우 간략하다.

- 환경보호를 위한 법률을 만든다.
- 환경비용을 '내부화'한다.
- 사회적 외부성을 처리한다.
- 무역 문제에서 최종 결정권을 갖는 것은 기업이 아니라 주권 국가들이다.
- 다국적 기업이 지역에 기반을 두거나 지역화하도록 규제한다.
- 국제법을 만들어 작동시킨다.
- 갈등 해결 과정을 향상시킨다.
- 자본 흐름을 통제할 수 있어야 한다.

회원국들이 개별적인 기반 위에서 채택했던 국내 정책의 몇 가지 사례도 있다.

- 끔찍한 부채를 무효화한다.
- 엄격한 반트러스트법(antitrust laws, 산업의 독점을 막고 경쟁을 촉진

하기 위한 미국의 연방법_편집자 주)을 시행한다.

• 무역 지대를 설정한다.


차례대로 이 문제들을 살펴보사.


### 환경보호를 위한 법률 제정

세계화는 여러 국가와 국민들이 서로 더 잘 소통하고 경제적으로 긴밀하게 연결되도록 하기 위한 수단이었다. 국제적인 협력이 필요하다는 인식이 널리 퍼짐에 따라 많은 사람이 자기도 모르는 사이 심한 경제적 압박을 감수해야 했다. 세계화는 협력과는 아무 상관이 없었고, 오히려 무자비한 경쟁과 사회적·환경적 기준의 저하를 가져왔다. 오늘날 세계는 환경 문제를 해결하기 위해 진정한 협력이 절실히 필요하다. 우리는 환경을 보호하는 우산을 만들고, 그 아래에서 경제활동이 이루어질 수 있도록 해야 한다. 이는 WTO에서 탈피해 WEO 체제로 변화해야 함을 의미한다. 생태학적으로 안전한 경제활동은 지역마다 각기 다른 형태로 이루어지겠지만, 반드시 국제적으로 적용되는 제재 기준을 지켜야 할 것이다.

## 주권 국가의 규칙

WTO 체제에서는 주권 국가들이 WTO에 그들의 주권 일부를 양도한 상태이기 때문에 WTO의 무역 전문가들은 그들의 규정을 마음대로 해석하고 적용할 수 있다. 이들 규정에는 기업에 대해 어떠한 요구도 하지 말아야 하고, 해외 기업들이 상품을 판매할 때에도 생산과정을 밝히지 않고 소비자 건강에 위해가 없음을 입증하지 않고서도 판매할 수 있도록 하는 내용이 포함되어 있다. 다시 말해 해외 기업들에게 특혜를 주고 있는 것이다. 그러나 주권 국가들이 자국에 대해 실질적인 지배권을 갖게 되면 이러한 규정들은 완전히 바뀌어야 한다. 경제와 환경, 국가 안전 등 모든 분야에 적용되어야 한다.

WEO 체제에서는 경제활동과 관련해 환경보호 방안을 고수하는 것 말고는 일반적 법칙이 없다. 단지 자발적인 참여를 요청하는 지침만이 있을 뿐이다. 물론 WEO 회원국들 사이에 혹은 회원국과 비회원국들이 양자 간 협의나 다자간 조약을 맺을 수 있다. 조약을 맺는 경우 개별적인 사안별로 규칙과 중재를 포함할 수도 있지만, 주권 국가에 강요하지는 않는다.

선진국의 WTO 지지자들은 1994년에 있었던 논쟁을 되풀이하며 여전히 개발도상국을 위해서는 WTO 규칙이 준수되어야 한다고 주장한다. 그렇지만 지난 12년간의 경험에 비추어보면 이 주장은 공허하다. WTO 체제에서 가장 큰 혜택을 본 자들은 이미 세계 최고의 부와 힘을 갖춘 기업이 되었다. 더욱이 2006년 도하 라운드가 결렬되면서 개발도상국들은 미국과 EU가 제시하는 새로운 제안 하에서는 상황이 더 나빠질 것이라고 생각하고 있다.

새로운 경제는 자본주의적이지도 사회주의적이지도 않다. 대신 자본주의와 사회주의 양측에서 가장 좋은 부분을 취하고 여기에 이 두 사상에는 없는 사회적·환경적 차원을 더하고 있다. 기업은 상당한 수준의 자유를 갖지만 사회적·환경적 요구를 존중하는 새로운 규칙 하에 활동한다.

새로운 경제학은 성장의 경제학이 아니라 자연법칙을 따르는 균형의 경제학이다. 성장을 위한 성장은 막다른 길을 만날 뿐이라고 한다. WEO 회원국들은 GPI, 지속 가능한 경제복지지수, 칼버트-헨더슨의 삶의 질 지표 등으로 정책 결과를 면밀히 추적한다.


자본의 통제


신자유주의자들은 자본의 흐름에 제재를 가하지 않아야 한다고 주장한다. 이러한 주장에는 찬성하는 사람들의 잇속이 숨어 있다. 예를 들어 외국인 투자자들은 자신들이 돈을 넣었다 빼는 데 제약이 없기를 바란다. 하지만 우리는 1990년대 후반 이러한 자본의 흐르이 건강한 경제를 파괴한 사례들을 알고 있다.

엄격히 말하자면 이것은 WTO의 문제가 아니라 WTO에 의해 부추겨지거나 때로는 IMF에 의해 요구되는, 규제받지 않는 자본 흐름의 문제다. 물론 IMF 회원국들은 IMF 제4조 3항에 따라 자본의 흐름을 통제할 권리가 있다. 제4조 3항의 핵심 내용은 이렇다. "회원국들은 자본의 이동을 규제할 필요가 있을 때 그러한 통제를 행사할 수 있다." 이 문구는 1945년 IMF 창설 당시에 작성되어 35년간 국가의 적절한 기능을 위해 필요한 표준적인 과정으로 간주되어왔다. 그러나 1980년대 신자유주의가 도래한 이후 IMF는 대출해주는 조건으로 자본 규제를 없앨 것을 주장하면서 이 조항을 종종 위반했다.

WEO 회원국들은 이러한 권리 위반을 더 이상 용납하지 않을 것이다. 따라서 WEO는 회원국들이 자국 경제를 보호하기 위해 제4조에 명시되어 있는 권리를 반드시 행사하도록 할 것이다. 이러한 권리를 행사하게 되면 투자자들은 최악의 경우 투자한 자금을 본국으로 송환하도록 요구받게 될 것이다.


갈등 해결 과정의 향상


GATT 체제 하에서는 갈등 해결이 자유의사에 따라 이루어졌다. 하지만 WTO 체제 하에서는 세 명의 무역 전문가로 구성된 위원회에서 해결하며, 이는 법적 구속력이 있다. 두 체제 모두 완전히 만족스럽지는 못했다. WEO 체제 하에서는 법적 구속력을 가진 일반적인 준수 규정이 없고, 따라서 갈등 해소 과정에도 법적 구속력이 없다. 갈등 해결은 개별 무역 협정에 따라 이루어질 것이다. 경우에 따라서는 중재 조건이 제시될 수도 있다. 실제로 당사자들이 개별 사안마다 원하는 조건에 동의를 하는 것이 이상적인 방법이다. 게다가 새로운 패러다임의 특성상 WTO의 무역 전문가 세 명으로 구성된 위원회보다 훨씬 넓은 범주의 중재 위원회를 요구하게 될 것이다. 여기서는 무역의 이해관계뿐 아니라 환경적·사회적 이해관계도 다루어질 것이다.

### 환경비용의 내부화

환경비용의 내부화는 GATT 및 WTO와 비교하면 가장 큰 변화일 것이다. 지금까지는 이런 정책을 협상하는 것 자체가 불가능했다. 게다가 주요 국가가 거부하는 한 다른 국가들 역시 경쟁력을 상실하는 결과를 초래하면서까지 이 안을 받아들이려고 하지 않았다. 이른바 '죄수의 딜레마' 상황이 발생한 것이다. 최적의 행동을 하는 것이 환경 파괴로 이어지는 최악의 결과를 불러오는 상황에 갇힌 것이다.

이러한 정책의 목적은 생태적으로 지속 가능한 방향으로 사회를 변화시키는 것이다. 생산기술의 변화도 필요할 것이다. 하지만 이보다는 기업의 세제나 인센티브를 변화시키는 방식, 즉 노동에 대한 과세에서 탈피해 탄소나 기타 천연자원에 대한 과세로 전환하면 매우 유익한 결과를 얻을 것이다.

탈출 그룹(breakaway group)은 이와 같은 쟁점에 있어 매우 유리한 조건을 확보할 수 있다. 우선 적은 인원으로도 협상이 훨씬 용이해질 것이다. 그 다음으로 국내 생산품과 동일한 환경 기준을 적용받지 않는 해외 생산품에 관세를 부과하거나 수입을 금지할 수 있는 능력을 얻게 된다. 이러한 정책은 모두 WTO 체제에서는 불가능했던 것으로 심지어 '무역의 장벽'으로까지 취급됐다.

실제로 다루어야 할 두 가지 주요한 단기적인 이슈도 있다. 먼저 생산품과 원료, 생산 과정에 대한 세금을 어떻게 부과할 것인가 하는 문제다. 둘째로 국내 생산자들의 경쟁력 상실 문제를 어떻게 해결할 것인가 하는 문제다.

세금 문제는 상당히 복잡하다. 몇몇 경제학자들이 제2차 세계대전 전부터 외부성의 문제를 다루려고 시도했으나 실제 현실에 적용할 기회가 거의 없어 연구에 큰 어려움이 있었다. WEO 체제에서는 극적인 변화가 일어난다. WEO의 협력 체제는 경제적·환경적·사회적 외부성에 대한 모든 이슈를 다루는 합동 조사기관을 설립할 것이다.

다루어야 할 이슈가 복잡하기 때문에 WEO의 초기 멤버들은 조사자들이 연구를 마칠 때까지 기다릴 수 없다. 실용주의적 정치인들은 많은 조사가 없어도 가장 명백한 문제를 막아낼 수 있는 해결책을 도입해야 한다. 예를 들어 건강에 해로운 상품, 이산화탄소를 배출하는 에너지, 물과 대기를 오염시키는 기술, 토지를 황폐화시키는 기술 등에 세금을 매기는 것이다. 세금의 양은 시행착오를 거치며 변화할 것이다. 이 세금은 사람의 행동을 변화시키는 것이 목적이지 새로운 세입을 창출하기 위한 것이 아님을 명심해야 한다. 세금 부과가 효과적으로 작용한다면 과세 대상은 줄어들거나, 심지어 사라질 수도 있다. 따라서 이 세금으로 얻은 수익은 일반적인 목적보다 환경 복구를 위한 특별 기금으로 운용하는 것이 바람직할 것이다.

이러한 새로운 세금으로 인한 중요한 문제점은 수출 주도형 산업에서 나타난다. 수출 주도형 산업은 해외 기업과 경쟁해야 하므로 다소 느슨한 기준이 필요하다. 이들이 변화에 적응할 수 있도록 일정한 시간을 유예해주는 편이 좋다. 예를 들어 새로운 기준과 세제를 몇 년에 걸쳐 점진적으로 도입하는 것이다. 마찬가지로 수입업체들도 자신들이 국내 기업과 동일한 기준에 부합한다는 것을 증명하지 못한다면 관세를 부과받거나 제재를 받아야 한다.

수입업체들이 시장을 장악하지 못하게 되면 국내 기업들이 자국과 WEO 회원국들 시장에서 더 많은 지분을 확보할 수 있게 되고, 이는 미덕을 실천한 보상이라고 할 수 있다. WEO 회원국 기업에 대한 또 다른 보상은 환경세 도입의 결과로 새로운 기술을 남보다 앞서서 개발할 수 있다는 것이다. 기존의 신자유주의 패러다임을 고수하는 비회원국들은 그 비효율성으로 인해 결국 이들과 같은 길을 걸어야만 할 것이다. WEO 회원국들은 빠른 기술 혁신으로 시장을 주도할 가능성이 높다. 이렇듯 환경비용을 내부화하는 것은 수출을 주로 하는 국가에게도 지나친 부담이 아니다.

해외 생산품에 관세를 부과하는 일은 늘 위험하다. 국가가 비효율적인 국내 생산자와 정치 집단을 보호하기 위해 환경 문제를 주장하고 관세를 남용할 수 있기 때문이다. 비효율적인 생산자를 보호하는 것은 바람직한 일이 아니다. 하지만 주권 국가가 고용, 환경보호, 공공 서비스, 식품 안전 등을 근거로 내린 정치적인 결정은 정당화될 수 있을 것이다.

경제학자들은 종종 환경적 외부성과 사회적 외부성을 동일한 주제로 다루어왔다. 그렇지만 달리 접근해야 한다. 사회적 외부성은 세제로 간단히 해결할 수 있는 문제가 아니기 때문이다. 여기에는 정치적인 이니셔티브도 포함된다.

그 첫 번째 예는 에탄올을 생산하기 위해 농지를 사용하는 문제를 어떻게 다룰 것인가 하는 점이다. 에탄올은 가솔린의 대체물로, 석유를 따라 가격이 치솟고 있어 농민들이 식량 대신 에탄올 생산을 선택하고 있다. 이 경우 문제는 돈이 없어 식량을 구하지 못해 굶주리는 사람들을 어떻게 할 것인가 하는 점이다. 그들은 시장 체제의 바깥, 즉 '외부'에 있기 때문이다. 이는 시장 체제의 한계를 보여주는 대표적인 예다. 하지만 새로운 패러다임은 다르다. 이러한 문제는 모든 사람이 인간다운 생활을 하는 데 필요한 최소한의 조건을 보장받아야 한다는 원칙에 따라 다루어진다. 그러므로 농지는 다른 용도로 쓰는 것을 고려하기 전에 우선적으로 식량 생산을 하는 데 써야 한다.

두 번째 예는 시장 체제가 지역 공동체의 사회적 네트워크를 체계적으로 파괴하는 문제를 어떻게 다룰 것인가 하는 점이다. 이는 구식 패러다임과 새로운 패러다임 간의 차이를 이해하는 데 있어서 매우 중요하고 핵심적인 문제다. 따라서 다음 장에서 더 자세히 이야기하도록 하겠다. 시장의 부정적인 사회적 측면을 어떻게 저지할 수 있으며, 어떻게 해나가야 할지 살펴보겠다.


## 다국적 기업에 대한 규제

세계화의 진행은 이동이 자유로운 다국적 은행 및 기업들이 규제를 완화하지 않거나 인프라를 제공하지 않으면 다른 곳으로 가버리겠다고 각국 정부를 위협하는 상황에까지 이르게 했다. 버려질까 봐 겁이 난 정부들은 그들의 요구를 들어주다가 점점 더 가난해졌고, 결국은 거대 기업들에게 동업자가 되어달라고 손을 내미는 지경이 되었다.

이 파괴적인 흐름을 되돌리고자 한다면 다국적 기업에 대한 통제력 확보가 필수적이다. 점진적 과정을 거쳐 기업은 어느 한 국가를 정해 그 국가의 규범을 준수해야 한다. 즉 사업을 지역화해야 한다. 국제 무역을 종결시키자는 것이 아니다. 기업이 정치적으로 선출된 정부보다 더 강력해지는 것을 막아야 한다는 뜻이다.


## 국제 무역의 관점에서

WEO 회원국들은 국내 시장에 생산품을 판매하려는 기업들에게 정보 공개를 요구할 것이다. 기업이 사용한 생산기술, 건강상 위험, 상품의 원자재 및 재료, 고용 정책, 공장 폐수와 부자재 처리 문제, 재활용 정책, 사용된 최종 생산품의 처리 문제 등. 생산품이 국내 생태계에 들여올 만한 것인지를 확인하고, 수입 상품에 대한 적절한 관세, 즉 국내 생산품과 경쟁할 수 있는 수준의 관세를 매기기 위해서 반드시 필요한 작업이다. 프랑스 니콜라 사르코지 전 대통령은 2007년 10월 "환경 운동장을 평평하게 하겠다"라고 말했다. 교토의정서에 조인하지 않은 국가로부터 수입할 경우 추가 부담금을 지우겠다는 의미였다.[2] 하지만 사르코지 전 대통령의 제안은 WTO 규칙 하에서는 '무역 장벽'으로 인식되기 때문에 허용되지 않는다.

WEO 회원국은 외국 자본이 생산기술에 투자할 경우에도 구체적인 조건들을 설정할 것이다. 국내 파트너나 근로자들이 가져야 할 최소한의 몫, 공장 지역의 사회적 목표를 위한 지원, 지불해야 하는 최소 세금, 지역 자원 사용의 최소화, 투자 자금의 본국 송환 문제, 생산 시설 이전 조건 등. 이러한 조건에 비추어본다면 기업은 주주들의 것만이 아니다. 공장이 가동되는 지역의 일부분으로 통합돼 지역 공동체, 근로자, 원료 제공자, 소비자, 국세청 등 모든 이해관계자에 대해 책임을 져야 한다. 이렇게 되면 외국 자본이 줄어들 수 있지만, 반면 부의 국외 유출도 줄어든다. 국내 경제의 지배력 또한 커지게 된다. 사실 국내 저축률이 높으면 외국 자본이 굳이 필요 없다.

많은 WEO 회원국들은 18세기의 미국의 기업 개념, 즉 기업은 사회적 기능을 수행할 필요가 있다는 개념으로 되돌아갈 것이다. 당시의 미국 기업들은 사회적 책임을 충실히 수행하지 않는다면 폐쇄될 수 있다는 조건 아래 인가를 받았다. 이렇게 인가받은 기업들은 당초 법적 시민권을 갖지도 못했다. 법적 시민권이란 기업들이 로비하고 소송을 제기하고 법안 캠페인을 벌이며 특정 후보를 지원한다든지 하는 권리를 뜻한다. 데이비드 코튼이 말했듯이 "기업은 법전에 쓰여 있는 법이 아니라 시민정신에 의해 결정된 법을 따라야 한다."[3]


## 끔찍한 부채의 무효화

WEO가 보기에는 개발도상국들이 현재 지고 있는 상당량의 부채는 '끔찍한 부채'로 갚을 필요가 없다. 시민들의 동의 없이 부패한 지도자와 외국 투자자 간의 음모에 의해 생성된 부채이기 때문이다.[4]

최근 이 문제와 관련해 놀랄 만한 내부자 고발 서적이 출간됐다.[5] 미국의 개발도상국 대출 정책에 관한 책이다. 미국의 건설 엔지니어링 업체인 메인(MAIN)의 컨설턴트로 일했던 존 퍼킨스는 상사로부터 이런 이야기를 들었다고 증언했다.

"내 중대한 과업은 두 가지였다. 하나는 거대 규모의 국제 대출을 정당화하는 것으로, 그 돈은 나중에 메인과 벡텔, 할리버튼, 스톤 앤 웹스터, 브라운 앤 루트 등과 같은 미국 기업으로 되돌아오는 것이었다. 다른 하나는 대출을 받은 채무국이 메인이나 기타 미국의 채권자에게 돈을 지불하고 난 뒤 아예 파산하도록 만드는 것이었다. 그래야 채무국이 채권자의 손아귀에서 벗어날 수 없고, 우리가 미군 기지나

유엔 투표, 석유나 기타 천연자원에 대한 접근권 등에서 우대받을 수 있기 때문이었다."

퍼킨스는 이러한 프로젝트가 "계약자들에게는 거대한 이윤을 창출해주고, 채무국의 일부 상류층에게는 매우 행복한 일이었다"라고 덧붙였다.

퍼킨스는 끔찍한 부채가 창출되는 전형적인 패턴을 묘사하고 있다. WEO의 개발도상국 회원들은 이러한 부채가 정당하지 못하므로 무효를 선언해야 한다. 물론 지속 가능한 성장 정책과 투자 및 무역 규제를 WEO에게 승인받아야 할 것이다. 부채를 일방적으로 취소하는 것은 보복의 위험이 있어 당장 시행하기는 어려울 것이다. 따라서 초기 WEO 회원국은 외국의 의존을 줄여나가면서 회원국 간의 무역을 활성화하고, 그럼으로써 자족적인 공동체로 변화해야 한다. 관세를 높이는 방식으로 수입 대체를 늘리고 핵심 산업을 보호할 수도 있다. 이것은 지금까지 한 번도 시행된 적 없는 전략이자, 최초로 지속 가능한 정책이 될 것이다.


## 엄격한 반트러스트법

갈수록 합병 규모가 커지고 있다. 경제 이론에서는 규모의 경제로 인해 큰 규모가 정당화된다. 하지만 신자유주의 세계에서 메가 합병은 정치적인 영향력이 크고 시장 지배력이 강하며 가격 통제력이 크다는 걸 의미한다. 미국의 대기업은 대부분 양대 정당에 기부하자는 캠페인을 한다. 규제 완화나 세금 우대, 정부 보조금 증대 등 자신들에게 유리한 법안을 얻기 위해서다. 국외적으로는 외자 유치를 원하는 국가들에게 거대한 영향력을 행사할 수 있다. 세금 우대 조치, 일자리 창출 보조금, 자유롭게 빠져나갈 수 있는 권리 등을 얻기 위해 해당 국가에 압력을 넣을 수 있다.

하지만 이는 효율성의 형태를 띤 환상에 불과하다. 실상은 마피아가 약자를 괴롭히는 것처럼 중소기업의 부를 대기업으로 이전시키는 것이다. 새로운 패러다임의 세계에서는 지극히 비사회적인 행위다. 거대 기업은 보다 엄격한 반트러스트법의 적용을 통해 보다 작고 효율적인 단위로 쪼개져야 할 것이다.


## 무역 지대

WEO는 자유무역 지대를 상정하지 않는다. 그러기에는 개별 국가들의 욕구와 목적이 매우 다양하기 때문이다. 특히 초기에는 국가 간에 서로 다른 관세를 적용할 필요가 있다. 무역 지대의 중재는 WEO 회원국들이 비회원국들에 비해 호의적인 관세 대우를 받는 방향으로 진전될 수도 있다. WEO의 내부에서보다 외부에서 하는 무역에 더 큰 장벽이 있겠지만, 내부의 관세가 그들의 다른 경제 상황과 주권을 반영할 것이다.

## 통화

자국 화폐가 있다는 것은 자국의 경제에 대해 최대한의 지배력을 행사하고 있음을 의미한다. 국내의 이자율, 화폐 공급량, 환율의 변화 가능성은 단일의 화폐 지대보다 더 융통성 있게 정책을 선택할 수 있게 해준다. WEO 내부에서의 자본 통제는 자국 통화에 대한 투기 위험성을 최소화한다.

## 탈출 전략에 대한 계획

탈출 이니셔티브인 WEO는 사전에 충분한 대화와 계획이 필요하다. 해외의 부정적 반응을 포함해 고려할 것이 많다. 우선 그럴 의지가 있는 작은 국가 연합끼리의 비공식적 대화가 필요하다. 의미 있는 변화를 이끌어내는 개척자들은 비교적 단기간에 재정을 많이 소요할 수 있으므로 이에 대한 준비를 해야 한다. 변화는 점진적으로 도입하는 방식이 현명할 것이다.

WTO와 관계가 끊어진다고 해서 그 즉시 기존의 무역 방식을 모두 버려야 하는 것은 아니다. 물론 즉시 바꾸어야 할 것이 하나 있다. 바로 자본 흐름의 통제다. 금융계가 불확실한 미래보다 더 미워하는 것은 없다. 그러므로 처음부터 화폐시장과 자본시장을 교란할 수 있는 핫머니(투기성 단기자본)를 통제하는 것이 중요하다.

## 작용과 반작용

WEO는 선진국과 개발도상국을 모두 포함해 지정학적으로 다양한 위치에 있는 작은 국가들의 소규모 연합으로 시작하는 것이 좋다. 이들 작은 국가의 경제는 상호 보완적인 관계로, 힘을 합쳐 자족적인 단위를 이루는 것이 이상적이다. 그렇게 해야 탈출 시 가해질 WTO의 투자국들인 강대국들의 보복을 견뎌낼 수 있다.

탈출 연합인 WEO는 자신들이 지구 공동체의 이익을 위해 행동할 것이며, 자신들을 공격할 경우 역효과를 낳을 수 있다는 점을 분명히 해야 한다. 그들은 많은 국가, 많은 사람들의 지지를 받을 것이다. 자국의 정치 지도자가 호응하지 않으면 해당 국가의 시민들은 자국 정부에 물어야 한다. "왜 우리는 이 연합에 가입하지 않는가?" WEO에 가입하라고 시위도 해야 한다. 최근에 일어난 혁명을 보면 대부분 거리로 나온 대다수 시민의 시위 결과에서 비롯되었다. 이러한 방식이 WEO에도 적용될 가능성은 충분하다. 대화하는 것만으로도 새로운 역동성을 만들어낼 수 있다.


## 누가 시작할 것인가

탈출에 대한 제안을 받는다면 긍정적인 반응을 보이는 곳은 어디일까? 지도자의 성품에 따라 크게 달라질 텐데, 고결한 성품이면서 카리스마가 있고 야망이 큰 지도자가 중요한 영향을 미칠 것이다. 유럽 북부의 작은 국가들은 의식 수준이 높은데다 실행 능력도 있다. 그런데 그들이 그럴 만한 용기가 있을까? 덴마크 같은 나라는 이러한 그룹에 속해주어야만 한다. 하지만 현재의 정치 지도력으로는 불가능해 보인다. 스웨덴, 핀란드, 네덜란드도 WEO에 가입하기 위해 WTO나 EU를 탈퇴할 것 같지 않다. 특히 EU는 환경과 개별 국가의 이해관계를 보호하기 위해 관세 등의 보호 조치를 사용하지 못하도록 하고 있다. 그래서 이들 국가에서 시작될 가능성은 크지 않다.

　반면 노르웨이나 아이슬란드는 가능성이 있다. 특히 아이슬란드는 탈석유를 가장 먼저 선언한 국가로 환경에 대한 관심이 아주 높다. 군대가 없는 코스타리카, 국민총행복 지수가 가장 높은 부탄 등도 가능성이 있다. 아프리카에서는 생태마을운동을 지지하고 있는 세네갈이 될 수도 있다.

# 10장

# 지역화

이제부터 논할 체계적인 변화를 '지역화'라고 부르겠다. 지역화란 탈출 국가들이 공정하고 지속 가능한 원칙에 따라 경제를 부흥시킬 수 있는 전략을 의미한다. 또한 전 세계에 이미 자리 잡은 풀뿌리 지대에 공동체 권한을 이양하는 과정이기도 하다. 우리는 이러한 변화의 장기적인 결과를 '지역화된 사회'라고 한다.

경제의 지역화는 생태적·사회적 파괴로 치닫고 있는 변화를 반대 방향으로 돌리려는 것이다. 즉 경제활동을 인간적·생태학적 욕구에 적응시키려는 것이다. 이러한 변화는 다양한 계층에 많은 혜택을 줄 것이다. 남반구와 북반구 양측 모두 대다수 사람이 필요로 하는 안전한 생필품을 제공함으로써 경제가 활성화된다. 또한 도시화의 흐름을 바로 잡아 농촌 생활을 강화시킨다. 실제로 지역의 식량경제가 재건되고 있으며, 농부들도 세계시장보다는 지역 및 지방의 요구에 따라 작물을 재배하고 있다. 지역의 조건 및 취향에 맞추어 다양한 생산품을 선택함으로써 농업 다양화가 추구되고 있다. 생산 규모는 작아지고, 그럼으로써 환경에 가해지는 스트레스도 줄어든다. 불필요한 운송은 최소화되고, 이로써 온실가스와 오염물질 방출이 줄어들어 에너지 추출에 드는 생태학적 비용도 감소한다.

탈출 국가들이 이러한 정책을 실행하게 되면, 사람들은 더 이상 세계의 소비자를 대상으로 한 단일작물 경작이라는 불가능한 이상을 좇지 않아도 된다. 그럼으로써 종종 국가 간의 갈등이나 폭력을 야기하는 심리적인 압력도 완화될 수 있다. 다국적 기업의 경제력과 정치력을 줄이고 WTO와 같은 초국가적 기구에 필요한 권력도 없앰으로써 침해당한 민주주의를 돌려놓는 데 도움이 될 것이다. 지역화를 통해 다른 사람이나 지구에 대한 우리의 영향력—그게 긍정적이든 부정적이든—을 명확히 볼 수 있을 것이다. 이는 부의 진정한 의미와 인간 및 자연의 욕구를 잘 이해하도록 도와줄 것이다.


## 거리 좁히기

지역화는 본질적으로 지역에 기반을 둔 기업들 손에 경제활동을 맡겨 생산과 소비 간의 거리를 좁히는 과정이다. 여러 대륙에 걸쳐서 활동하고 있는 다국적 기업들은 구조적으로 문화적 및 생물학적 다양성에 적응하기 힘들다. 또한 마음대로 여러 국가를 넘나들며 각국 정부가 사회 전체보다 다국적 기업의 이익에 봉사하게 함으로써 민주주의를 위협한다. 이러한 요소 때문에 민주주의가 위협받는 것이다. 그에 맞서 정부의 규모를 키우는 것은 대안이 되지 못한다. 이들 기업이 정부보다 더 많은 권력을 갖지 못하도록 안전장치를 만드는 것이 민주주의의 위기에 대처하는 보다 효율적인 방법일 것이다. 소수의 거대 기업에 집중하는 대신 중소기업을 지원하고 보조금을 제공하는 것이 경제 지역화의 근본적인 구성 요소이다.

그렇다고 모든 지역화된 사회가 자급자족적이어야 한다는 의미는 아니다. 장거리 무역에 대한 의존과 지역의 요구에 의한 생산 간에 균형이 맞춰져야 한다는 뜻이다. 여기에는 경제활동의 다양화, 생산자와 소비자 간의 거리 단축 등이 포함된다. 이러한 변화는 풀뿌리 수준에서는 물론이고 공동체 기반의 경제가 보다 번창하고 뻗어나갈 수 있도록 정부 정책적 차원에서도 일어나야 한다. 이는 생태적 지속 가능성과 사회적 정의 및 국제법에 기반을 둔 국제적인 틀 속에서 협력하는 다방면적이고 상호의존적인 지역 정부도 수반할 것이다.

글로벌 경제 체제에 의해서 비롯된 사회문제가 오랜 세월에 걸쳐 축적되고 있는 형편인데도 사람들이 이 제도가 제대로 작동되지 않는다고 인식하게 된 것은 최근의 일이다. 이러한 새로운 인식은 2008년의 재정위기와 정부가 그들의 국민 대신에 글로벌 엘리트들을 지원한다는 깨달음으로부터 비롯되었다. 게다가 지구 온난화 문제 같은, 다가오는 지구 환경의 위험도 경제 변화의 필요성을 인식시켰다.

몇 년 전만 해도 우리는 기후가 안정적이라고 생각했다. 석유는 값싸고 풍부하며 환경에도 무해하다고 생각했다. 매우 잘못된 생각이었던 것이다. 오늘날 지난 몇 세기 동안 화석연료를 연소한 대가가 나타나고 있다. 가장 소극적인 세계의 지도자들조차 지구 온난화의 원인을 없애야 한다는 데 동의하고 있는 판국이다. 세계의 기후 변화는 우리의 지속적인 삶을 이끌었던 시장경제의 실패를 명확하게 보여주었다.

피크오일의 시기에 접어듦에 따라 당연히 여기던 모든 것, 즉 우리의 경제 체제의 근간 자체가 변할 것이다. 석유 공급량이 감소하고 가격이 치솟음에 따라 개혁의 필요성은 더욱 거세질 것이다. 그러나 여전히 우리는 선택의 기로에 서 있을 것이다. 기후가 급변하고, 빈곤과 기아가 증가하며, 경쟁과 폭력으로 얼룩진 사회를 그냥 내버려둘 것인가, 아니면 즉시 사회적·환경적 혜택을 가져오는 지역화된 경제의 설계를 시작할 것인가.

지역화는 본질적으로 문화적 및 생물학적 다양성을 지지하고 장려하기 때문에 '모두에게 두루 적용되는 시스템', 즉 모든 곳에 적합한 한 가지 해법이란 있을 수 없다. 사람들이 자신의 편익과 공동체, 자연환경을 관리할 수 있는 수준으로 경제 규모를 축소하면, 그것은 우리가 지금 직면한 문제에 대해 그 지역에 적합하고 지속 가능하며 특별한 해결책을 제시해줄 것이다. 지역화 활동은 매우 다양하게 나타날 텐데, 예를 들어 라다크 지역과 남아프리카의 저지대 해변 지역, 런던의 도심 지역 등에서 이루어지는 지역화는 그 방식이 다를 수밖에 없다. 생태계의 강점이 다양성이듯 인간 사회의 강점도 다양한 삶의 방식을 보호하고 함양하는 데 있다.

또한 우리가 세계화하는 경제에서 지역화하는 경제로 나아간다면 여러 변화가 일어날 것이다. 글로벌 시스템의 지배에서 벗어나는 것은 희생이 아니고 회복이다. 지구와의 연결고리를 회복하고, 경제에 대한 통제권을 회복하고, 공동체를 회복하는 것이다. 지역화는 신자유주의 경제가 남긴 환경오염, 폭력, 사회의 불안정 등의 문제를 개선하는 진정한 길을 제공해줄 것이다.


## 에너지 해법

지구 온난화와 값싼 석유 자원의 고갈은 에너지 생산과 사용에 극적인 변화를 초래할 것이다. 지역화된 시스템에서는 설비들이 분산되어 있고, 필요한 만큼만 에너지를 생산한다. 이런 에너지 생산 방식은 환경의 격변이 덜할 뿐 아니라 훨씬 더 효율적이다. 운송되는 전기는 오는 도중에 생성된 열이 유출되거나 공기 중에 흡수되는 등 전력 손실이 생기므로 더 많은 전력 생산이 필요하다. 앞으로는 덴마크의 지역 열 병합 에너지 방식을 따르는 사례가 늘어날 것이다.

원자력 발전소나 거대한 댐같이 대규모의 집중화된 에너지 프로젝트는 오늘날 엄청난 보조금을 받는 반면에 환경에 미치는 악영향과 정화 비용은 대부분 무시되고 있다. 이 같은 수십억 달러짜리 프로젝트를 단계적으로 폐쇄하고 지역의 재생 가능한 에너지 공급 시설을 지원하면, 오염의 수준은 더 낮아지고 세금도 절약되며 온실 가스의 방출을 줄일 수 있고 양이 감소하는 석유와 위험한 핵 기술에 대한 의존도도 낮아질 것이다.

태양광 에너지를 보자. 지금 우리가 익히 알고 있는 것처럼 집중화된 설비에서 태양광 에너지를 생산하는 것은 비경제적이다. 광전지를 생산하는 건 규모의 경제에 효과가 있지만 전력 생산 그 자체는 그런 효과가 없다. 오히려 지역적으로 생산하는 게 훨씬 더 효율적이다.

개발도상국의 경우 대규모 에너지 설비는 대체로 도시 지역과 수출 지향적 생산단지의 수요에 맞춰서 생성된다. 분산된 재생 가능한 에너지 설비를 지원하는 것은 마을과 소도시, 농촌 경제를 강하게 만든다. 그렇게 도시화 과정을 방해한다.


## 식량과 농업

식량은 누구나 어디서나 매일 필요로 하므로 식량 생산 방식은 경제적·환경적·사회적으로 엄청난 영향력이 있다. 식량경제를 지역화하는 것은 엄청난 편익을 가져온다. 지역 식량이란 지역과 지방의 소비를 위해 생산되는 식량이다. '식량 이동 거리'가 가까워 화석연료의 사용이 줄고 환경오염이 줄어든다.

　지역 시장은 농민들에게 농업을 다양화하고, 야생 동식물을 위한 틈새 농업을 개발하도록 한다. 더욱이 단일작물 경작에 사용되는 육중한 기계들이 필요 없고, 따라서 토양을 침식하는 주요 원인이 제거된다. 또 생물 다양화는 병충해에도 강해 유기농법에 더욱 적합하다.

　지역 식량에는 첨가물이 적게 들어가므로 글로벌 시스템에서 생산된 식량보다 훨씬 신선하다. 지역 식량경제에서는 농민들이 지역의 기후와 토양에 가장 적합한 다양한 품종을 재배할 뿐 아니라 이동거리가 짧아서 맛과 영양분이 훨씬 좋다.

　지역화된 시스템에서는 식량 구입비의 대부분이 농민에게 돌아간다. 단일작물을 기를 때보다 훨씬 더 많은 사람을 고용하기 때문에 농촌 경제가 활성화된다. 지역 식량 생산을 늘리는 정책은 2차 산업과 기업으로도 이어진다. 소도시조차 고유의 낙농장과 도축장, 식품 가공 산업을 가질 수 있게 된다. 또한 이들은 지역에서 생산되는 풍력, 수력, 태양광 발전소에서 전력을 공급받는다. 미래에는 지역 에너지 생산이 늘어나고, 소규모의 생물학적 물 처리 및 순환 시스템을 더 많이 활용하게 돼 일자리가 늘어날 것이다. 이러한 일자리는 다시 지역의 부를 창출해 지역 공동체가 번영하는 기반이 된다.

　지역 식량경제는 식량 안전성도 더욱 커지게 한다. 식량 통제권이 소수의 기업에 집중되어 있는 대신 분산되고 분권화되기 때문이다. 이미 여러 풀뿌리 집단은 개발도상국이 그들의 노동력과 농토를 수출시장을 위한 현금성 있는 작물을 재배하는 대신 지역의 요구에 부합하는 작물을 생산하는 데 사용하도록 돕고 있다. 이는 고질적인 기아를 감소시킬 것이다.

글로벌 식량 생산에 드는 비용은 대부분 시장 가격이 아니라 세금에 반영된다. 생산비 중에서 농약과 생명공학 연구, 운송, 통신, 에너지 인프라를 지원하는 데 들어가는 비용이 엄청난데, 그 대부분이 우리 세금으로 이루어진다. 하지만 우리가 지역 식품을 구입하면 과도한 운송비용이나 불필요한 포장, 광고, 화학 첨가물에 들어가는 비용이 아니라 오직 신선하고 영양가 높은 식품에 제값만을 지불하면 된다.

오늘날 지역화된 사회에서는 지역 식량경제로 이행하고 있는 증거들을 많이 볼 수 있다. 예를 들면 '먹을 수 있는 학교 운동장' 및 다른 교육 프로젝트, 도시 농업과 지역 음식 식당, 지역 식량을 판매하는 점포 등이 있다. 이 중 가장 핵심인 새로운 농민시장은 모든 대륙에서 급속히 확산되고 있으며, 미국의 경우는 2011년에 17퍼센트나 증가했다.

농민시장은 특정 지역의 농부와 재배자, 생산자들이 그들의 수확물을 직접 소비자에게 판매하는 시장이다. 모든 상품은 판매자가 처음부터 끝까지 직접 생산한 것이어야 한다. 어떤 경우에는 산하 조직들이 농민시장을 위한 행동강령을 만들고 인증기관으로 활동하기도 한다. 이 규범은 판매자와 시장 간의 최장 거리와 판매 식품의 생산지 추적 등을 포함한다.

다른 중요한 운동으로는 소비자들이 신선한 유기농 제품을 얻게 하고 지역 공동체의 웰빙에 기여하는 '공동체 지원 농업'이 있다. 공동체 지원 농업은 농장 운영을 지원하는 개인들의 집단으로 구성된다. 이들은 농장 운영을 지원하고, 생산자와 소비자가 서로 도우며, 식량 생산에 수반되는 위험과 이익을 함께 나누게 함으로써 농지가 바로 그 공동체의 것이 되도록 한다. 구성원들은 미리 농장 운영에 필요한 예산과 농부들의 임금을 협의한다. 그 보답으로 식량 생산에 직접 참여하고 대지와 직접 소통하는 기쁨을 마음껏 누릴 수 있다. 또한 구성원들은 악천후나 병충해로 인한 흉작의 위험 역시 같이 부담한다. 수확한 식량은 지역민들에게 바로 판매함으로써 생산자들은 더 나은 값을 받아 경제적 안정을 얻을 수 있고, 판매에 대한 부담을 덜 수 있다.

이러한 공동체 지원 농원 시스템은 쓰레기와 재정적 손실도 줄이고, 슈퍼마켓보다 싼 가격으로 건강한 식품을 제공한다. 농민들은 정기적으로 신선한 식품을 배달하고, 때로는 소비자가 농사를 짓는 데 직접 도움을 주기도 한다. 이러한 운동은 1980년대부터 미국과 유럽을 중심으로 서서히 발달해왔다.[1]

또 다른 중요한 식량 생산 활동에 대해서도 알아보자.

## 영속농업 운동

영속농업의 개념은 약 25년 전 빌 몰리슨과 데이비드 홈그렌에 의해 창안되었고, 지금은 세계 각국의 사람들이 자발적으로 참여하는 국제적인 운동으로 성장했다. 홈그렌은 영속농업을 '의식적으로 만들어진 풍경', 즉 '자연에서 볼 수 있는 관계와 패턴을 흉내 내고 풍부한 식량과 섬유질, 에너지를 만들어 지역의 요구를 충족시키는 것'이라고 정의했다. 대표적인 활동은 공동체와 식량 생산 및 분배 시스템을 구축하는 것이다. 영속농업에서 얻는 지식은 훼손된 생태계를 재건하는 데 있어 매우 효과적이고, 생명 기반의 패러다임이 발전하게 되면 이루어질 환경 회복의 중심 개념이다.

## 슬로푸드

슬로푸드기구는 100여 개 나라에서 8만여 명의 회원이 소속되어 있다. 이 기구의 목표는 음식 축제, 와인 시음, 농민시장 등의 지역 행사를 통해 지역의 장인, 지역의 농부, 지역의 특색을 발전시키는 것이다. 세계 최대의 식품 및 와인 축제인 '살로네 델 구스토', 2년마다 이탈리아 브라에서 열리는 '치즈' 축제, 스위스 제노바의 생선 축제 '슬로피시', 투린의 식품 커뮤니티 모임인 '테라 마드레'가 대표적이다.

슬로푸드 본부는 2004년 이탈리아의 폴렌조, 콜로르노, 에밀리아

노마냐 세 지역에 미식학대학교(University of Gastronomic Sciences)를 설립했다. 이 학교의 목표는 좋은 음식과 영양 상태에 대한 사람들의 인식을 개선시키는 것이다.


## 농민의 길

농민의 길(via campesina)은 세계에서 가장 큰 사회운동으로 전체 회원 수가 2억 명에 달한다. 이 운동은 농민 대표 조직, 중소 규모의 생산자, 농업 종사자, 농촌 여성, 각 대륙의 원주민 공동체가 서로 연계하는 것이다. 이 운동의 주된 목표는 식량 주권을 보호하고 다양한 소규모 농민 조직 간의 연대와 화합을 이룩하는 것이다. 나아가 평등과 사회 정의, 토지 보전, 지속 가능한 식량 생산을 기반으로 한 경제 관계를 발달시키고자 한다.


## 운송

오늘날 세계경제에서는 매일 지구촌 방방곡곡으로 동일한 상품이 수송된다. 기업 주도의 글로벌 경제 논리가 국가들로 하여금 매년 수십만 톤의 주식(主食)을 수입하게 하고, 동시에 그만한 양을 수출하게 한다. 화석연료 자원이 줄어들고 탄소 배출량이 늘어나고 있는 시대에 이것은 무의미하고 무용한 논리다. 신자유주의적 글로벌 경제를 부수고 나간다는 것은 사실 지속 불가능한 운송 체계를 깨고 나가는 것을 의미한다. 불필요한 식량 및 소비재 운송만 없애도 대기로 배출되는 온실가스의 양을 매년 엄청나게 줄일 수 있다.

매년 수십억 달러의 세금이 수송망을 건설하고 유지하는 데 사용되고 있는데, 모두 장거리 무역을 쉽게 하기 위한 것이다. 하지만 이 자금은 소규모의 지역 기업과 대중의 이동 수단 지원으로 전환되어야 한다. 지역화란 개인들이 생활과 일을 가까운 거리 내에서 할 수 있도록 하는 것이다. 상점에 가거나 통근할 때 자동차를 필요로 하지 않는 것이다. 그래서 미래에는 수송망 건설에 들어갈 돈이 자전거 도로나 인도를 만드는 데 사용될 수 있다. 독일의 레벤스가르텐 생태마을에서는 주민들이 단거리 이동을 할 때 태양열 자동차를 공동으로 사용한다.

정부 재정 또는 정부와 민간 합작으로 설립된 고속도로는 기업형 대형마트를 지원한다. 여기서 사용된 돈이 일부라도 일반 시장에 사용된다면―과거 유럽의 도시와 마을에서 흔히 보던 광경대로―지역 상인이나 목공들도 자신의 생산품을 손쉽게 팔 수 있다. 이는 자동차와 화석연료의 사용을 줄이고 환경오염도 줄임으로써 소도시에 활기를 불어넣을 것이다. 마찬가지로 식품의 가공, 포장, 운송에 드는 자원을 줄임으로써 도시와 농촌 경제 모두 활성화시킬 수 있을 것이다.

## 금융과 무역 규제

대부분의 국가가 세금으로 중소기업을 차별하고 있다. 소규모 기업은 대개 노동 집약적이다. 따라서 근로자에게 매겨지는 소득세나 사회보장세, 부가가치세, 근로세 등은 중소기업에 불리하다. 반면 자본 및 에너지 집약적 기술을 사용하는 대기업들은 외려 각종 세금 우대를 받는다. 예를 들면 감가상각 촉진이라든가 각종 투자 세액 공제 등이 그렇다.

지금까지 보아온 것처럼 '자유무역' 정책은 다국적 기업에 더 큰 권력과 자유를 제공하는 대신 국가와 지역 경제는 더 연약하고 순종적으로 만들었다. 이 정책은 표면적으로는 '효율성' 증대를 목표로 했지만, 실제로는 매우 '비효율적'이고 낭비적인 시스템이 등장했다. 무역 증가로 인한 진짜 비용을 계산에 넣지 않았기 때문이다.

지역화된 사회에서는 이러한 부당 세제를 바로잡아야 한다. 소득세를 낮추고 자원세를 올리는 등 말이다. 그래야 지역경제에 도움이 될 뿐 아니라 기계 대신에 사람을 선호하게 돼 훨씬 많은 일자리를 창출할 수 있다. 탄소세, 즉 이산화탄소를 방출하는 에너지에 대한 세금은 고도의 기술을 투입하는 생산 방식에 대한 의존도를 낮추게 할 것이다. 가솔린과 디젤 연료에 대한 과세를 높이면 환경오염 등의 비용이 가격에 반영되어 이들 제품의 '진짜 가격'을 알 수 있게 된다. 이렇게 되면 개인적인 수송은 줄고, 지역 소비를 위한 지역 생산이 증가할 것이다.

## 교육

오늘날 학교 교육은 점점 더 기업의 요구에 맞추어가는 경향이 있는데, 오늘날의 어린이들이 앞으로 그들을 위해 일하게 될 것이기 때문이다. 교과 과정은 점점 더 표준화되고 기술 중심적으로 변하고 있다. 따라서 진정한 분권화를 위해서는 교육 분야에도 변화가 필요한데, 교과 과정에서 지역의 농업 및 건축 등에 필요한 적절한 기술을 가르치는 것이다. 즉 경쟁적이며 '일자리 없는 성장'을 위해 전문화하는 것이 아니라 지역화된 사회의 어린이들이 다양한 환경과 문화, 경제 제도에 맞추어 교육받을 수 있도록 해야 한다. 그렇다고 다른 문화로부터의 정보 유입을 막자는 것은 아니다. 사실상 문화적 교류는 교육의 중요한 부분이다.

교육은 생애 전반에 걸쳐서 이루어져야 한다. 하지만 불행하게도 오늘날 많은 학교 교육이 아이들에게 트라우마가 되고 있다. 예외적인 이상향을 따르도록 강요받고 표준화된 시험에 포위당하고 있기 때문이다. 시험은 배우는 지식과 관련이 있는 게 아니라 시험을 위한 시험이 되어가고 있다. 학교 폭력도 증가하고 있으며, 심지어 학교에서 목숨을 잃는 아이들마저 있다. 이런 상황에서 아이들이 더 깊이 있는 학습에 대한 의욕을 전혀 얻지 못한 채 학교를 졸업하는 것은 전혀 놀라운 일이 아니다.

지역화된 사회에서는 현대 교육을 완전히 재구성해야 한다. 지역화된 교육은 인간과 자연 공동체에 혜택을 주기 위해 지역 자원을 파악, 보호 및 관리하는 방법을 가르친다. 학생들에게 그들이 살고 있는 특정한 환경에 대해서 가르치고, 그 안에서 생존하고 번성하는 데 필요한 기술을 제공해야 한다. 아이들은 세계경제라는 기계 속에서 생산과 소비를 반복하는 톱니바퀴 같은 존재가 되어서는 안 된다.

이러한 종류의 배움은 체험해보는 것이 중요한데, 지역화된 교육의 몇몇 사례가 나타나기 시작했다. 세계생태마을네트워크(Global Ecovillage Network)에서는 '생활과 학습' 센터의 개념을 처음으로 개발해 지속 가능한 지역 공동체를 어떻게 설계하는지를 짚으로 만드는 집짓기, 생물학적 폐수처리 시스템, 영속농업 정원 등과 같은 생태마을 현장 체험과 연결해 가르치고 있다.

스코틀랜드에서는 어린이들이 자신들 주변의 살아 숨 쉬는 세계를 알아가는 기쁨을 발견할 수 있도록 하는 프로젝트를 추진 중이다. 스무 살의 한 교사는 아이들이 매일, 또 하루의 대부분을 야외에서 활동하는 유아원을 설립했다. 이곳 아이들은 고무로 된 신을 신고 양털 점퍼를 입고 놀이를 한다. 해가 뜨나 비가 오나 눈이 오나 상관없다. 부모들은 아이들이 이런 방식을 매우 좋아하며, 아이들이 귀중한 지식을 습득하고 있다고 이야기한다. 덕분에 이곳 아이들은 초등학교를 졸업하기 전에 벌써 지역의 식물을 식별할 수 있는 전문가가 된다. 식용 버섯과 독버섯을 구분하고, 독성이 있는 꽃들에 대해서도 잘 안다. 이곳의 교사는 "보통의 유아원에서는 동그라미와 네모가 어떻게 다른지에 대해서만 배우지만, 여기 아이들은 떡갈나무와 자작나무가 어떻게 다른지 구분할 줄 안다"라고 설명한다.[2]

## 의료 서비스

현재 의료 서비스에 대한 투자는 도시 인구를 대상으로 한 집중화된 거대 병원 위주다. 하지만 비용 절감에 대한 압박으로 의사와 간호사들은 점점 더 많은 환자를 돌봐야 하고, 결국 개별 환자에게 제공되는 치료의 질은 급격히 떨어진다. 이에 관한 신자유주의적 대응책은 민영화다. 그러나 민영화는 의료비를 지불할 수 없는 사람들을 제도 바깥으로 내몰아 마침내 사회의 커다란 부담과 위협이 되게 할 뿐이다. 이러한 딜레마를 궁극적으로 해결하는 방법 역시 분권화를 통해 지역 공동체에 권력을 되돌려주는 것이다. 지방의 수많은 중소 병원—첨단기술에 덜 의지하고, 보건 전문 인력과 지역의 보건 교육 및 예방의학에 더 힘쓰는—에 그 돈을 투입하면 지역경제를 활성화시키는 동시에 더 많은 사람에게 의료 서비스를 제공할 수 있게 될 것이다.

지역화된 사회에서 의료 서비스에 대한 강조는 사후 치료보다는 예방의 성격이 강하다. 주민들의 영양 상태에 중점을 두는 것이다. 오늘날 서구 국가에서는 비만이 급속히 확산되고 있는데, 이는 우리 소비문화의 직접적인 결과다. 지역에서 생산된 균형 잡힌 음식물을 섭취한 후 걷거나 자전거를 타는 등 몸을 움직인다면 비만을 극복할 수 있다. 의료비용 또한 획기적으로 줄일 수 있다. 지역화된 의료 서비스는 의사와 환자 간의 친밀한 관계를 회복시키기 때문에 저렴한 비용으로 높은 수준의 서비스를 제공한다.

노인 돌봄도 두 가지 이유로 전문화된 시설에서 공동체 내 대가족에 의한 보살핌으로 바뀌어야 한다. 첫째, 삶의 질과 유대감이 더욱 강조되는 추세인데다가 둘째, 공공 서비스 비용을 감축하는 방향으로 가고 있기 때문이다. 고령자 입장에서도 인간미 없는 시설에 갇혀 여생을 TV 앞에서 보내거나 방문자를 기다리며 지내는 것보다는 생태마을 공동체의 일원이 되어 지내는 것이 훨씬 매력적이고 품위 있는 대안이 될 것이다.

덴마크에서 이러한 변화의 실례를 찾아볼 수 있는데, 덴마크에서는 지난 20년간 노인들을 위해 150개 이상의 공동주택 단지를 설립했다. 최근 덴마크에서 50세 이상의 주민을 대상으로 실시한 조사에서는, 4분의 1 이상이 은퇴 후 시설에서 지내는 것보다 공동주택 단지 내에서 지내는 것을 더 선호하는 것으로 나타났다.


## 미디어

TV 및 기타 집중화된 대중 매체는 연구와 개발, 인프라 구축과 개발, 교육 훈련 등의 형태로 막대한 보조금을 수령해왔으며 직·간접적으로 지원을 받아왔다. 현재 국영 방송사조차도 세계적인 미디어 그룹에 인수될까 두려워할 정도다. 이러한 거대 미디어는 전 세계의 다양한 전통을 급격히 균일화하고 있다. 비현실적이고 과장된 이미지를 하루 종일, 그리고 매일 가정으로 내보냄으로써 개인의 자부심과 문화의 고결함을 심각하게 해치고 있다.

지역화된 세계는 문화적으로 풍부하고 다양해서 대중 매체는 교육과 통신, 협력의 수단이 된다. 지역의 오락을 위한 설비―음악과 드라마로부터 춤과 축제로―를 지원하는 것은 세계화된 미디어에 대한 건전한 대안이 될 수 있다. 오늘날에는 정치권에서도 문화적 다양성을 보호하려는 움직임이 나타나기 시작했다. 유네스코에서는 '문화적 표현의 다양성에 관한 보호와 증진 협약(Convention on the Protection and Promotion of Diversity of Cultural Expressions)'을 시행하기 시작했다. 35개의 개발도상국 및 선진국은 이 협약을 비준하여 지역 문화 간의 관계, 발전 및 대화를 재수립하는 데 동의했다. 이 협약은 사람과 문화, 환경의 요구에 적응하는 방향으로 진보하는 미래의 발전을 위해 "문화적 다양성과 표현을 보호하고 증진하며, 상호 유익한 방향으로 서로의 문화를 번성하게 하고 자유롭게 교류할 수 있는 조건을 만든다"라는 국가의 권리를 재확인하고 있다.[3]


## 민주주의와 공동체

분권화된 경제활동은 정부의 지배 구조를 지역 수준으로 끌어내리고 참여 민주주의를 증대시킬 것이다. 본질적으로 소규모 정치 집단에서는 지도자들이 매일 접촉하는 구성원들에게 책임감을 더 많이 느끼기 때문에 더욱 민주적이다. 개인들은 그들의 삶을 통치하는 정책에 대한 통제권이 많아져서 권한이 있다고 느낄 때, 누구도 권리박탈을 느끼지 않는 더욱 조화로운 사회를 이끌어낸다.

경제 및 정치 활동이 지역화되면 진정한 공동체 설립을 위한 기반을 제공할 수 있다. 신자유주의 경제학의 가장 부정적인 효과 중 하나가 사회적 관계를 와해시켜버렸다는 점이다. 소비 사회에서는 농촌 공동체가 제 기능을 하지 못하며, 도시의 이웃들은 서로를 잘 모른다. 인간으로서 우리가 음식, 물, 집, 다음으로 가장 중요하게 생각하는 것 중 하나가 바로 다른 사람으로부터 인정받고 다른 사람과 의미 있는 관계를 가지는 소속감이다. 지역적 가치와 교류에 기반을 둔 긴밀하고 협동적인 공동체에서 사람들은 개인의 재능과 창의성을 자유롭게 발달시키며 환경을 보호한다. 미래에는 개별 공동체가 그러한 환경을 어느 수준까지 제공하는지가 '사회적 자본'을 측정하는 방법이자 성공을 인지하는 핵심 기준이 될 것이다.

지역화된 사회에서는 현재와 같은 국가적 정당의 개념도 변화한다. 분권화된 체계가 발전하면서 이러한 정당의 개념은 약화될 것이다. 대신 공동체 법칙에 기초한 민주주의 제도를 만나게 될 것이다. 예를 들어보면, 일정 규모—500명이라고 하자—지역 주민들이 지역, 지방, 중앙정부라는 피라미드 체계 내에서 각각 투표권을 행사하게 될 것이다. 지역 공동체들은 각 지역의 조세 수입을 통해 충분한 예산을 확보할 것이고, 일상생활에서도 더 큰 목소리를 낼 수 있을 것이다.

## 지속 가능한 공동체 건설

지역화 원칙을 기반으로 형성된 공동체의 예는 전 세계의 생태마을에서 찾아볼 수 있다. 생태마을은 대우주 속의 소우주라고 할 수 있다. 50~400명의 사람들이 모여 사는 작은 공동체이지만 더 큰 사회에서 발생하는 모든 문제가 존재하고, 그 문제들에 대한 가시적인 해결책을 제공한다. 지속 가능한 삶, 갈등의 평화적 해결, 일자리 창출, 아이 양육, 적절한 교육 제공, 또는 삶을 기리고 즐기는 것 등을 모두 다룬다.

생태마을의 주민들은 네오 러다이트도 아니고, 시간을 거꾸로 돌리고자 하는 감상주의자도 아니다. 제한된 자원을 가지고 개인적인 노력을 들여 작고 지속 가능한 공동체를 만들고자 하는, 말하자면 선구자에 가깝다. 이들은 생태마을을 앞으로의 삶의 방식을 제시하는 모델로 본다. 환경적·사회적 문제가 우리를 심각하게 위협하기 시작하면 언젠가는 우리 모두 생태마을의 삶을 살아야 할 것이다.

현존하는 공동체들도 그들의 지역경제를 재구성할 수 있다. 예를 들어 세계적으로 진행되고 있는 전환마을 운동은 마을과 소도시, 대도시의 사람들이 함께 피크오일과 기후 변화 위기에 효과적이고 창의적으로 대응하기 위해 노력한다. 이 운동을 통해 지역 공동체는 석유가 고갈되는 시기에 대비하고 장기적으로 지속 가능한 지역경제를 위한 모든 측면을 살피게 된다. '에너지 절감 방안'은 그 핵심 요소로 미래에 대한 긍정적인 전망과 지역민들의 적극적인 참여 유도에 중점을 두고 있다.


## 지역 사업과 은행업무

'지역 제품을 사세요'라는 캠페인은 지역화 운동의 또 다른 중심 요소로 지난 10년 동안 수많은 곳에서 실시되었다. 북미 지역에서는 지역경제를 위한 비즈니스 연합(Business Alliance for Local Living Economies)이 지금의 불공평한 경제 환경에서 소규모 기업이 살아남도록 지원 체제를 제공한다. 이 연합에는 최근 미국의 130개 도시가 참여했고, 지금도 그 영향력이 확대되는 중이다. 이와 같은 이니셔티브들은 벌써 효과를 보고 있다. '지역 제품을 사세요' 캠페인을 추진 중인 도시에서는 독립 사업자들의 판매량이 그렇지 않은 도시보다 세 배나 늘었다. 최근에는 '계좌를 옮기자(Move your money)' 운동이 펼쳐지고 있는데, 시민들의 예금을 '지나치게 거대한' 은행에서 소규모 지역 은행으로 옮기도록 권장하고 있다. 그 결과 2008년 이래 770억 달러가 넘는 예금이 지역 은행으로 옮겨갔다.

지역화된 경제의 성장은 환경적으로 이득일 뿐 아니라 더 많은 고용 기회도 제공한다. 2008년에 이루어진 조사에 의하면 미국 미시간 주의 그랜드 라피드 시에서 소비자의 10퍼센트가 대형 체인점이 아닌 지역 소매점에서 상품을 구매한 결과, 그 지역 경제가 급격히 성장했다고 한다. 추가 경제활동이 1억 4000만 달러에 달했고,

1600개가 넘는 일자리가 새로 생겨났다.

또 다른 조사에서는 지역 서점에서 책을 사는 것이 대형 체인 서점에서 책을 샀을 때보다 지역 경제에 세 배 더 많은 돈을 남겨준다는 사실을 보여주었다. 풀뿌리 단계에서 많은 공동체가 지역 상권을 지원하기 위해 노력하고 있다.

'지역 제품을 사세요' 캠페인에 더해 지역의 은행과 금융 대부업체도 설립되었다. 따라서 지역민들과 지역의 사업가들이 사용 가능한 자금을 더 많이 확보해 사람들로 하여금 멀리 떨어진 대기업이 아니라 그들 주변에 투자할 수 있게끔 하는 것이 더욱 바람직할 것이다. 지금까지 은행은 주로 대기업에게만 저금리 융자를 제공했다. 하지만 지역 은행에 돈이 충분하다면 소규모 사업자 역시 낮은 이자로 사업 자금을 마련할 수 있게 된다.


지역 화폐

지역 화폐란 국가 화폐의 보완재로 소규모 공동체 내에서 주로 사용하며 보완 화폐라고도 불린다. 지역 화폐의 역사는 수백 년 전으로 거슬러 올라간다. 재미있는 사실은 지역 화폐가 고실업 시대에 나타났다는 것이다. 국가 화폐 없이도 노동을 창출하거나 사회적 자본을 구축하는 효과를 가져왔다는 얘기다. 지역화된 사회에서 지역 화폐는 매우 핵심적 역할을 한다.

벨기에의 경제학자인 베르나르 리에테르와 아일랜드의 경제학자인 리처드 도스웨이트는 이 분야의 전문가들로 보완 화폐의 역할을 다룬 책을 펴냈다. 리에테르가 쓴 책은 『돈의 미래(Future of Money)』[4]이고, 도스웨이트가 쓴 책은 『짧은 순환: 불안정한 세계의 안전을 위한 지역 경제의 강화(Short Circuit: Strengthening Local Economies for Security in an Unstable World)』다.[5] 리에테르는 탄생하는 공동체의 본질은 교환의 불균형에서 생기는 유대라고 지적했다. 당신이 이웃에게 버터 1파운드를 빌려주었다면 커뮤니티를 엮을 새로운 실 한 가닥을 얻은 것이다. '빌려주기'는 유대 없이 이루어지는 비인간적 행위인 상거래와는 매우 다른 행동이다. 리에테르는 "커뮤니티는 비상호적인 화폐 교환이 선물 교환을 대체하는 순간 무너지고 만다"고 주장하기까지 했다.

많은 보완 화폐는 상호관계의 산물이며, 어떤 의미에서는 화폐를 손에 쥐는 대신 교환을 위한 장부를 적는다고 보는 것이 더 좋을 것이다. 좋은 예가 캐나다의 마이클 린튼이 창안한 지역 화폐 거래 제도(LETS, Local Exchange and Trading System, 화폐 없이도 필요한 재화나 서비스를 교환하고 구매할 수 있는 제도로 어떤 회원이 물건이나 서비스를 구매하기 위해 신용을 빌리면 이는 시스템에 기록되며 향후 같은 가치를 지닌 물건이나 서비스를 제공하게 되면 자연 소멸됨. 즉 우리나라의 품앗이와 비슷한 제도로 전 세계적으로 800곳이 넘는 곳에서 시행되고 있으며 한국에서는 '지역 품앗이'라는 이름의 대전 한밭 LETS가 있음_옮긴이 주)를 들 수 있다. 또 다른 제도로는 미국의 에드거 칸 박사가 만든 '타임 달러'를 들 수 있다. 이는

'상호 신용 제도'에 등록되어 있는 어떠한 사람으로부터 당신이 필요로 하는 서비스의 구매를 위해 신용을 사용할 수 있다(예를 들어 양로원에 가서 봉사한 만큼의 타임 달러를 타임 달러 은행에서 얻어 이것을 자기 자식을 돌봐주는 사람에게 지불할 수 있다는 의미_옮긴이 주). 따라서 단순한 물물 교환과는 다르다.

미국 뉴욕 주 이타카 시에는 지역사회 경제학자인 폴 글로버가 만든 '이타카 아워즈(Ithaca Hours)'라는 화폐가 있다. 이타카 아워즈는 종종 지역 서비스에 대한 지불을 국가 화폐와 병행해 사용하는데, 많은 지역 화폐 시스템이 이러한 특성을 가지고 있다. 또 다른 예로는 생태학자인 수전 위트가 고안한, 미국 버크셔에서 통용되는 지역 화폐인 버크셰어(Berkshare)가 있다. 이론적으로는 지역 화폐가 너무 많이 생기면 전체 화폐 공급량에 영향을 미쳐 중앙은행의 고민거리가 될 수 있다. 하지만 리에테르는 최소한 뉴질랜드 정부에서는 지역 화폐로 실업에 대한 정부 지원금을 절약할 수 있어서 이 제도를 환영했다고 한다.

리에테르는 2007년을 기준으로 전 세계에 5000여 개의 보완 화폐가 있다고 추정한다. 이 가운데 가장 많은 곳은 일본(800개 이상)이다. LETS는 전 세계적으로 1000개 이상이고, 타임 달러는 300개가 있다고 추정했다.[6] 미래에는 실업이나 불황에 대응해 더 많은 지역 화폐가 자발적으로 생겨날 것이다.[7]

## 부의 창출

신자유주의 경제 체제의 지지자들은 우리가 부를 증가시키기 위해서는 더 많이 소비해야 한다고 주장한다. 그러나 신자유주의 경제에서 돈은 한쪽 방향으로만—대중의 주머니에서 먼 곳에 있는 다국적 기업의 돈궤로만—흘러가고 있다. 최근 미국의 한 지역사회에 대한 연구 결과를 보면, 프랜차이즈화된 지역 매장에서 소비자가 지불한 돈의 약 75퍼센트가 지역사회 바깥으로 빠져나갔다고 한다.[8] 미국 캘리포니아 주 오클랜드의 빈곤에 관한 한 연구에서는 지역 경제로부터 새나가는 세 가지 자원이 빈곤의 주요 원인이라고 한다. 부재지주(不在地主)에게 지불되는 임차료(4300만 달러), 타 지역 은행에 지불되는 이자(4000만 달러), 도시 바깥의 상점에 지불되는 돈(1억 5000만 달러) 등이다.[9]

지속 가능한 부를 창출하는 핵심은 노동력만큼이나 천연자원의 남용을 막고, 지역사회로부터 돈이 과도하게 유출되는 것을 방지하는 것이다. 지역화된 사회에서 공동체가 생산한 부를 지키는 가장 중요한 요소는 지역 기업을 지역 주민들이 직접 소유하는 것이다. 지역의 기업 소유권은 보다 안정적이고, 보다 동기부여를 하며, 기업이 사회적으로나 환경적으로나 지역 공동체에 어떻게 영향을 미치는지 더 관심을 갖게 한다. 이는 특히 은행업에 중요하다. 오늘날 전형적인 지역사회에서는 지역 저축의 25퍼센트 미만이 지역에 재투자되고, 그나마도 곧 가까운 금융자본 회사에 이전되는데 예금주에게 돌아가는 이득은 거의 없다시피 하다. 거기다 지역 주민들은 자신들이 저축한 은행에서 대출을 받기도 쉽지 않다.[10] 공동체 은행과 신용조합은 지역이 필요로 하는 자금을 훨씬 효과적으로 제공한다. 이들의 자산은 미국 전체 은행 자신의 22퍼센트에 불과하지만, 미국 중소기업의 54퍼센트에 융자를 제공하고 있다. 진정한 부를 얻는 길은 천연자원과 공동체, 지역 경제를 보호하는 것에 있다.


## 미래에 대한 희망

이 책에서 궁극적으로 추구하고 있는 방향 전환이란 우리가 당면한 생태학적·경제적 위기를 밝히는 것뿐 아니라 사람들 간의 유대와 우리 삶에 대한 관심을 회복하는 길을 알려주는 것이다. 그 길에는 오늘날 폭력 사회 이면에 놓인 두려움이나 탐욕을 줄이는 방법도 포함되어 있다. 다양한 문화가 공존하고 사람들이 자부심을 되찾으며 자연과의 관계를 회복하는 세상이 바로 우리가 진정 희망차게, 그리고 평화롭게 살 수 있는 세상이다.

# 새로운 해답의 단초를 만나다

그리 먼 옛날도 아닌 불과 40년 전, 이 땅에는 여성의 머리카락을 수집하러 다니는 상인들이 있었다. 신체발부수지부모(身體髮膚受支父母)라는 정서가 남아 있어서 그 시절 머리카락은 우리에게 소중한 것이었다. 특히 여성의 경우는 머리카락은 정조의 상징이어서 아무리 한 끼 식량이 아쉽다고 해도 선뜻 머리카락을 자를 수 없었다. 그래서 당시 국가는 '전 여성의 파마화'라는 꼼수를 내세웠다. 머리카락 수집상들은 미용사와 함께 전국 방방곡곡을 돌아다녔다. 파마로 이렇게 멋을 내줄 테니 머리카락을 자르라고 유혹하기 위함이었다.

정부가 앞장서서 '파마 유행'을 조장했던 까닭은 수출 때문이었다. 당시 우리는 외국에 내다팔 물건이 없었다. 중석(텅스텐) 같은 지하자원 정도가 고작이었고, 공산품 중에서는 가발이 주요 수출 품목이었다. 고도의 기술도 막대한 자본도 필요 없는데다가 원재료인 머리카락 품질이 대단히 우수했기에 가능했던 일이다.

노동력도 풍부했다. 밥만 배불리 먹여주면 일하겠다는 사람들이 줄을 섰던 시절이었다. 일꾼들은 생계비에 훨씬 못 미치는 임금을 받고서 매일 10시간이 넘는 장시간 노동에 시달려도 별 불평을 하지 않았다. 정부가 저임금을 조장한 탓도 있다. 단적인 예가 저곡가 정책이었다. 수출을 위한 저임금 경쟁력을 확보하려면 어떻게든 쌀값을 낮게 붙잡아야 했다. 그러려면 생산비에도 못 미치는 가격으로 정부가 쌀을 수매해 도시민들에게 제공하는 수밖에 없었다.

결과적으로 이는 이농(離農)을 확산시켰다. 가난에 허덕이는 농민들은 앞을 다퉈 집과 땅을 처분하고 도시로 몰려들었다. 1960년대 수출 상품 3위였던 가발에 얽힌 한국 경제사의 한 단면이다. 수출 증대와 고속 성장은 그 산물이었다. 1965년 1인당 소득이 겨우 100달러였던 나라가 불과 50년이 채 안 된 지금은 200배가 넘어 2만 달러가 되었고, 전 세계 무역량 세계 8위, 국내총생산(GDP) 12위, G20의 일원인 경제대국이 되었다.

하지만 세상엔 빛이 있으면 그림자도 있는 법. 원조를 받던 나라에서 원조를 주는 나라로 탈바꿈한 세계 최초의 국가가 되었지만, 그렇다고 국민들이 느끼는 행복감은 이러한 고도성장에 비례하지 않았다. 최근 경제가 성장한다고 해서 국민의 행복감도 덩달아 높아지지 않는다는 연구 결과가 한국에서도 나왔다. 국민들의 느낌과 생각도 크게 다르지 않을 것 같다. 여전히 우리는 세계 최장 노동시간을 기록하고 있고, 세계 최고의 산재 사망률을 보이고 있으며, 세계 최고의 자살율을 보이고 있으니 말이다.

'매우 성공한 개발도상국'인 우리나라가 이럴진대 여전히 빈곤에 허덕이는 개발도상국들은 사정이 더할 것이다. 선진국과의 격차는 갈수록 벌어지고 있으며, 국내의 양극화와 빈부 격차도 심화되고 있다. 선진국이라고 예외일까. "월가를 점령하라!"는 구호가 세계의 심장부인 미국에서 울려 퍼지고 있는 실정이다. 20 대 80의 법칙을 넘어서 이젠 '1 대 99의 사회'라는 말이 전 세계의 공감을 사고 있다.

'신(新) 유목 사회'라는 말도 떠돈다. 경제가 성장할수록 사람들이 정착과 안정을 찾지 못하고 계속 일자리를 찾아 떠돈다는 의미다. 하긴 평생직장은 사라졌고, 종신고용은 과거의 유물이 되었으니 그럴 수밖에 없을 것이다. 현재에 대한 불만과 미래에 대한 불안이 사람들을 지배하고 있으니 행복할 수가 없다.

이 책은 이런 글로벌 경제에 대한 비판의 논지를 담고 있다. 경제가 성장하면 행복도 증가한다는 신앙에 대한 통렬한 반격이다. 개발도상국은 여전히 가난하고, 성공한 나라들조차 국민의 불안과 불만이 가득한 것은 지금의 자본주의, 즉 세계화를 기본 특징으로 하는 신자유주의적 자본주의 때문이라고 역설한다.

"문을 열어라, 그래야 성장하고 행복해진다"라는 것이 세계화다. 상품의 무역 장벽을 없애는 걸 넘어 금융과 서비스, 농산물의 문호를 개방하라고 한다. 자본에 이익이 되면 사회에 이익이 된다는 논리를 바탕으로 자본의 활동에 완벽한 자유를 부여하라고 한다. 하긴 경제학이 그렇다. 철저한 생산비용 논리에 따라 남보다 저렴하게 생산할 수 있는 물건을 집중적으로 생산해 수출하라는 것이니.

하지만 우리는 세상이 경제학만으로 돌아가지 않는다는 것을 잘 안다. 무엇보다 우리는 이러한 논리가 개발도상국을 위해서가 아닌 선진국 자신의 이기주의에서 비롯된 논리임을 매우 잘 알고 있다. 이미 우리가 숱하게 당해왔기 때문이다. 미국은 1980년대 중반부터 쌀과 금융, 심지어 영화 시장까지 개방하라고 우리에게 압력을 넣지 않았던가. 개방하지 않으면 미국 시장을 닫겠다는 으름장을 놓으며. 따지고 보면 1997년 외환위기는 여기서 비롯된 것이다. 미국의 집요한 자본시장 개방 요구를 끝내 거절했더라면, 그래서 투기자본의 유·출입을 규제했더라면 일어나지 않았을지도 모른다.

무역 장벽을 철폐해 교역 증대의 건더기와 국물을 같이 나누려는 노력이 세계화가 아니란 얘기다. 정보와 문화의 공유를 토대로 민족 간의 이해를 증진하려는 노력은 더더욱 아니다. 만일 그랬다면 반세계화의 목소리가 이토록 높을 리 없다.

세계화가 경제성장에 기여하지 않았다는 의미는 결코 아니다. 세계화만큼 생산력 증대에 효율적인 시스템은 없다고 해도 과언이 아니다. 하지만 국가 간 양극화와 국내의 빈부격차를 심화시킨 주범이라는 사실 역시 부인하기 어렵다. 생산력 증대로 인해 행복해하는 사람보다 불행하다고 느끼는 사람이 훨씬 더 많다면 과연 누구를 위한 생산력 증대인가에 대한 비판이 비등할 수밖에 없다. 세계화와 이를 바탕으로 하는 신자유주의 시스템이 공격받는 이유다.

그렇다고 이 시스템을 바꿀 수도 없다. 대안에 대한 속 시원한 답이 나오지 않고 있어서다. 그동안 반세계화, 반신자유주의를 외친 사람들은 참 많았다. 하지만 그 누구도 공감할 만한 대안을 내놓지 못했다. 세계적인 석학으로 불리는 고(故) 에릭 홉스봄이 내놓은 대안도 기껏 공적 권위의 회복에 불과했으니 다른 사람이야 더 말해 무엇 하랴. 탁월한 제3세계 경제학자 사미르 아민은 주변부 국가들의 결속과 저항을, 이탈리아 경제학자 조반지 아리기는 중심부 국가들의 회개를 각각 대안으로 내놓았지만, 너무 지당한 얘기라 공허하게 들릴 뿐이다.

더 큰 문제는 이를 현실화할 힘이 부족하다는 점이다. 세계화가 이 세상을 이끄는 주류세력이기 때문이다. 외눈박이 세상에선 두 눈 달린 정상인이 장애자 취급을 받는다. 세계화론자들이 주류인 세상에서 반세계화론자들의 힘은 미약할 수밖에 없다. 게다가 조금이라도 머뭇거리면, 그래서 잠시 경쟁에서 처지면 영원한 낙오자가 된다. 이런 마당에 반세계화 운운하다간 나라건 개인이건 영원히 죽을 수도 있는데 그런 위험을 무릅쓰고 세계화를 거역한다? 참으로 지난한 일이다.

헬레나 노르베르 호지가 이 책을 쓴 이유도 아마 여기에 있지 않을까 한다. 그녀는 30년 전인 1992년, 그 유명한 『오래된 미래』라는 저작을 통해 세계화로 인해 처참하게 피폐해져가는 라다크의 모습을 적시한 적이 있다. 그리고 이제 세계화를 극복할 만한 여러 대안을 다각도로 제시하는 『행복의 경제학』을 들고 다시 우리 곁을 찾았다. 이러한 대안의 핵심은 바로 '지역화'다. 지역 식품, 지역의 기업과 은행, 지역화된 에너지 시스템, 생태적인 삶이 숨쉬는 지역 공동체 등. 헬레나 노르베리 호지는 설사 효율성이 떨어져 경제 규모가 줄어들더라도 미래를 위한 우리의 행동 양식은 '지역화'에 기반을 두어야 한다고 주장하고 있다. 이러한 저자의 주장은 점점 설득력이 높아지고 있는데, 모든 대륙에서 새로운 행동양식이 나타나고 있기 때문이다. 실제로 우리나라에서도 성미산 공동체 마을을 찾아볼 수 있고, 도시 농부가 70만 명이 넘어섰다는 발표가 있었다. 『행복의 경제학』을 통해서 더 많은 세계적인 '지역화 운동'이 곳곳에서 시작된 모습을 찾아볼 수 있다.

그동안 우리나라는 압축성장이란 말이 나타내듯 참으로 숨 가쁘게 달려왔다. 성장을 위해서 우리의 삶의 질, 우리의 생태계, 우리의 생활양식은 뒷전으로 밀려나고 말았다. 그 와중에 터진 금융위기는 우리의 삶을 양극화와 치열한 경쟁으로 밀어 넣고 말았다. 성장 및 세계화 논리에 가려진 숱한 부작용과 후유증이 이제야 속출하고 있는 것이다. 곪을 대로 곪아 치료의 시기마저 놓치기 전에 서둘러 치유해야 한다. 『행복의 경제학』에서 그에 대한 해답의 단초를 찾을 수 있을 것이다. 더불어 행복해지는 사회, 그리고 지금의 힘겨운 사회 및 경제 구조를 회복시키는 방법에 대해서 이야기하고 있으니까 말이다.

김영욱·홍승아

## 제2부_1장 · 세계적 위기 간의 관련성

1) Hinrichsen. D., Salem. R. and Blackburn. R. "Meeting the Urban Challenge", *Population Reports*, Series M, No.16.(Baltimore: The Johns Hopkins Bloomberg School of Public Health, Population Information Program, 2002년 가을)

2) 위의 책.

3) 위의 책.

4) R. Albert Berry and William R. Cline, *Agrarian Structure and Productivity in Developing Countries*, (Baltimore: Johns Hopkins University Press, 1979)

5) Gershon Feder, "The Relationship between Farm Size and Farm Productivity", *Journal of Development Economics*, (vol. 18, 1985, 297~313쪽)

6) Peter Rosset, "The Multiple Functions and Benefits of Small Farm Agriculture in the Context of Global Trade Negotiations", Policy Brief No. 4. *Institute for Food and Development Policy*, (Oakland CA: 1999년 9월)

7) Catherine Badgleya 외, "Organic Agriculture and the Global Food Supply", *Cambridge Journals*, (Vol. 22, Issue 02, 2007년 6월)

8) J. Koojiman, "Environmental Assessment of Packaging: Sense and Sensibility", *Environmental Management*, (vol.17, no.5. New York: Springer - Verlag, 1993)

9) "SAFE Alliance Food Miles Report", (London, SAFE Alliance, 1996)

10) Anon., "Do You Need All That Packaging", *Which?* (London: Consumers' Association, November, 1993), 5쪽

11) Environmental Research Foundation, "Incineration News", *Rachel's Environment & Health Weekly*, (no. 592, 1998년 4월 2일)

12) Helena Norberg-Hodge and Steven Gorelick, "Have a Nice Day", *The Ecologist*, 2002년 9월

13) 위의 책.

14) "Childhood in Crisis" *BBC Breakfast*, 2006년 9월 18일 ( http://news.bbc.co.uk/2/hi/programs/breakfast/5355080.stm)

15) "Is Modern Life Ruining Childhood?", *BBC*, 2006년 9월 2일 (http://news.bbc.co.uk/1/hi/uk/5338572.stm)

16) Marla Filidei, *Priscilla Presley Awards New York Mom's Battle Against Enforced Child Drugging*, Citizen's Commission on Human Rights, 2001년 2월 12일 (www.cchr.org/index.cf)

## 제2부_2장 · 진보라고 불리는 환경적 비용

1) "The Genuine Progress Indicator, 1950~2002(2004 update)", www.redefiningprogress. org/publications

2) "Living Planet Report 2006", *World Wildlife Fund*, (www.panda.org 참조)

3) Collin J. Campbell, *The Coming Oil Crisis*, (Petroconsultants, in association with Multi-Science Publishing Co. Ltd, 1997)

4) Richard Heinberg, *Muse Letter*, 2005년 7월

5) Richard Heinberg, *Muse Letter*, 2002년 5월

6) 위의 책, 3쪽, John Gever 외 *Beyond Oil*, (Boulder CO: University Press, 1991) 내용 언급

7) David Pimentel and Tad W. Patzek, "Ethanol Production Using Corn, Switchgrass and Wood: Biodiesel Production Using Soybean and Sunflower", *Natural Resources Research*, 2005년 3월

8) Tad W. Patzek, "Thermodynamics of the Corn-ethanol Biofuel Cycle", *Critical Reviews in Plant Science*, (vol.23, No.6, 2004년 12월)

9) www.oilcrisis.com/uppsala 참조

10) Hugh Warwick, "Cuba's Organic Revolution", *The Ecologist* (vol 29, no.8, 1999년 12월)

11) "The Power of Community: How Cuba Survived Peak Oil", www.communitysolution.org 에서 DVD 구입 가능

12) Tom Whipple, "The Peak Oil Crisis: The First Casualty", *Falls Church News Online*, (Falls Church, Virginia, USA)

13) www.ucsusa.org 참조

14) Dale Pfeiffer, "Eating Fossil Fuels", www.FromTheWilderness.com

15) "Enron Traders Caught on Tape: Tapes Obtained by CBS Confirm Enron Role in Western Power Crisis", *CBS News*, (Los Angeles, 2004년 6월 1일); www.cbsnews.com 참조

16) Mae-Wan Ho, *Genetic Engineering: Dream or Nightmare*, 2nd edition, (Dublin: Gateway, 1999)

17) 위의 책, 194쪽

18) Alan F. Kay and Hazel Henderson, "A Foreign Exchange Transaction Reporting System for Central Banks", *Futures*, (vol 31, 1999) 759~777쪽

19) Richard Bookstabber, *A Demon of our own Design*, (Hoboken NJ, John Wiley & Sons, 2007)

## 제2부 _ 3장 · 착취의 역사, 식민주의에서 세계화로

1) Hazel Henderson, "The Politics of Money", (The Vermont Commons, 2006년 1월): www.HazelHenderson.com/editorials

2) Hazel Henderson, "From Economism to Systems Theory", *Technological Forecasting & Social Change*, (Vol. 37,#3, 213~233쪽, 1990년 5월)

3) *Human Development Report*,(UNDP, 2005)

4) Adam Smith, *The Wealth of Nations*, Books Ⅰ~Ⅲ(Bungay, Suffolk: Penguin Books, 1977)

5) 위의 책, 232쪽과 246쪽

6) Mark Weisbrot, Robert Naiman and Joyce Kim, "The Emperor has No Growth: Declining Economic Growth Rates in the Era of Globalization", (publications of the *Center for Economic and Policy Research*, 2001년 5월), www.cepr.net 참조

7) Dani Rodrik, "Comments on 'Trade, Growth and Poverty', by D. Dollar and A. Kraay", (Internet publication, 2000년 10월): http://ksghome.harvard.edu/~.drodrik.academic.ksg/papers.html 참조

8) *The Dobbs Report*,(2002년 4월 16일), www.cnn.com 참조

9) Seong-Won Park, "Globalization and its Consequences," *Update*, (volume 9, no.4, 1999년 12월): www.warc.ch 참조

10) Radhakamal Mukerjee, *The Economic* History of India, (Bombay,1945)

11) J.W.Smith, *The World's Wasted Wealth 2*,(Institute for Economic Democracy, 1994), 123쪽에서 인용

12) John McMurty,*The Cancer Stage of Capitalism*, (London: Pluto Press, 1999), 67쪽

13) John Kenneth Galbraith, *Money, Whence It Came, Where It Went*,(London: André Deutsch Limited, 1975), 214쪽

14) Tim Lang and Colin Hines, *The New Protectionism*, (London: Earthscan, 1993)


## 제2부 _ 4장 · 신자유주의의 토대

1) John Gray, *False Dawn: The Delusions of Global Capitalism*, (London: Granta Books, 1999)

2) Milton and Rose Friedman,*Free to Choose*, (London: Secker and Warburg, 1980)

3) Susan George, "A Short History of Neoliberalism", Conference on Economic Sovereignty in a Globalizing World, (Bangkok: 1999년 3월), www.globalexchange.org 참조

4) John Maynard Keynes, "National Self-Sufficiency", *The Yale Review*, Vol. 22, no. 4, 1933년

6월, 755~769쪽

5) Ralph Nader and Lori Wallach, "GATT, NAFTA and the Subversion of the Democratic Process," in Jerry Mander and Edward Goldsmith, *The Case Against the Global Economy*,(San Francisco: Sierra Club Books, 1996)

6) Saby Ganguly, "From the Bengal Famine to the Green Revolution", on www. OneStopIndia.com

7) Rinku Murgai, "The Green Revolution and the Productivity Paradox: Evidence from the Indian Punjab", *World Bank-Development Research Group, working paper 2234*, 1999년 11월. www.econ.worldbank.org 참조

8) Vandana Shiva, *The Violence of the Green Revolution*, (London: Zed Books, 1991), 118쪽

9) Vandana Shiva, *Stolen Harvest: The Hijacking of the Global Food Supply*, (London: Zed Books, 2000)

10) 주4, 116쪽 참조

11) Peter Rosset, Joseph Colloins and Frances Moore Lappé, "Lessons from the Green Revolution", *Tikkun* Magazine, (2000년 3~4월)

12) Keith Ranklin, "Newzealand 1995: A Miracle Economy?", *Policy Discussion Paper No. 19, Dept. of Economics, U. of Auckland*, (1995년 9월)

13) John McMurty, *The Cancer Stage of Capitalism*, (London: Pluto Press, 1999), 106쪽. Murray Dobbin, "Warnings From Doew Under: New Zealand's Policy Reforms", *Canadian Perspectives*, 1995년 겨울, 5쪽 내용 언급

14) "The Full Story about the New Zealand economic 'miracle'", from *New Zealand Council of Trade Unions*, (www.hartford-hwp.com/archives 참조)

15) Jane Kelsey, *The New Zealand Experiment -A World Model for Structural Adjust-ment*(Auckland: Auckland University Press, 1995)

16) Peter Clancy, "The New Zealand Experiment: A Canadian Perspective", *Electronic Journal of Radical Organizational Theory*, 2(1), 1996년 6월

17) Janine Jackson, "Broken Promises: More than 400,000 lost jobs later, media still selling NAFTA", *Extra! Labor Media Watch*, 1997년 9~10월 (www.fair.org 참조)

18) Mark Weisbrot, David Rosnick and Dean Baker, "NAFTA at TEN: The Recount", *Center for Economic and Policy Research*, (2004년 3월), www.cepr.net 참조

19) R.W. Apple, "Poll Shows Disenchantment with Politicians and Politics", *New York Times*, 1995년 8월 12일자

# 제2부 _ 5장 · 자유무역인가, 강요된 무역인가

1) Donald L. Barlett and James B. Steele, "Corporate Welfare", *Time*, (vol. 152 No. 19, 1998년 11월 9일)

2) Stephen Moore, Cato Institute, "Corporate Subsidies in the Federal Budget", (testimony before the Budget Committee, U.S. House of Representitives, 1999년 6월 30일)

3) Charles M. Sennott, "The $150 Billion 'Welfare' Recipients: U.S. Corporations", *The Boston Globe*, 1996년 7월 7일

4) Jean-Bertrand Aristide, *Eyes of the Heart*, (Monroe ME: Common Courage Press, 2000)

5) The US WTO Agricultural Proposal,(http://www.fas.usda.gov 참조)

6) "Farm Subsidies: US, EU", *Rural Migration News*, (vol.8 No.3, 2002년 7월)

7) Mark Vaile, Australian Minister for Trade, (Media Release, 2000년 9월 26일)

8) Timothy Bancroft-Hinchey, *Pravda On-Line*, (www.pravda.ru, 2002년 8월 29일 참조)

9) André de Moor, *Subsidizing Unsustainable Development: Undermining the Earth with Public Funds*, (Canada: Earth Council publication, 1997)

10) Mike Moore, "Farming Subsidies No Help to Peasants", *The Guardian*(2002년 8월 5일)

11) 주 8 참조

12) Ralph Estes, *Tyranny of the Bottom Line*, (San Franscisco: Berrett-Koehler, 1996)

13) Alliance to Save Energy, "Federal Energy Subsidies: Energy, Environmental and Fiscal Impacts", Michael Shelby, Robert Shackleton, Malcolm Shealty and Alexander Cristofaro, "The Climate Change Implications of Eliminating US Energy(and Related) Subsidies:, *Environmental Protection Agency*, 1997, 4쪽에 인용됨

14) Edwin Rothschild, "Oil Imports, Taxpayer Subsidies and the Petroleum Industry", *Citizen Action*, 1995년 5월

15) 위의 책, 12~13쪽

16) Steven Gorelick, "Small is Beautiful, Big is Subsidized", *International Society for Ecology and Culture*, (Devonshire Press, 1998), 24쪽

17) "Tax Breaks Deserve Axe", *USA Today*, 1998년 1월 5일자

18) "The Subsidy Scandal", *Greenpeace*, (www.greenpeace.org 참조)

19) Michael Renner, "R&D Spending Levels Off", *Vital Signs*, 1997, 13쪽

20) He Qinglian, *Zhongguo de Xianjing, The Pitfalls of Modernization*, (Hong Kong: Mingjing Chubanshe, 1998)

21) Goetz Kluge, "Trickle Down Trash, Squeeze up Wealth", (Internet publication, www.rich-city.poorcity.org, 2001년 11월11일)

22) "The Wealth Divide: The Growing Gap in the United States Between the Rich and the

Rest', an Interview with Edward Wolff, *Multinational Monitor*, vol.24, no. 5, 2003년 5월

23) US Bureau of Census, *Current Population Survey*

24) Paul Krugman, "The Rich, The Right and the Facts", *The American Prospect*, vol. 3. no. 11, 1992

25) Paul Krugman, "Sources of Inequality", *Mother Jones*, 1996년 11~12월

26) John Humphrys, "We're Tricking the Poorer Nations out of their Money", *Sunday Times*, 2001년 11월 4일

27) 주 3 참조

## 제2부 _ 6장 · 세계화되는 부채와 빈곤

1) Joseph Stiglitz, *Globalization and its Discontents*, (London: Penguin Press, 2002), 13쪽

2) Soren Ambrose (U.S. Network for Global Economic Justice), "IMF Bailouts: Familiar, Failed Medicine for Asian 'Tigers'". (Internet publication), www.hartford-hwp.com, 1998년 1월

3) Stiglitz, 97쪽

4) Ethan Kaplan and Dani Rodrik, "Did the Malaysian Capital Controls Work?" *National Bureau of Economic Research, Inc.*, (No. 8142 in NBER Working Papers, 2001년 2월).

5) Stiglitz, 15쪽

6) 위의 책, 214쪽

7) 위의 책, p.76

8) Jeffrey D. Sachs, "IMF, Reform Thyself", *Wall Street Journal*, (1994년 7월 21일)

9) Stiglitz, 220쪽

10) 위의 책, 16쪽

11) 위의 책, 67쪽

12) 위의 책, 79쪽

13) 위의 책, 199쪽

14) 위의 책, 174쪽

15) 위의 책, 74쪽

16) Walden Bello, "The IMF's Hidden Agenda", *The Nation Newspaper, Bangkok*, 1998년 1월 25일

17) Stiglitz, 51쪽

# 제2부 _ 7장 · 민영화되는 사람, 민영화되는 세상

1) Jeffrey E. Garten, *Business Week*, 1999년 11월 11일

2) Walden Bello, in "Reforming the WTO is the Wrong Agenda", in *Globalize This!*, edited by Kevin Danaher and Roger Burbach, (Monroe, Maine: Common Courage press, 2000), the WTO Annual Report, 1998, 12쪽 내용 언급

3) 위의 책.

4) Ralph Nader and Lori Wallach, "GATT, NAFTA, and the Subversion of the Democratic Process", in Mander and Goldsmith, 99쪽

5) 위의 책.

6) 위의 책.

7) *Globalize This!*, 5쪽

8) Jagdish Bhagwati, *In Defense of Globalization*, (New York: Oxford University Press, 2004), 182~183쪽

9) Robert Weissman, "Intellectual Property Rights: The New Colonialism". *The Guardian of London*, 2001년 2월 14일

10) Vandana Shiva, *Biopiracy: The Plunder of Nature and Knowledge*, (Guildford, UK: Green Books, 1998), 25쪽

11) "Biopiracy Update", *Rural Advancement Foundation International (RAFI) Communiqué*, 1995년 9~10월

12) Vandana Shiva, *Stolen Harvest: The Hijacking of the Global Food Supply*, (London: Zed Books, 2000)

13) "Stop the GATSastrophe!", *World Development Movement*. (Internet publication, 2002, www.wdm.org.uk)

14) 양측의 주장을 보다 자세히 살펴보려면 www.gatswatch.org 참조

15) WTO TRIPs Agreement 73항

16) Environmental Research Foundation, "The WTO Turns Back the Environmental Clock", in *Globalize This!*, 129~134쪽

17) *The Ecologist*, 1997년 7~8월, 137쪽

18) John Gray, *False Dawn: The Delusions of Global Capitalism*, (London: Granta Publication, 1999), 17~18쪽

19) Susan Rose-Ackerman, *Corruption and Government*, (Cambridge University Press, 1999). 113쪽

20) Karl Ploanyi, *The Great Transformation*, (Boston: Beacon Press, 2001)

21) Elizabeth Drew, *The Corruption of American Politics: What Went Wrong and Why*,

(Woodstock NY: The Overlook Press, 1999), 84쪽

22) 위의·책, 61쪽

23) 위의 책, 83쪽

24) 위의 책, 79쪽

25) Marjorie Kelly, *The Divine Right of Capital: Dethroning the Corporate Aristocracy*, (San Francisco: Berrett-Koehler, 2001).

26) Martin Wolf, *Why Globalization Works*, (London: Yale University Press, 2004)

27) 위의 책, p.xvi.

28) 위의 책, 190쪽

29) 위의 책, 247쪽

30) 위의 책, 191쪽

31) 위의 책, 206쪽

32) 위의 책, 283쪽

33) Hazel henderson, *Ethical Markets: Growing the Green Economy*, (White River Junction VT, Chelsea Green, 2006) 참조

## 제2부 _ 8장 · 새로운 경제를 향하여

1) Human Development Reports, (www.undp.org) 참조

2) "Canadian Index of Wellbeing: Measuring what matters", (www.atkinsonfoundation.ca/ciw).

3) Erik Ezechieli, "Beyond Sustainable Development: Education for Gross National Happiness in Bhutan", (Stanford University Monograph. http://suse-ice.stanford.edu/monographs)

4) Hazel Henderson, Jon Lickerman and Patrice Flynn(eds.), *Calvert-Henderson Quality of Life Indicators*, (Bethesda MD, Calvert Group Limited, 2000)

5) "Redefining Success", Ethical Markets TV Show no.1 (www.films.com) 참조

6) Julie L. Hass, Frode Brunvoll and Henning Hoie, "Overview of Sustainable Development Indicators used by National and International Agencies", OECD Statistics Working Paper 2002/2, 2003년 4월 18일 (www.olis.oecd.org/olis/2002doc.nsf)

7) Cobb, C. W. and Cobb, J. B., *The Green National Product: A Proposed Index of Sustainable Economic Welfare*, (Lanham, MD: University Press of America, 1994)

8) Ed Mayo, Alex MacGillivray, and Duncan McLaren, "More isn't always Better: a special briefing on growth and quality of life in the UK", *Friends of the Earth*, (2001년 7월), www.foe.co.uk 참조

9)  Giorgio Guenno and Silvia Tiezzi, "The Index of Sustainable Economic Welfare(ISEW) for Italy", (Working paper 5.98, *Fondazione Enrico Mattei*, Milano, 1998)

10) Herman Daly, *Steady-State Economics*, (San Francisco: W H Freeman & Co., 1977)

11) Paul H. Ray and Sherry Ruth Anderson, *The Cultural Creatives*, (New York: Harmony Books, 2000)

## 제2부 _ 9장 · 탈출 전략

1)  탈출 전략은 로스 잭슨이 *And We ARE Doing It: Building an Ecovillage Future*, (Robert D. Reed Publishers, 2000), 123쪽에서 처음 사용한 말이다.

2)  "Climate change: Sarkozy backs carbon tax, EU levy on non-Kyoto imports", Agence France - Press, 2007년 10월 25일, www.afp.com 참조

3)  David Korten, *When Corporations Rule the World* (London, Earthscan, 1995), 308쪽

4)  www.odiousdebts.org 참조

5)  John Perkins, *Confessions of an Economic Hit Man*, (Sanfrancisco: Berrett-Koehler, 2004), 18쪽

## 제2부 _ 10장 · 지역화

1)  Peter Goerling, Helena Norberg-Hodge & John Page, *From The Ground Up* (London: Zed Press, 1993).

2)  Severin Carrell, "Pioneer Nursery Stays Outdoors-In All Weathers", *The Guardian*, UK, 2006년 10월 30일

3)  UNESCOPRESS, *Convention on the Protection and Promotion of Diversity of Cultural Expressions*이 2007년 3월 18일부터 발효됐다. http://portal.unesco.org

4)  Richard Douthwaite, *Short Circuit: Strengthening Local Economies for Security in an Unstable World*, (Dublin: The Lilliput Press, 1996)

5)  Bernard Lietaer, *The Future of Money*, (London: Century, 2001)

6)  베르나르 리에테르와의 개인적인 편지에서 확인.

7)  "The Unpaid Love Economy", *Ethical Markets* TV show no. 3(www.films.com에서 입수 가능)

8)  Michael H. Shuman, *Going Local: Creating Self-Reliant Communities in a Global Age* (New York: Routledge, 2000), 107쪽

9)  위의 책, 106쪽

10) 위의 책, 107쪽

행복의 경제학

초판 1쇄 | 2012년 11월 20일
　　2쇄 | 2021년 11월 17일

지은이 | 헬레나 노르베리 호지
옮긴이 | 김영욱 · 홍승아

발행인 | 박장희
부문 대표 | 이상렬
제작 총괄 | 이정아
편집장 | 조한별

발행처 | 중앙일보에스(주)
주소 | (04513) 서울시 중구 서소문로 100(서소문동)
등록 | 2008년 1월 25일 제2014-000178호
문의 | jbooks@joongang.co.kr
홈페이지 | jbooks.joins.com
네이버 포스트 | post.naver.com/joongangbooks
인스타그램 | @j__books

ISBN 978-89-278-0390-4  03300